Cornwall

Zeit für das Beste

Highlights – Geheimtipps – Wohlfühladressen

»Those who desire to understand the Cornish and their country, must use their imagination and travel back in time.«

Daphne du Maurier

BRUCKMANN

Cornwall

Zeit für das Beste

Katharina Maria Zimmermann
Sammy Minkoff

BRUCKMANN

Oben: Englands Südwesten ist eines der sonnigsten Gebiete der Insel.
Mitte: In Polperro wird man sogar per Bus ins Zentrum chauffiert.
Unten: Die Einwohner von Redruth lieben den Blumenschmuck.

INHALT

DEVON

SOMERSET, BATH, BRISTOL

DORSET

REISEINFOS

Oben: Am windumtosten Land's End gedeiht Weidekraut.
Mitte: Das eindrucksvolle Headland Hotel mit dem Newquay-Golfplatz.
Unten: Auf Pferde trifft man in Cornwall an jeder Ecke.

DIE TOP TEN

MINACK THEATRE (S. 52)

Rowena Cade errichtete gleich bei Land's End das wohl beeindruckendste Theater in ganz Großbritannien: Auf den Klippen, mit Blick auf den Porthcurno Beach, wurde in Handarbeit ein Amphitheater errichtet, dessen Vorstellungen beinahe immer ausgebucht sind. Man sollte sich sein Ticket für eine der Aufführungen schon beim Buchen der Reise sichern.

ST. MICHAEL'S MOUNT (S. 72)

Inspiriert vom etwas älteren Pendant bei Saint Malo, dem Mont Saint Michel, ist der St. Micheal's Mount ebenso bei Ebbe mit dem Festland verbunden und bei Flut eine Insel. Der beeindruckende Bau eines ehemaligen Klosters und einer späteren Burg und Befestigungsanlage ist bis heute bewohnt, kann aber teilweise besichtigt werden.

ISLES OF SCILLY (S. 76)

Wer ein England sehen möchte, wie es vor 100 Jahren war, der sollte in die Fähre zu den Scillys investieren. Fast kein Verkehr, dafür aber viel Natur sowie wunderschöne Strände, die sowohl mit ihrem türkisfarbenen Wasser als auch mit der subtropischen Vegetation mehr an die Karibik als an England erinnern.

EDEN PROJECT (S. 116)

Die großen Gewächshäuser stehen nahe St. Austell in einer ehemaligen Kaolingrube. Hier kann man sich in einem perfekt inszenierten Museum über Nachhaltigkeit und Vegetation in den Klimazonen von England, dem Mittelmeer und den Subtropen informieren. Doch nicht nur das Museum, sondern auch die dazugehörigen Cafés sind ein Erlebnis.

DARTMOOR (S. 170)

Auf 900 Quadratkilometer erstreckt sich die faszinierende Landschaftsformation des Dartmoor Nationalpark. Bekannt ist er nicht zuletzt aus Arthur Conan Doyles Buch »Der Hund von Baskerville«. Mit seiner Vegetation von Ginster über Wildblumen bis zu Farnen und gelben Heideflächen bzw. seinen spannenden Steinkreisen lädt er zu Erkundungstouren und Wanderungen ein.

RÖMISCHE BÄDER (S. 242)

Bath trägt seinen Namen nicht ohne Grund: Zu verdanken hat es ihn seinen römischen Bädern, die mitten in der Stadt stehen und aufwendig restauriert wurden. Der Höhepunkt eines Rundgangs durch die Anlagen ist wohl unumstritten das große Becken, das von Säulen umgeben ist und einen direkten Blick auf den Himmel ermöglicht.

ST. IVES (S. 30 u. 40)

Für viele ist St. Ives die schönste Stadt Cornwalls. Mit seinen vier Stränden, den belebten Gassen, den schönen, grauen Häusern und dem Modern Tate Museum mit Künstlerflair ist es auf jeden Fall einen Besuch wert.

CLOVELLY (S. 200)

Das kleine Dorf Clovelly ist als Ganzes ein Museum. Komplett autofrei erfährt man hier eine Idylle wie kaum woanders. Dafür muss man zwar Eintritt bezahlen, aber dieses Dorf ist das absolut wert: Kopfsteinpflaster, weiß gestrichene und mit Blumen geschmückte Cottages, ein Pier samt kleinem Hafen, in dem Fischerboote schaukeln, und das alles in einer nahezu einzigartigen Ursprünglichkeit …

EXETER CATHEDRAL (S. 190)

Bis zum heutigen Tag beherrscht die Kathedrale die 115 000 Einwohner zählende Stadt. Ein Jahrhundert lang wurde an diesem Prachtbau gearbeitet, bis er im Jahr 1360 endlich fertig war. An der Westfassade der großartigen Kirche sieht man herrliche Fensterrosetten und eine dreireihige Skulpturengalerie, deren Figuren ursprünglich bemalt waren. Im Inneren locken der wunderbar geschnitzte Chor und der 18 Meter hohe Bischofsthron.

PADSTOW (S. 146)

Ein zuckersüßes Dorf und gleichzeitig die Gourmetzentrale des Südwestens, denn hier hat sich Starkoch Rick Stein niedergelassen. Er hat hier gleich eine ganze Reihe von Restaurants eröffnet, in denen man sich verwöhnen lassen kann, ob mit dickem oder etwas dünnerem Geldbeutel. Unbedingt hinfahren und alles durchprobieren!

Cornwall – ein Traum zwischen Moor und Meer

Denkt man an Cornwall, fallen einem sofort die üblichen Sehnsuchtsfaktoren ein: Klippen, tiefblaues Meer und einsame Pfade, die von einem Fischerdorf ins nächste führen. Viele vorherrschende Cornwall-Klischees werden von den Büchern Rosamunde Pilchers und deren Verfilmungen produziert. In diesen Geschichten treffen sich meist zwei mehr oder weniger junge Menschen, deren Liebe erst unter einem schlechten Stern steht. Und obwohl am Scheidepunkt der Geschichte oft alles unlösbar erscheint, heiraten die zwei schlussendlich doch und ziehen in ein wunderschönes Cottage oder prachtvolles Herrenhaus. Diese anrührenden Geschichten und die in den Filmen gezeigten Klippen, Küsten, Dörfer und Cottages ziehen viele Urlauber an den südwestlichsten Zipfel der englischen Insel. Zum Glück werden alle romantischen Vorstellungen, die man von Cornwall hat, erfüllt – oder sogar übertroffen. Es gibt steile Klippen, wie die der Bedruthan Steps an Cornwalls Nordküste, tosendes Meer, wie das rund um die Bucht Kynance Cove im Süden der Lizard-Halbinsel. Und natürlich niedliche Cottages und stattliche Herrenhäuser. Letztere befinden sich inzwischen jedoch meist im Besitz reicher Londoner, die sich ein stilvolles Haus auf dem Land leisten können. Sie haben sich mittlerweile in fast alle Dörfer Cornwalls »eingekauft« und treiben die Immobilienpreise in die Höhe. Für echte Kornen wird die Anschaffung eines Eigenheims dadurch immer teurer und kaum noch möglich. Dass es zahlreiche Londoner Stadtmenschen an den verlängerten Wochenenden und im Urlaub in diese Gegend zieht, kann man jedoch gut verstehen: Cornwall ist wahrhaft bezaubernd und kann zudem mit einer der besten Küchen des ganzen Landes aufwarten.

Oben: In Cadgwith ist Fischen nach wie vor wichtiger Wirtschaftszweig.
Unten: Wenn sich der Nebel über Carn Euny legt, wird es so richtig stimmig.

Steckbrief Cornwall

Lage: Cornwall liegt am südwestlichsten Ende Großbritanniens. Die Hauptstadt Truro ist etwa 420 Kilometer von London entfernt. Die County Cornwall grenzt an die Grafschaft Devon.

Fläche: 3563 km² (inklusive der Isles of Scilly)

Küste: 1022 km Länge

Hauptstadt: Truro

Flagge:

Amtssprache: Englisch

Einwohner: In Cornwall leben 517 500 Menschen.

Währung: Pfund Sterling

Zeitzone: GMT (Greenwich Mean Time, Greenwich-Zeit, Westeuropäische Zeit), im Sommer: BST (British Summer Time, Britische Sommerzeit)

Geografie: Cornwall ist eine Halbinsel, die durch den Fluss Tamar von Devon getrennt wird. In Cornwall befinden sich sowohl der westlichste (Land's End) als auch der südlichste Punkt Englands (Lizard Point). Der Atlantische Ozean, die keltische See und der Ärmelkanal im Süden umspülen die Grafschaft. Höchste Erhebung ist mit 416 Metern der Brown Willy.

Staat und Verwaltung: Der Sitz der Verwaltung ist Truro. Im Jahr 2009 wurden alle einzelnen »districts« in Cornwall abgeschafft. Die Geschicke der Region werden jetzt von einer »Unitary Authority« verwaltet. Als einzige Ausnahme gelten die Isles of Scilly, die ihre »Unitary Authority« behalten haben. Davor war Cornwall in die Bezirke Caradon, Carrick, Kerrier, North Cornwall, Penwith und Restormel aufgeteilt. Das Vereinigte Königreich von Großbritannien und Nordirland hat die Staatsform einer parlamentarisch-demokratischen Monarchie mit Königin Elisabeth II. als Staatsoberhaupt. Die größten Parteien sind die linke Labour Party und die konservativen Tories.

Wirtschaft und Tourismus: Ursprünglich basierte Cornwalls Wirtschaft auf Berufsfeldern wie Fischfang und Bergbau. Allerdings zeichnete sich im letzten Jahrhundert ein steter Niedergang dieser Bereiche ab, was zu wirtschaftlichen Problemen führte. Gegenwärtig hat die Landwirtschaft einen großen Stellenwert, doch die Zukunft wird für Cornwall im Dienstleistungs- beziehungsweise Tourismussektor gesehen. Bereits heute liegt die Abhängigkeit der Wirtschaft vom Tourismus bei etwa 25 Prozent. Da Cornwall die ärmste Region Großbritanniens ist, wird sie durch Mittel des Wirtschaftsförderungsprogrammes der Europäischen Union unterstützt.

Religion: Die Mehrheit der Südengländer ist anglikanisch und gehört der Church of England an. Methodisten, Quäker und Katholiken bilden eine Minderheit.

Bevölkerung: Die 517 500 Einwohner leben hauptsächlich in den Küstenorten. Die Bevölkerungsdichte beträgt nur 145 Einwohner pro km².

Kulinarische Höhepunkte

Nicht nur in den größeren Städten wie Truro, Newquay oder St. Ives erlebt man kulinarische Höhepunkte. Wenn sich sogar Starköche wie Rick Stein und Jamie Oliver in Cornwalls Gastronomieszene engagieren, dann kann man davon ausgehen, dass sich hier wirklich etwas Großartiges entwickelt. Die Fischer sind maßgeblich daran beteiligt, dass es hier die köstlichsten Fischgerichte des Landes gibt, denn sie beliefern die Märkte und Restaurants täglich mit frischem Fisch aus dem Ozean. Der Besucher, der vielleicht mit einer miesen Pub-Küche und vielen eintönigen Portionen Fish & Chips gerechnet hatte, wird schnell eines Besseren belehrt. Sogar in den Pubs bekommt man mittlerweile internationale Gerichte. Verschiedenste Currys und Chicken Korma sind längst keine Ausnahme mehr. Ganz zu schweigen von frisch und direkt am Meer zubereiteten Scampis oder Hummern sowie den wahren Gourmettempeln. Im auf Meeresfrüchte spezialisierten Restaurant von Rick Stein in Padstow bucht man am besten schon ein Jahr im Voraus, da man sonst keinen Tisch mehr bekommt. In den anderen größeren Städten des Südwestens wie Plymouth, Bristol, Bath oder Exeter findet man die gewohnte englische Mischung aus internationaler Küche, hochpreisigen Restaurants und dem unvermeidlichen Fast Food. Allerdings ist inzwischen auch

Oben: Pasties: die Klassiker der kornischen Küche.
Mitte: Scones servieren die Kornen zum Nachmittagstee.
Unten: Trotz Jamie Oliver und Rick Stein haben die Kornen die englische Traditionsküche noch nicht vergessen.

eine neue Ära der englischen Küche angebrochen, die gemeinhin als »Modern British« bezeichnet wird. Knackiges Gemüse, zartes Fleisch und frischester Fisch sind die Grundbestandteile. Verboten sind: Das Verkochen oder das unnötige Ertränken der Speisen in (Minz-)Saucen. Die »Modern British Cuisine« verwandelte innerhalb weniger Jahre die gesamte Gastroszene. Elemente der urigen, traditionellen englischen Küche werden mit allen Mitteln der Kochkunst in besondere Kreationen verwandelt. Die »Chefs« des Südwestens interpretieren das, was sie in der Haute Cuisine gelernt haben, völlig neu und lassen sich außerdem beeinflussen vom in England allgegenwärtigen multikulturellen Kontext. So wird nicht nur vitaminreich und gesund, sondern auch absolut köstlich gekocht. Auch in England wird heute blanchiert, mariniert und gedünstet. Und die Zutaten sollten nicht nur möglichst aus der Region kommen und einwandfrei sein. Sie sollten das Ganze auch zu einem Geschmackserlebnis der besonderen Art werden lassen. Ein wichtiger Treffpunkt für Feinschmecker in Cornwall ist übrigens Padstow. Dies ist vor allem dem Starkoch Rick Stein zu verdanken. Er verwandelte das verschlafene Fischerdorf in ein Mekka für Gourmets. Auch Jamie Olivers »Fifteen« in der Nähe von Newquay ist einen Besuch wert. Damit Sie die ganz besonderen Leckerbissen nicht verpassen, werden sie Ihnen in diesem Buch in Form von Autorentipps nähergebracht. Falls Sie kulinarisch interessiert und vielleicht sogar versiert sind, werden Sie so voll auf Ihre Kosten kommen.

Cider oder Ale?

Englische Pubkultur gibt es natürlich auch im tiefsten Südwesten der Insel. Einer der allerbesten Pubs befindet sich auf den Scilly Islands. Gemeint ist natürlich das »New Inn« auf Tresco. Für ge-

Oben: Einige der schönsten und geschichtsträchtigsten Pubs Englands befinden sich im Südwesten.
Unten: Auch Weingüter gibt es in Cornwall: wie den Polgoon Vineyard nahe Penzance.

Oben: Mevagissey, ein typisches Fischerdorf mit schöner Aussicht. **Mitte:** In St. Ives herrscht im Sommer reges Treiben auf den Straßen. **Unten:** In Port Isaac färbt sich das Wasser bei intensiver Sonneneinstrahlung schon mal türkisblau.

wöhnlich kann man in den Pubs, was eigentlich nur die Kurzform für »Public Houses« ist, also »öffentliche Häuser«, eine mehr oder weniger gepflegte Wohnzimmeratmosphäre erwarten. Denn Engländer empfinden Pubs als Erweiterung ihres Wohnbereiches – und so ist auch die Stimmung hier. Es wird getratscht, getrunken und gelacht, und das alles ganz entspannt. Die strengen Öffnungszeiten von 11.00 bis 23.00 Uhr an Werktagen und von 12.00 bis 15.00 Uhr bzw. von 19.00 bis 22.30 Uhr an Sonntagen werden nach wie vor strikt eingehalten. Genau 30 Minuten vor der Sperrstunde läutet unerbittlich die Glocke für die letzte Bestellung. Meistens bietet ein Pub verschiedene Sorten Bier an. Entweder man trinkt ein Pint (etwa 0,5 Liter) gezapftes Bier (das kann dann alles von Draught, Beer, Ale, Stout und Bitter bis hin zu Lager sein) oder man entscheidet sich für Cider, der dem deutschen Most ähnelt, allerdings mehr Alkohol enthält. Beliebte nicht-alkoholische Getränke sind zum Beispiel Ginger Ale oder die gängigen Softdrinks. Ein absolutes Muss – wenn er angeboten wird – ist Holundersaft! Das Essen ist in Pubs für gewöhnlich günstiger als in Restaurants. Die »Lunch Specials« sind überaus preiswert, und wer Lust auf etwas Traditionelles hat, sollte den Pubs in Südwestengland eine Chance geben. Typische »Pub food«-Gerichte sind Shepherd's Pie, Lammfleischpastete, Wiltshire Ham, Devonshire Squab Pie, Ham and Egg Pie oder das Ploughman's Sandwich. Darunter mischen sich aber auch indische Gerichte wie Currys oder internationale Klassiker wie Burger und Quiches.

Klippen und Karibikstrand

Da Cornwall eine Halbinsel ist und mehr als 1000 Kilometer Küstenlinie aufzuweisen hat, verwundert es nicht, dass das Leben der Einwohner eng mit dem Meer und dem Lauf der Gezeiten verknüpft

ist. So kommen auch Besucher im englischen Südwesten nicht umhin, das Meer kennen und lieben zu lernen: von der Kynance Cove, die an einem stürmischen Tag wilder nicht sein könnte, bis zu den fast schon subtropisch anmutenden Ausläufern Cornwalls, den Scilly Islands. Baden werden aber wahrscheinlich nur die wirklich Hartgesottenen. Denn selbst im September, wenn die Wassertemperatur am höchsten ist, ist das Wasser kaum wärmer als 17 °C. Die Anschaffung eines Neoprenanzugs kann allerdings helfen, vor allem wenn man mit Kindern unterwegs ist. Zum Schwimmen am besten geeignet sind die Strände Porthcurno, Marazion, Porthminster Beach oder Sennen Cove.

Wassersport

Sportarten wie Segeln, Surfen oder Kajaken haben in Cornwall eine lange Tradition. So wurde zum Beispiel bereits im Jahr 1812 auf der Isle of Wight der »Royal Yacht Club« gegründet. Zusätzlich veranstaltet jeder Küstenort, und sei er noch so klein, seine eigene Regatta. An diesen Tagen ist dann der gesamte Ort im Ausnahmezustand. Alle feiern, sind ausgelassen und fiebern dem Sieg entgegen.

Oben: Lyme Regis blickt auf eine lange Tradition im Fischfang zurück.
Unten: Surfer auf dem Weg zum Strand in Newquay.

Segler finden die Häfen von St. Ives, Falmouth oder Fowey besonders attraktiv. Und auch das englische »Surfer's Paradise« liegt im Südwesten: Die Strände der Nordküste Cornwalls gelten in der englischen Surfszene als die besten im Land, denn die Flut verwöhnt hier mit grandiosen Wellen. Die bedeutendste aller britischen Meisterschaften im Surfen wird am Fistral Beach ausgetragen. Auch auf der Penwith-Halbinsel findet man als Surfer genug Möglichkeiten, seinen Sport auszuüben. Orte, an denen man sicherlich einen »Swell« vorfindet, sind Sennen Cove und Gwythian Beach.

Einmal rund um Cornwall

Wandern sollte ein fester Programmpunkt in jedem Cornwall-Urlaub sein. Auf keine andere Art lernt man das Land und seine Eigenheiten besser kennen. Ein paar Tagesmärsche durch liebliche Dörfer, über atemberaubende Klippenpfade und durch einsame Moore bringen dem Wanderer die Landschaft näher. Nur wenn man sich direkt in die Natur begibt, kann man die landschaftliche Vielfalt Cornwalls, Devons, Somersets und Dorsets entdecken. Das Leben in Cornwall ist schon immer eng mit der Natur verbunden. Nicht ohne Grund ist eine der wichtigsten Einnahmequellen – neben

Oben: Hausboote säumen die malerischen Flüsse.
Unten: Der Porthcurno Beach ist einer der schönsten des Landes.
Rechte Seite: Der romantische Mallard Pond im Trebah Garden.

dem Tourismus – die Landwirtschaft. Außerdem lieben die Kornen das Wandern. Ganz Südwestengland ist von Wanderpfaden, sogenannten »Public Footpaths«, durchzogen und wartet quasi nur darauf, zu Fuß erkundet zu werden. Besonders schön ist der »South West Coast Path«, der sich an der Küste entlangschlängelt. Von den beeindruckenden Klippen weiß man, doch Hochmoore wie Exmoor, Bodmin Moor oder Dartmoor haben ihre eigene Faszination. Dort trifft man eher auf halbwilde Ponys als auf andere Menschen. Staunend steht man vor riesigen Granitfelsen, die wie aus dem Nichts gewachsen scheinen, und lässt genießerisch den Blick über das dunkle Moorgras, die kornische Heide, den Klee und den Ginster schweifen.

Flora und Fauna

Bis zum Beginn der Industrialisierung war ganz Südengland von Wald überzogen. Später wurden jedoch viele Wälder für den Schiffsbau abgeholzt, ohne anschließend die Flächen mit neuen Bäumen zu bepflanzen. Als es schließlich zur Wiederaufforstung kam, wurde diese leider nur mit Nadelbäumen betrieben, sodass heute nur wenige Waldgebiete in ihrer ursprünglichen Form erhalten blieben. Da Falmouth lange Zeit ein wichtiger Hafen für Im- und Exporte des riesigen Empires war, wurden Samen und Pflanzen aus allen Kontinenten eingeführt und in den zahlreichen Gärten ausgesät und angepflanzt. Das ist auch der Grund dafür, dass Cornwall und Devon zu Paradiesen für Gartenliebhaber wurden. Hier wachsen Rhododendren, Kamelien, Magnolien, Palmen und vieles mehr. Das durch den Golfstrom milde Klima lässt hier viele eigentlich nicht heimische Pflanzen prächtig gedeihen – und zwar das ganze Jahr über. Es ist kein Wunder, dass hier einige der schönsten Gartenanlagen Englands und vielleicht sogar

Oben: Möwen sind in Cornwall zahlreich vertreten.
Unten: Die Lost Gardens of Heligan sind ein Gartenparadies, das seinesgleichen sucht.

der Welt zu bewundern sind, zum Beispiel »Lost Gardens of Heligan«, in denen man sogar durch ein Dschungeltal spazieren kann. Eine gute Übersicht über die schönsten Gärten erhält man auf www.gardensofcornwall.com.

Die erstaunlichste Vegetation in ganz Cornwall findet man allerdings auf den Isles of Scilly, die fast schon tropisch anmuten – nur die Temperaturen erinnern im Endeffekt noch daran, dass man sich eigentlich in England befindet. Auch die Tierwelt im Südwesten Englands ist überaus artenreich und oft noch sehr ursprünglich. So kann es durchaus passieren, dass einem wild lebende Dachse, Otter, Füchse, Eichhörnchen oder Kaninchen über den Weg laufen. Die wahre Attraktion sind allerdings nicht die Säugetiere, sondern die mehr als 120 Vogelarten, die in Südengland vorkommen. Hier schlägt das Herz eines jeden Hobbyornithologen höher, denn man kann Watvögel, Bussarde, Kormorane, Turmfalken und Birkhühner in freier Wildbahn beobachten. Die Meeresbewohner sind nicht minder interessant. Wenn man Glück hat, kann man mit bloßem Auge Delfine, Wale und auch Seehunde oder Nordseehaie entdecken.

Oben: Der Fluss Tamar teilt die Grafschaften Devon und Cornwall.
Unten: Looe ist ein beliebtes Urlaubsziel für Familien mit Kindern.

17

Jedem seine Lieblingsstadt

Jeder, der schon einmal in Südwestengland war, ist gewiss mit einer Schatzkiste an Erinnerungen zurück in die Heimat gefahren. Allerdings hat jeder Besucher ein spezielles Lieblingsdorf oder eine Lieblingsstadt, die besonders faszinierend war. Anbieten würde sich da zum Beispiel St. Ives, das mit seiner Künstlerkolonie, den zahlreichen Stränden und (Gourmet-)Restaurants einfach einen perfekten Urlaubsort darstellt. Oder Bath mit seinem klassizistischen Charme, Exeter mit der wunderschönen Kathedrale ... Doch bei den meisten ist es ein kleines Fischerdorf, das schlussendlich das Urlauberherz erobert: Clovelly, wo der ganze Ort ein Museum ist und sogar Eintritt verlangt wird, oder auch Cadgwith auf der Lizard-Halbinsel, oder Helford am gleichnamigen Fluss, oder, oder, oder...

Oben: Südwestenglands Strände sind vor allem bei Kindern der Hit.
Mitte: Relikte längst vergangener Zeiten trifft man rund um das sagenumwobene Camelot.
Unten: Ein Stopp in Stonehenge ist ein Muss, wenn man in den Südwesten fährt.

Cornwall mit Kindern

Die größten Attraktionen für Kinder sind unbestritten das Meer und die kilometerlangen Strände. Hier muss man allerdings beachten, dass es im Wasser oft unberechenbare Strömungen gibt. Aus diesem Grund ist es empfehlenswert, an einen der größeren Strände wie Sennen oder Gwythian zu gehen, wo »Lifeguards« die Badenden zwischen den zwei gelb-roten Flaggen genau im Auge behalten. Mit Bodyboards, Strandmuscheln oder auch

Windblockern ausgerüstet, lässt es sich herrlich ganze Tage am Meer verbringen. Und weil an den Stränden oft auch Cafés zu finden sind, kommt das leibliche Wohl nicht zu kurz. Natürlich sollte man in England – und vor allem im stürmisch-wilden Südwesten – immer damit rechnen, dass das Wetter plötzlich umschlägt. Im Fall eines Schlechtwettertages sollte man also Alternativen einplanen, vor allem wenn man mit Kindern unterwegs ist. Ein guter Tipp sind die Aquarien, die es in jeder größeren Stadt gibt, das »Eden Project«, der Zoo in Paignton oder auch das »National Seal Sanctuary« in Gweek, eine Seehundrettungsstation.

Cornwalls Geschichte

Der wohl berühmteste Steinkreis der Welt befindet sich in Stonehenge. Diesen Ort besucht wahrscheinlich jeder, der in den Südwesten Englands reist. Doch auch »The Hurlers« im Bodmin Moor, drei beeindruckende Steinzirkel, lohnen einen Abstecher. Sie wurden von den Kelten errichtet, die vor etwa 2500 Jahren aus dem Gebiet der heutigen Niederlande einwanderten und für ihre Zeit

Die Küche in einem kornischen Haus.

Oben: In Cornwall spielt Tradition eine große Rolle.
Unten: In den großen Herrenhäusern wie hier in Lanhydrock nahe Bodmin wurde jahrhundertelang fein gespeist.

Geschichte im Überblick

Bis 4000 v. Chr. Die ersten Siedler kommen in den Südwesten der Insel. Es handelt sich um nomadisch lebende Jäger und Sammler.

4000–1500 v. Chr. Beginn des Ackerbaus. Noch heute kann man Überreste von Gräbern und Steinkreise aus dieser Zeit sehen.

1800–1500 v. Chr. Die Kelten kommen auf die Britischen Inseln. Sie errichten Ringwälle und Wehrdörfer.

55 v. Chr. Julius Caesar führt römische Legionen nach Britannien. Die Regionen West-Cornwall und Devon bleiben unabhängige Königreiche, während der Rest des Landes besetzt wird.

410–600 n. Chr. Cornwall macht Bekanntschaft mit seinem jetzigen Nationalheiligen: St. Piran bringt das Christentum in den Südwesten.

1050 Baubeginn der ersten Kathedrale von Exeter. Das Gebäude, das man heute sieht, ist allerdings das Ergebnis von Umbauarbeiten, die im 12. und 13. Jahrhundert durchgeführt wurden.

1201 Die ersten Zinnbergwerksregionen in Cornwall bekommen Privilegien zugesprochen. Eine weitere Welle der »Freiheiten« folgte unter Eduard I. Anfang des 14. Jahrhunderts.

1348 Die Pest erreicht auch den Südwesten Englands. Die Krankheit bedeutet für ein Drittel der Bevölkerung den Tod.

1497 Die »An Gof«-Rebellen rebellieren gegen Heinrich VII., werden allerdings besiegt. Die zweite kornische Rebellion im gleichen Jahr ist ebenfalls zum Scheitern verurteilt.

1549 Der »Act of Uniformity« (Einheitsgesetz) wird erlassen. Damit bewirkt das Parlament, dass allein das »Book of Common Prayer« benutzt werden darf, die Agende der anglikanischen Kirche.

1588 Die Spanische Armada klopft an die englische Haustüre. Allerdings kann die in Plymouth stationierte Flotte unter Sir Francis Drake sie in die Flucht schlagen.

1620 Die Pilgerväter verlassen im September englischen Boden und brechen mit der »Mayflower« in Richtung Westen auf, um dort im November des gleichen Jahres die Kolonie New Plymouth zu gründen.

1642–1649 Cornwall spielte eine wichtige Rolle im englischen Bürgerkrieg. Es bildete nämlich eine Enklave der Royalisten in dem überwiegend Parlamentarischen Südwesten des Landes. Dies lässt sich auf die speziellen Rechte der Minenarbeiter zurückführen, die die Kornen hauptsächlich dem König zuzuschreiben hatten.

1720 Der Startschuss für den industriellen Bergbau fällt, als Thomas Newcomen in der Bergbauregion Gwennap die erste Dampfmaschine baut.

1729 Der Architekt John Wood der Ältere stellt in Bath die erste georgianische Häuserzeile fertig. Dem »Queen's Square« folgen der »Circus« und der »Royal Crescent«.

1743 Der Prediger John Wesley beginnt damit, die Menschen in Cornwall zum Methodismus zu bekehren.

1755 Am 1.11.1755 verursachte ein Erdbeben in Lissabon einen Tsunami, der die kornische Küste um 14 Uhr erreichte. Insgesamt stieg der Meeresspiegel in Penzance um bis zu drei Meter an.

1768 James Cook bricht von Plymouth aus zu seiner ersten Seereise auf und erkundet Australien, Neuseeland und Tahiti.

1801 Richard Trevithick aus Redruth erfindet seine Dampflokomotive, die »Puffing Devil« genannt wird.

1833 Die Eisenbahnlinie von London nach Bristol wird gebaut. Ihr Erbauer, Isambard Kingdom Brunel, lässt vier Jahre später auch noch sein erstes Transatlantikschiff vom Stapel.

1859 Die auf Brunels Entwurf basierende Royal Albert Bridge verbindet nun Cornwall mit Devon. Fünf Jahre danach wird auch die Clifton-Hängebrücke über dem Fluss Avon eröffnet.

1940–42 Der Zweite Weltkrieg fügt dem Südwesten tiefe Narben zu. So werden die Städte Plymouth und Bristol von der deutschen Luftwaffe stark zerstört. Doch damit nicht genug: Auch Exeter und Bath werden von den »Baedeker Blitz« genannten Luftangriffe stark in Mitleidenschaft gezogen.

1951 Dartmoor wird offiziell zum ersten Nationalpark im Südwesten erklärt. Drei Jahre später folgt Exmoor.

1998 Das letzte Bergwerk in Cornwall, »South Crofty«, wird geschlossen. Dadurch verlieren Tausende Menschen ihre Arbeit. Das Ende einer 4000 Jahre langen Bergbautradition ist besiegelt.

2001 Die Maul- und Klauenseuche macht auch vor Englands Südwesten nicht halt. Darüberhinaus wird nach wenigen Monaten Bauzeit das »Eden Project« eröffnet und die Jurassic Coast wird von der UNESCO zu Englands erstem Weltnaturerbe erklärt.

2006 Die »Cornwall Mining Landscape« und die »West Devon Mining Landscape« werden von der UNESCO für ihre kulturelle und historische Bedeutung anerkannt.

2007 Vor der Ostküste Devons strandet die unter britischer Flagge fahrende »MSC Napoli«, Hunderte Container werden an der Küste angespült.

2011 Im Oktober stürzen bei den Nordklippen in der Nähe von Hell's Mouth in Cornwall mehrere Zehntausend Tonnen Felsen ins Meer.

ziemlich fortschrittlich waren. Die Kelten konnten Eisen herstellen, kannten einige Getreidesorten wie zum Beispiel Hafer und setzten bereits den Pflug ein, was den Ackerbau um einiges effektiver machte. Sie lebten in kleinen, familiären Verbänden. Archäologische Funde aus der keltischen Zeit kann man in Grimspound im Dartmoor besichtigen. Die Kelten bauten die reichen Vorkommen von Zinn und Kupfer ab, exportierten die Bodenschätze bis nach Gallien und machten Cornwall über seine Grenzen hinaus bekannt. So richtig ins Licht der Weltgeschichte trat Cornwall dann im 5. Jahrhundert v. Chr., als einige griechische Seefahrer von den Zinnvorkommen berichteten.

Um 55 v. Chr. überquerte Cäsar den Ärmelkanal und gab der nördlich davon gelegenen Insel den Namen »Britannia«. Nachdem sie den damals herrschenden keltischen Stämmen die Macht im Land entrissen hatten, fingen die Römer an, ein Straßennetz sowie Siedlungen, Häfen, Tempel und Festungen zu bauen. Mit dem Niedergang ihres Weltreichs zogen sich die Römer auch aus England zurück. In der Folge siedelten sich Sachsen, Angeln und Jüten auf der Insel an. Viele keltische Stämme zogen sich daraufhin in den Südwesten zurück, was man bis heute an den Ortsnamen ablesen kann: Die Vorsilben Tre- (Heim), Pol- (Teich), Pen- (Hügel) stammen aus dem Keltischen.

Oben: In Mevagissey lebt man heute hauptsächlich vom Tourismus.
Mitte: Ein Spaziergang durch die schmalen Gassen von Winchester.
Unten: Sonne tanken in Mevagissey.
Linke Seite: Im »The Ship Inn« in Mevagissey trifft man sich auf ein Pint.

1066 und danach

Im Jahr 1066 eroberten die Normannen England. Wilhelm der Eroberer ließ eine ganze Flotte bauen. Er segelte mit 300 Schiffen und insgesamt 7000 Mann von der Normandie über den Ärmelkanal, besiegte die aus dem Norden kommenden Truppen Harold Godwinsons und wurde am Weihnachtstag 1066 vom Erzbischof zum König gekrönt. Die zugewanderten Normannen waren den bisherigen Einwohnern jedoch zahlenmäßig unterlegen. Um ihrer Macht Ausdruck zu verleihen und die Territorien militärisch zu kontrollieren, bauten sie Burgen und führten das System des Feudalismus ein. Oberster Lehnsherr war König Wilhelm. Bereits seine ersten Taten ließ er im »Domesday Book« niederschreiben. Im 14. und 15. Jahrhundert suchten Katastrophen die Insel heim und dezimierten die Bevölkerung drastisch. Im Jahr 1348 erreichte die Pest England. Fast jeder dritte Einwohner starb am »Schwarzen Tod«. Zusätzlich war ein Krieg zwischen England und Frankreich ausgebrochen, der meist auf dem Kontinent ausgefochten wurde. Am Ende dieses »Hundertjährigen Kriegs« mussten die Engländer im Jahr 1453 alle französischen Besitzungen auf dem Kontinent räumen. Ein weiteres wichtiges Kapitel in der Geschichte Englands schrieb Heinrich VIII., der 1509 den englischen Thron bestieg: Weil ihm der Papst die Scheidung von Katharina von Aragón verweigerte, sagte er sich von Rom, dem Papst und der katholischen Kirche los, machte die anglikanische Kirche zur Staatsreligion und erklärte sich selbst zum »Supreme Head of the Church«, dem Kirchenoberhaupt. Er ließ im ganzen Land Festungen errichten, unter anderem in Dartmouth, Fowey oder Falmouth. Zusätzlich ging er den Klöstern an den Kragen und ließ viele davon auflösen. Unter ihnen waren die wichtigsten Abteien des Landes wie Glastonbury, Bodmin oder auch das Glasney College in Penryn. Auch die latei-

Oben: In Cornwall ticken die Uhren langsamer, und man kann sich zwischendurch getrost einmal entspannt auf eine Bank setzen.
Unten: Wells ist gut bestückt mit Floristen – das sieht man zum Beispiel an diesem Souvenirshop.

nische Sprache im Gottesdienst wurde abgesetzt, von nun an wurde aus einem englischsprachigen Gebetbuch gelesen.

Auswanderer und Beginn des Tourismus

Mit der Entdeckung der Kolonien begann im 17. Jahrhundert eine Auswanderungswelle – zunächst nach Amerika, später auch nach Australien und Neuseeland. Mehr als eine halbe Million Menschen bestieg in Plymouth, Torquay oder Bideford die Auswandererschiffe. Die wohl berühmteste Fahrt war die der »Pilgerväter«, die 1620 mit der »Mayflower« von Plymouth aus in die Neue Welt aufbrachen.

Im Verlauf des 18. Jahrhunderts erkannten die Menschen die heilende Kraft des Meeres. Die meisten Engländer konnten die Badeorte aber erst nach dem Bau der Eisenbahn erreichen. Fortan nahm die Zahl der Besucher in den Küstenorten zu, und es entwickelte sich eine touristische Infrastruktur. Heutzutage sind 25 Prozent der Wirtschaft in Cornwall vom Tourismus abhängig.

Oben: Eine eindrucksvolle Brücke führt nach Bristol.
Unten: In Dorset gibt es zahlreiche Möglichkeiten, mit alten Dampflokomotiven mitzufahren.

Wenn es in Dorset Herbst wird, legt sich morgens ein feiner Schleier aus Nebel übers Land, der das Corfe Castle noch mystischer erscheinen lässt.

RUND UM LAND'S END

1 St. Ives
Das schönste Licht Englands

Steht man auf The Terrace, der Küsten-straße, und blickt über die Stadt St. Ives, ist es ein Leichtes, sich sofort in ihre weiß–grauen Häuser, die Strände und das sie umarmende Meer zu verlieben. St. Ives ist sowohl Künstlermetropole als auch Touristenmagnet. Hier werden Trends gesetzt, was man nicht zuletzt bei den vielen Shops und Cafés erkennt. Doch in den Sommermonaten kann es leicht überlaufen sein.

Noch im vorigen Jahrhundert hat die britische Autorin Virgina Woolf den Küstenort St. Ives folgendermaßen beschrieben: »Eine windige, lärmende, nach Fisch riechende, bewegte, enge Stadt von der Farbe einer Muschel oder Schnecke, wie ein Klumpen Miesmuscheln auf einer grauen Mauer.« Und wahrscheinlich hatte das zu Woolfs Lebzeiten noch seine Gültigkeit, denn um die Jahrhunderwende vom 19. zum 20 Jahrhundert waren Cornwall und vor allem St. Ives noch vom Fischfang und Bergbau geprägt – der Ort war Zentrum des Sardinenfangs. Im Jahr 1868 fingen Fischer in nur einem Schlagnetz ganze 16 Millionen Fische. Heute kann man noch viel Geschichte von den Straßenschildern der engen Gässchen von St. Ives ablesen.

Ein Stück (Kunst-)Geschichte

Vorangehende Doppelseite:
Der South West Coast Path ist einer der schönsten Wanderwege Europas.
Mitte: Von der Terrace Street hat man einen schönen Blick auf den Hafen.
Unten: Die Heiligen Drei Könige beehren auch St. Ives.

Schon Anfang des 20. Jahrhunderts fingen Künstler an, St. Ives für sich zu entdecken. Vor allem das besondere Licht, das einen Deut weicher und wär-mer als im Rest des Landes ist, zog sie wie magisch an die südwestlichste Spitze von Großbritannien. Größen wie William Turner oder Barbara Hepworth verschlug es seither nach St. Ives. (Mehr zur Kunst auf S. 40.) Dadurch und aufgrund des wachsenden Tourismusaufkommens wandelte sich St. Ives vom einfachen Fischerdörfchen in eine schicke Kleinstadt. Das Meer ist, auch wenn die Fischerei nicht mehr den Schwerpunkt bildet, in St. Ives omnipräsent. Von fast jedem der teilweise blumenumrankten Granithäuser hat man einen guten Blick hinaus Richtung Horizont. Da St. Ives praktisch in allen Richtungen vom Meer begrenzt wird, kann es nicht mehr wachsen. Dies bringt sowohl Vor- als auch Nachteile mit sich.

Ursprünglich und beliebt

Einerseits ist St. Ives als Ort wunderschön, in sich geschlossen, frei von Hotelburgen oder sonstigen Architektursünden. Andererseits ergeben sich aufgrund der eng gesetzten Grenzen auch Probleme. Eines davon ist die Parksituation. Es gibt zwar einen großen Parkplatz (Victory Heights, The Burrows), allerdings ist dieser recht teuer und nicht direkt im Stadtzentrum. Dort sind die Straßen zu eng, um neben den vielen Menschen, die hier in den Sommermonaten durchspazieren, auch noch parkende Autos zu fassen.

Es sind auch genau diese Menschenmassen, die St. Ives für viele schnell uninteressant machen: lange Warteschlangen vor Restaurants, volle Geschäfte und Cafés und überlaufene Strände schrecken ab. Wer diesen Trubel vermeiden und trotzdem die eigentlich reizende Stadt genießen will, meidet besser Juli und August und reist dafür im Frühling oder Herbst an. Dann herrscht durchaus noch gutes Wetter – auch dank des Golfstromes – und die zahlreichen englischen Touristen, die die Schulferien nutzen, bleiben aus. Alleine schon im September kann man den Charme des Hafenstädtchens in vollen Zügen genießen.

**MIT DEM ZUG ODER
ZU FUSS KOMMEN**

Die wohl schönste Zuglinie in der Region ist die Nebenstrecke von St. Erth nach St. Ives. Sie führt entlang der Küste über Lelant und Carbis Bay nach St. Ives. Die Fahrt selbst bietet wunderschöne Ausblicke, und in der Stadt hat man ein Problem weniger: die Parkplatzsuche. Diese Linie existiert schon seit 1870 und bedeutete für St. Ives einen langsamen aber steten Anstieg des Tourismus. Ein schöner Spaziergang ist hingegen der Weg von Carbis Bay nach St. Ives. Viele wohnen ohnehin in der etwas ruhigeren Bucht, in der sich mittlerweile viele B&Bs und Hotels angesiedelt haben. Wenn man weiß, dass ein grün bewachsener, gut gepflegter Weg direkt ins Herz von St. Ives führt, lässt man das Auto gerne stehen.

Weitere Informationen:
www.nationalrail.co.uk

Der Friedhof in St. Ives ist durchaus sehenswert.

Fore Street

In St. Ives fällt es sehr leicht, sich zurechtzufinden. Auf der Fore Street kann man zum Beispiel gut einkaufen. Ein Beweis dafür sind die vielen (inter)-nationalen Ketten, die sich hier angesiedelt haben, darunter auch einige Surfshops. Zusätzlich reicht das Spektrum im Zentrum von hippen Bars oder Restaurants bis zu traditionellen Bäckereien, die ihre Pasties noch nach altem Rezept herstellen. Dass in den Sommertagen aus den 9870 Einwohnern schnell einmal mehr werden, sollte eigentlich bei der Fülle an Restaurants – vor allem direkt am Hafen reiht sich eines ans andere – kein Problem sein. Trotzdem ist es ratsam zu reservieren. Ein Programmpunkt jedes St. Ives-Besuches sollte das »Tate of the West« am Porthmeor Beach sein. (s. S. 42).

Strände, Strände, Strände

Allein St. Ives zählt vier Strände. Da ist einerseits der windgeschützte und deshalb familienfreundliche Porthgwidden Beach, andererseits das »Surfer's Paradise«, der Porthmoer Beach. Wer ein paar Schritte Richtung Carbis Bay geht, sieht auch schon den gepflegten Porthminster Beach. Von Palmen

---

MAL EHRLICH

VORSICHT, MÖWENATTACKE!

Es gibt zwar viele Eisläden in St. Ives und mindestens so viele Gelegenheiten, etwas bei einem Takeaway zu kaufen, um es dann auf einer netten Bank oder direkt am Hafen zu essen. Dabei sollte man allerdings nicht vergessen, dass hier die Möwen herrschen. Wer im Freien isst, läuft Gefahr, von einer Möwe bestohlen zu werden. Wer also sein Essen stressfrei genießen möchte, ist drinnen besser aufgehoben!

Stadtrundgang

Ⓐ Bahnhof Porthminster Beach – perfekter Ausgangspunkt für die Erkundung von St. Ives. In nur wenigen Minuten geht man von hier zur Innenstadt.

Ⓑ New Millennium Gallery – an den »Toren« der Stadt gelegen mit den größten Sammlungen von St. Ives. www.newmillenniumgallery.co.uk

Ⓒ Wills Lane Gallery – eine weitere großartige Galerie ist die Wills Lane Gallery. Präsentiert werden Zeichnungen, Fotografien, Holzskulpturen und Schmuck. www.willslanegallery.co.uk.

Ⓓ Barbara Hepworth Museum – Im Museum, dem ehemaligen Wohnhaus der Bildhauerin, kann man Briefe und persönliche Fotos sowie den wunderschön erhaltenen Garten besichtigen.

Ⓔ Belgrave Gallery – Zu sehen sind moderne zeitgenössische Kunst mit regelmäßig wechselnden Ausstellungen. Der Fokus liegt auf Künstlern, die seit etwa 1930 in St. Ives lebten und arbeiteten. www.belgravegallery.com

Ⓕ Tate St. Ives – 1993 errichtet, ist der Cornwall-Ableger der berühmten Londoner »Modern Tate« Anziehungspunkt für Kunstinteressierte in ganz Südwestengland. Architekten waren Eldred Evans und David Shalev.

Ⓖ St. Ives School of Painting – Hier werden angehende Künstler bereits seit Jahrzehnten unterrichtet. Auch Besucher können sich hier für Malstunden anmelden. www.stivesartschool.co.uk

Ⓗ Art Space Gallery – Seit dem Jahr 2000 gibt es die Art Space Gallery mit Meerblick. Künstler wie Sara Pound oder Julian Rowe stellen hier aus. www.artspace-cornwall.co.uk

Ⓘ Penlee Lifeboat Station – Direkt im Hafen befindet sich das Lifeboat House. Die »Lifeboats« haben in bereits seit 1840 Tradition. Seit der Einführung wurden rund 1000 Menschenleben gerettet.

Ⓙ Parish Church – Direkt neben der Lifeboat Station befindet sich die Kirche aus dem 15. Jahrhundert.

gesäumt, hat er nicht nur wegen seiner peniblen Sauberkeit die britischen Blue Flags als Strandauszeichnung bekommen. Ein etwa 25-minütiger Spaziergang vom Stadtzentrum bringt den Gast schließlich nach Carbis Bay, einem sehr weitläufigen, weißen Strand. An jedem dieser Strände findet sich mindestens ein Strandcafé bzw. Restaurant, in dem man auch bei kälterem Wetter die Atmosphäre genießen und gegebenenfalls den Surfern auf dem Wasser zusehen kann.

Surfen

Beim Stadtbummel durch die malerischen Gassen von St. Ives einem in schwarzes Neopren gehüllten Surfer mit Brett unter dem Arm zu begegnen, ist durchaus keine Seltenheit. Der Porthmoer Beach bietet mit seiner offenen Lage Richtung Atlantik perfekte Bedingungen für Surfer und vor allem Surfanfänger. Werden die Wellen durch ruppiges Wetter höher und wilder, kann es auch Profis nach Porthmoer ziehen.

Frankreich oder doch England?

Künstler, subtropische Vegetation, Meer, Strände, Klippen und magisches Licht? Das erinnert doch irgendwie an den Süden Frankreichs. Und wenn die Temperaturen im Sommer steigen, kann St. Ives leicht mit den beliebten Urlaubsdestinationen in Südfrankreich mithalten. Der Golfstrom sorgt für mildes Klima, die Lage für schönes Licht, und so geht St. Ives gut als englisch angehauchte französische Schönheit oder auch »Nizza des Nordens« durch.

Die heilige Ia

Ihren Namen hat die Stadt von der heiligen Ia. Diese kam im 5. Jahrhundert auf die Penwith-Halbinsel, um die dort lebenden Kelten zu missionieren.

Oben: Die Fischerei prägte die Stadt – das sieht man auch an den Straßennamen.
Mitte: Im Sommer sind die Pubs und Restaurants oft übervoll.
Unten: An lauen Sommernächten wird in St. Ives Beachvolleyball direkt im Zentrum gespielt.

Auch die Kirche am südlichen Ende der Fore Street ist nach ihr benannt. Der Bau stammt aus dem 15. Jahrhundert, und ein Rundgang durch das steinerne Bauwerk lohnt in jedem Fall. Viele Figuren im Chor schuf angeblich der damalige Dorfschmied Ralph Clies. Die Pfeiler bestehen nicht wie in den meisten kornischen Kirchen aus Granit, sondern wurden aus Sandstein gefertigt. St. Ia ist als Statue rechts vom Kruzifix zu sehen. Der Legende zufolge kam diese Missionarin aus Wales oder Irland auf einem Blatt in die Stadt gesegelt.

Ausflug nach Hayle

Hayle ist zum Teil dafür bekannt, das Tor zum weitläufigen Gwithian beziehungsweise Godrevy Beach zu sein. Auf dem Weg dorthin kann man sich hier noch mit der neuesten Strand- bzw. Surfmode eindecken, sich eine Ausrüstung ausborgen oder einfach nur Proviant für den geplanten Strandtag besorgen. Ein guter Surfshop ist Down the Line.

Am Gwithian Beach können nicht nur Surfer, Bodyboarder und Kitesurfer bestaunt werden, auch glückliche Familien beim Strandspaziergang und zahlreiche Hobbyfotografen sind zu sehen, die dieses Treiben für die Nachwelt festhalten wollen. Als Orientierungspunkt dient stets der Leuchtturm Godrevy, der Virginia Woolf zu ihrem Roman *Zum Leuchtturm* inspirierte und dessen Felsen bei Ebbe mit Gwithian zusammenwächst.

Am besten man parkt gleich auf der Straße, auf der man von Hayle hierhergelangt und spaziert dann durch die stimmungsvollen, oft einsamen Dünen zum Strand. Vorne, bei den sandigen Klippen, gibt es dann einige hölzerne Stiegenabgänge, an denen man einfach zum Strand gelangt.

St. Ives bezauberte schon Generationen von Besuchern. Mit dem türkisen Wasser und dem Künstlerflair erinnert es an die Metropolen in Frankreichs Süden.

Infos und Adressen

INFORMATION

Touristinformation, The Guildhall. Street-an-Pol, Tel. 01736/79 62 97. www.stives-cornwall.co.uk

EINKAUFEN

Down The Line. Surfshop. Market Square Arcade, www.downthelinesurf.co.uk

ESSEN UND TRINKEN

Alba. Eines der ersten Gourmet-Restaurants in St. Ives. Helles Holz und weiße Tischdecken bestimmen das Ambiente, Fisch und Meeresfrüchte die Speisekarte. Gehobenere Preisklasse. Old Lifeboat House, Tel. 01736/79 72 22, www.thealbarestaurant.com

Hub. Bei Lounge-Musik können sich hier die Gäste noch ruhig unterhalten und später den Tanzenden zusehen. Kleiner Tipp: Am gemütlichsten ist es, im ersten Stock zu sitzen. Für den kleinen Hunger werden auch Sandwiches und Burger serviert. The Wharf, Tel. 01736/79 90 99, www.hub-stives.co.uk

I Should Coco. Schokolade, so weit das Auge reicht. Handgeschöpft und wunderschön arran-

»Clotted Cream« und andere Leckereien aus Cornwall gibt es fast überall zu kaufen.

Eine der typischsten Straßen von St. Ives ist die Fish Street.

giert. Hier regiert die süße Seite des Lebens. 39 Fore Street, Tel. 01736/79 87 56, www.ishouldcoco.co.uk

Moomaid of Zennor. Eiscreme aus der nahen Tremedda, ein humorvolles Logo und die Sicherheit, dass man einem lokalen Bauern hilft, lassen das Eis gleich noch besser schmecken. The Wharf, Tel. 01736/79 67 91.

Porthgwidden Beach Café. Das Team vom Porthminster Beach Café ist auch für dieses Café in St. Ives verantwortlich. Etwas heimeliger und günstiger. Am Surfstrand von St. Ives genießt man hier unter anderem Pasties, frische Salate oder auch Tapas. Porthgwidden Beach, Tel. 01736/79 67 91. www.porthgwiddencafe.co.uk, www.moomaids ofzennor.co.ukco.uk

Porthminster Beach Café. Das Lieblingsrestaurant der meisten Einwohner Cornwalls. Traumlage am Porthminster Beach, nette, aber reduzierte Einrichtung und teure, aber sehr fantasievolle Gerichte. Empfehlenswert sind die frischen Meeresfrüchte. Porthminster Beach, Tel. 01736/79 53 52.

Seafood Café. In zweiter Reihe, dafür lecker und günstiger. Schlichte Holztische und eine Vitrine voller Köstlichkeiten sind Markenzeichen des Seafood Café. Aus Fisch, Fleisch, Sauce und Beilage können die Gäste ihr eigenes Gericht zusammenbauen. 45 Fore Street, Tel. 01736/79 40 04, www.seafoodcafe.co.uk

Sloop Inn. Das Lieblingspub von St. Ives. In behaglicher Atmosphäre bekommt man hier eine ordentliche Auswahl an Bieren und Ales beziehungsweise Klassiker der englischen Pub-Küche. The Wharf. Tel. 01736/79 65 84, Öffnungszeiten: Mo–Sa 11–23 Uhr, So 10–22 Uhr.

St. Andrews Street Bistro. Das Menü präsentiert praktisch die ganze Welt auf der Karte: Vom Ziegen-Curry bis zum Straußenfilet kann man sich hier fast alles auf der Zunge zergehen lassen. 16 St. Andrews Street, Tel. 01736/79 70 74

ÜBERNACHTEN

Blue Hayes Private Hotel. Etwa 25 Minuten Fußweg sind es bis St. Ives, deswegen ist es hier in Carbis Bay um einiges ruhiger und angenehmer. Mittlere Preislage, dafür bietet das Hotel ein tolles Frühstück und schöne Zimmer mit umwerfendem Ausblick auf Carbis Bay bis zum Gwithian Beach. Trelyon Avenue, Carbis Bay, Tel. 01736/79 71 29, www.bluehayes.co.uk

Boskerris. Was die Homepage verspricht, wird von der Realität noch übertroffen: Der Blick vom Hotel Boskerris über die Carbis Bay ist einzigartig. Die Preise sind aufgrund der schönen Einrichtung stimmig. Zum Frühstück bekommt man mit Maracuja überzogene Erdbeeren, und auf der Frühstückskarte mischen sich internationale Spezialitäten mit heimischen Produkten. Die Besitzer sind bemüht, ihren Gästen alle Wünsche von den Augen abzulesen. Besonders schön ist die Terrasse übrigens an lauen Sommernächten: Richtig magisch! Boskerris Road, Carbis Bay, Tel. 01736/79 52 95, www.boskerrishotel.co.uk

The Coast. Schönes, bezahlbares B&B mit einer Besonderheit: Hier ist alles vegetarisch! So wird das »Full English Breakfast« mit vegetarischen Würstchen serviert. Nette Zimmer und noch freundlichere Gastgeberinnen. Abends kann man im Bean Inn – natürlich ebenfalls vegetarisch – speisen. St. Ives Road, Carbis Bay, Tel. 01736/79 59 18, www.coastcornwall.co.uk

Das Porthminster Beach Café ist eines der absoluten Lieblingsrestaurants der Kornen.

Im Hotel Boskerris kann man ganz romantisch Urlaub machen.

2 St. Ives – die Künstler
Von der Muse geküsst

Nirgendwo sonst in Großbritannien (London mal ausgenommen) leben so viele Künstler auf einem Fleck. Warum sie alle nach St. Ives pilgern und hierbleiben? Das Hauptargument ist: »Weiches Licht«. Doch wahrscheinlich ist St. Ives einfach ein inspirierender Ort und das für Maler, Bildhauer und Fotografen gleichermaßen. Die Stadt entwickelte sich vom kleinen Fischerdorf zu einer avantgardistischen Künstlerkolonie mit einer großen Dichte an Galerien und Museen.

Seit dem Mittelalter bekannt für den Bergbau und aufgrund seiner Lage war Cornwall lange nichts weiter als eine Ansammlung von Fischerdörfern und Zinnminen. Doch im Jahr 1811 entdeckte der Künstler William Turner auf der Suche nach beeindruckenden Landschaften das Dörfchen St. Ives – ein Fleckchen Erde, das von der Sonne besonders gerne mit warmem Licht verwöhnt wird. Doch St. Ives musste etwas warten, bis weitere Künstler an den südwestlichsten Zipfel Englands kamen. 1883 erreichte der Amerikaner James Whistler gemeinsam mit seinem Schüler Walter Sickert den Ort, und beide erklärten es sofort zu ihrer neuen Inspirationsquelle. Im Jahr 1888 wurde der St. Ives Arts Club in Louis Griers Studio gegründet. 1920 errichtete hier der Töpfer Bernard Leach sein Atelier, und im Jahr 1939 zog Barbara Hepworth mit ihrem Mann Ben Nicholson und ihren Kindern in die Nähe von St. Ives.

Flucht ins Paradies

Das Künstlerehepaar Hepworth und Nicholson entfloh dem Bombenkrieg, der auch in London

Künstler sind in St. Ives zahlreich vertreten, und schon allein die unglaubliche Anzahl an Galerien lässt einen vermuten, dass dies ein äußerst inspirierender Ort sein muss.

St. Ives – die Künstler

großes Leid und viel Trümmer verursachte. Heute kann man die von den »bemerkenswert heidnischen Landschaften« inspirierten Arbeiten der Bildhauerin Hepworth (1903–1975) in St. Ives besichtigen. Sie trennte sich 1949 von ihrem Mann und zog mit ihren Drillingen in ein von hohen Mauern umgebenes Anwesen. Im Jahr 1975 kam sie bei einem Brand in ihrem Atelier ums Leben, danach wurde ihr ehemaliges Wohnhaus mit dem Atelier und dem selbst angelegten Garten in ein Museum verwandelt. Sie war eine der Schlüsselfiguren in der Entwicklung von St. Ives zur Künstlerstadt. Einige der berühmtesten Skulpturen der abstrakten Bildhauerin sind heute im Museumsgarten zu besichtigen: Die »Garden Sculpture (Model for Meridian)« findet sich dort ebenso wie der »Four Square«, die größte Skulptur, die jemals von Hepworth geschaffen wurde. Eine weitere Skulptur kann man in der Kirche St. Ia besichtigen. Die Figur »Madonna and Child« schuf Hepworth in Erinnerung an ihren Sohn Paul Skeaping, der 1953 bei einem tragischen Flugzeugabsturz ums Leben kam.

Mehr Künstler

Nach Barbara Hepworth und Ben Nicholson folgten Christopher Wood und Naum Gabo. Auch Sir Terry Frost, Patrick Heron, John Wells und Peter Lanyon, der in St. Ives geboren wurde, trugen dazu bei, das ehemals noch verschlafene Fischerdorf in eine Künstlerkolonie zu verwandeln, die ihresgleichen suchte. Teilweise dienten sogar ehemalige Pökelspeicher den Künstlern als Ateliers. Die Penwith Society of Arts (Back Road West) zeigt wechselnde Ausstellungen abstrakter Kunst. In der gleichen Straße lebte und arbeitete auch Alfred Wallis, dessen Gemälde in der Tate Gallery St. Ives zu besichtigen sind. Für echte Fans ist es sicherlich interessant, sein ehemaliges Cottage als Ferienhaus zu mieten.

Die St. Ives Art House Gallery ist eine der größten Kunstinstitutionen des Südwestens.

Die Tate Gallery

Spätestens seit 1993, als der kornische Ableger der Londoner Tate Gallery in St. Ives eröffnet wurde, ist der Ort der südwestliche Nabel der Kunstszene. Das Gebäude wurde von Eldred Evans und David Shalev entworfen. Es umfasst fünf Ausstellungsräume, die jeweils verschiedenen Künstlerateliers nachempfunden sind. Die Dauerausstellung zeigt Werke von Bernard Leach, Patrick Heron, Terry Frost, Peter Lanyon und Skulpturen von Barbara Hepworth. Erwähnenswert sind die Bilder von Alfred Wallis, der ursprünglich als Fischer arbeitete und erst im Alter von 70 Jahren »von der Muse geküsst« wurde.

Die Tate Gallery zeichnet sich vor allem dadurch aus, dass sie fast ausschließlich Werke von Künstlern ausstellt, die in der Region gearbeitet und gelebt haben. Sehr schön ist auch das Café, von dem man einen herrlichen Blick auf den Porthmeor Beach genießt und von wo man die dortigen Surfer beobachten kann.

Oben: Skulpturen, Töpferkunst und Malerei: In St. Ives drücken sich die Künstler auf verschiedenste Weise aus.
Mitte: Die St. Ives Gallery ist einen Besuch wert.
Unten: Die Tate Gallery ist ein Ableger von der in London – und mindestens genauso sehenswert!

Porthmoer ist auch der ideale Strand für Surfanfänger. Wer also einen Kurs machen möchte, ist hier an der richtigen Adresse. Aber keine Angst: Lifeguards haben ihre wachsamen Augen stets auf die Wellen gerichtet und greifen im Notfall sofort ein.

Infos und Adressen

SEHENSWÜRDIGKEITEN

Barbara Hepworth Museum. Im ehemaligen Privathaus der Künstlerin kann man heute Skulpturen, Malereien, Zeichnungen und einiges an Archivmaterial betrachten. Somit bekommt man einen Einblick in das Leben einer der größten britischen Künstlerinnen des 20. Jahrhunderts. Barnoon Hill, Tel. 01736/79 62 26, Öffnungszeiten: März bis Oktober tgl. 10–17.20 Uhr, November bis Februar Di–So 10–16.20 Uhr. Kombitickets mit der Tate Gallery erhältlich.

New Millennium Gallery. Hier gibt es über drei Stockwerke jede Menge Kunst zu sehen. Die unabhängige Galerie beschäftigt sich hauptsächlich mit der großen Frage: »Warum sind wir hier?« und der Reise des Lebens generell. Die New Millennium Gallery ist die größte und wahrscheinlich auch angesehenste in St. Ives. Street-an-Pol, Tel. 07136/79 31 21, Öffnungszeiten: Mo–Sa 10–17 Uhr, So 11–16 Uhr, www.millenniumgallery.co.uk

Die Tate Gallery wurde von einem ehemaligen Gaswerk zum Kunstmuseum umgebaut.

Tate St. Ives. Der »Außenposten« der Londoner Tate Modern konzentriert sich einerseits darauf, regionale Künstler aus der Newlyn School of Art beziehungsweise der St. Ives School of Art zu zeigen, andererseits wird auch auf die internationale, moderne und zeitgenössische Kunst Augenmerk gelegt. Dreimal im Jahr wechseln die Sonderausstellungen (Januar, Mai, Oktober). Das Gebäude befindet sich direkt am Porthmoer Beach und hat im obersten Stock ein ansehnliches Café – das Sunset Café – zum Ausruhen. Porthmoer Beach, Tel. 01736/79 62 26, Öffnungszeiten: März bis Oktober, tgl. 10–17.20 Uhr, November bis Februar Di–So 10–16.20 Uhr.

ÜBERNACHTEN

Wallis Cottage. Die gemütlichen, äußerst hellen und freundlichen Appartements sind mit einer modernen Küche und einem bis mehreren Schlafzimmern ausgestattet. Der ideale Ort, um sich ein wenig in die Kunstszene von St. Ives zu stürzen. 3 Black Road West, St. Ives, Tel. 0800/32 88 051, www.alfred-wallis.co.uk

Die Künstlerin Barbara Hepworth hinterließ ihre Skulpturen in ihrem Garten.

43

3 Zennor
Das echte Cornwall

In sattem Grün schimmernde Weiden, schwarz–weiße Kühe und dahinter das am Horizont verschwindende Meer. Rund um Zennor gibt sich Cornwall von seiner schönsten Seite. Das Dörfchen selbst besteht aus ein paar uralten Häusern, einem Pub und einer schmucken alten Kirche. Zennor eignet sich perfekt für einen Tagesausflug in Kombination mit einer kleinen Wanderung nahe den Klippen.

Zennor befindet sich genau dort, wo das Moor des Landesinneren auf das Meer trifft. Addiert man grasende Kühe und eine Handvoll steinerner Häuschen, hat man eine gute Vorstellung des kleinen Dorfes. Nur wenige Kilometer vom lebhaften St. Ives entfernt kommt man hier in der kornischen Bilderbuchidylle an. Im »Tinner's Arms«, einem Ein-Raum-Pub, treffen sich die Einheimischen mit den Durchreisenden. Vor dessen Tür, auf den schönen Küstenwegen auf beiden Seiten von Zennor, lässt es sich herrlich wandern – immer mit Blick auf das dunkelblaue Meer.

Sehenswertes

Wer möchte, kann sich zum Beispiel bis zum Gurnard's Head vorwagen, ein Felsvorsprung etwas westlich von Zennor. Hier peitschen die Wellen gewaltig gegen die tintenschwarzen Granitfelsen. Beobachter werden sofort in den Bann dieser rohen Urgewalt gezogen. Kommt man wieder zurück, kann man beim Namensbruder, dem Pub »Gunard's Head«, einkehren und etwas warme Seelennahrung zu sich nehmen. Doch nicht nur für Wanderfreunde ist Zennor interessant. Im Wayside Folk Museum findet man ein Potpourri

Mitte: Fährt man von Zennor nach St. Ives, sieht man typische kornische Landschaft, die von der Viehhaltung geprägt ist.
Unten: Im kleinen Dorf Zennor lebte einst auch D. H. Lawrence.

aus Wasserrädern, Werkzeugen und Haushalts-
gegenständen, die das Leben in Cornwall von prähistorischen Zeiten bis heute porträtieren. Auch
die Kirche St. Senara, die im 15. Jahrhundert inmitten des Dorfes erbaut wurde, ist sehenswert. In
ihrem Inneren befindet sich die Mermaid of Zennor in einen Stein eingraviert. Diese dient wohl
schon seit 600 Jahren als eine Art Maskottchen
für die Dorfbewohner.

Nicht umsonst hat die Tremedda Farm bei Zennor
die Eiscreme, die sie verkauft, »Moomaid of
Zennor« genannt. Wer es kosten will, findet an
der Hafenpromenade von St. Ives eine Eisdiele,
die ausschließlich diese Köstlichkeit aus Zennor
verkauft: Das Logo, eine Kuh mit dem Unterteil
einer Meerjungfrau beweist Humor und ist schon
auf T-Shirts oder Pullovern erhältlich.

D. H. Lawrence zu Besuch

Ganze eineinhalb Jahre lang zog sich der Schriftsteller D. H. Lawrence mit seiner deutschen Frau
Frieda von Richterhofen in Zennor zurück. Zuerst
lebten die beiden im »Tinner's Arms«, dann in einem
Steincottage, das sie für fünf Pfund im Jahr mie-
teten. 1916 arbeitete Lawrence an seinem Buch
Woman in Love und kehrte immer wieder gerne
in seinem Lieblingspub, dem »Tinner's Arms«, ein.
Er schrieb seiner Freundin, der Autorin Katherine
Mansfield: »Ich liebe es, hier in Cornwall zu sein –
so friedlich, so fern der Welt. Aber die Welt ist für
immer verschwunden – es gibt nirgendwo mehr
eine Welt: Nur hier, und eine reine, dünne Luft,
die nichts und niemanden verpestet.«

Doch schon 1917 fand sein Aufenthalt in Zennor
ein jähes Ende. Dem Paar wurde vorgeworfen, dass
sie einem feindlichen U-Boot Lichtsignale gegeben
hätten.

Infos und Adressen

ESSEN UND TRINKEN

Tinner's Arms. Ein friedliches kleines
Pub, das sich so anfühlt, als wäre
es noch im Originalzustand des
13. Jahrhunderts, als es gebaut
wurde. Hier wird weder Musik gespielt noch gibt es einen Fernseher,
dafür gutes Bier und eine warme
Atmosphäre. Gleich nebenan kann
man übernachten, und zwar im
»White House«. In seinen weißen,
stilvoll dekorierten Räumen bettet
man sein Haupt zu wirklich annehm-
baren Preisen. Tel. 01736/796927,
www.tinnersarms.com

SEHENSWÜRDIGKEITEN

Wayside Folk Museum. Eine bunt
gemischte Ausstellung über das
Leben in Cornwall – damals und
heute. Auf der B 3306 Coast Road
in Zennor. Öffnungszeiten: Mai bis
September So–Fr 10.30–17.30 Uhr,
April und Oktober So bis Fr 11–
17 Uhr.

ÜBERNACHTEN

The Gurnard's Head. Etwa zwei Kilometer westlich von Zennor hat man
in diesem urigen Pub die Möglichkeit,
beste kornische Hausmannskost zu
essen. Das B&B bietet nette Zimmer,
die relativ günstig sind. Das Frühstück ist sehr gut. Tel. 01736/796298,
www.gurnardshead.co.uk

Tremedda Farm. Auf dieser weit-
läufig angelegten Farm wird man in
freundlichen Zimmern untergebracht.
Die Familie ist sehr bemüht und das
Frühstück unvergleichlich, da hier
beinahe alles selbst hergestellt wird.
Von hier kommt übrigens auch die
leckere »Moomaid of Zennor Ice-
cream«. Tel. 01736/79 96 03,
www.tremedda.co.uk

4 St. Just
Die Minenmetropole

St. Just in Penwith war lange Jahre Zentrum des Zinn- und Kupferabbaus und somit Wohnort für viele Minenarbeiter. Hier lässt sich Cornwalls Bergbaugeschichte so erleben, wie nirgendwo sonst in der Region. In der Geevor Mine kann man in den tiefen Tunneln die Minenarbeit nachempfinden und auf der Plen-an-gwary-Open-Air-Bühne Theaterluft schnuppern.

Achtung: Es gibt zwei St. Just in Cornwall! Bitte verwechseln Sie St. Just in Penwith nicht mit der Namensschwester in Roseland. Denn hier, auf der Halbinsel Penwith, dreht sich (noch immer) fast alles um die Geschichte Cornwalls als Bergbaugebiet für Zinn und Kupfer. Wer durch das Städtchen spaziert, erkennt schnell: Hier haben nicht unbedingt die reichsten Einwohner Cornwalls gelebt. Die einfachen, grauen Cottages, über die man hier fast überall stolpert, waren einst die Behausungen der Minenarbeiter. Doch das frühere Zentrum der Bergbauindustrie ist nicht nur deswegen interessant. Auf dem zentralen Market Square ist auch heute noch viel los. Auch das Plen-an-gwary-Theater befindet sich im Stadtzentrum. Hier wurden früher Mysterienspiele, methodistische Predigten, aber auch kornische Ringkämpfe veranstaltet. Heute steht die Open-Air-Bühne hauptsächlich beim Lafrowda Festival im Juli im Mittelpunkt des Geschehens.

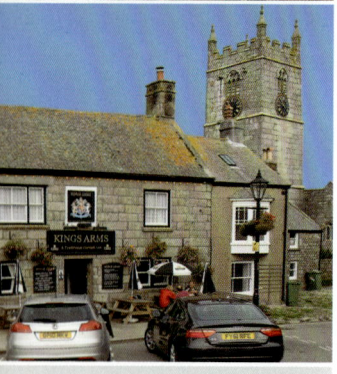

Mitte: Geevor-Zinn-Mine in der Nähe von St. Just ist für Besucher offen.
Unten: St. Just in Penwith war einst eine der reichsten Städte Cornwalls.

Geschichte der Minen

Der Abbau von Zinn und Kupfer begann in der Region von St. Just sehr früh. Es gibt Aufzeichnungen, dass hier schon etwa 1800 Jahre vor unserer Zeitrechnung unter der Erde geschürft wurde. Im Römischen Reich war es der Brauch, auf jedem unbebauten Boden nach Zinn zu suchen, daran änderte sich auch im Mittelalter nichts. Aus der Zeit der Römerherrschaft stammt auch der folgende Absatz, den der griechische Geschichtsschreiber Diodor zu Papier brachte: »In Britannien sind bei einem Kap, das man Belerion nennt (das heutige Land's End), die Einheimischen besonders fremdenfreundlich und durch den häufigen Umgang mit auswärtigen Kaufleuten kultiviert. Sie produzieren Zinn, das sie aus Felsen holen, in die sie Stollen treiben. Sie gießen das Metall in Barren und bringen es auf eine Insel vor der britischen Küste, die man Ictis nennt«.

Blütezeit der Bergbauindustrie

Die Blütezeit erlebte der Bergbau jedoch im 19. Jahrhundert, zur Zeit der industriellen Revolution. Zu diesem Zeitpunkt arbeiteten wohl 50 000 Menschen in Cornwalls Minen. Doch obwohl der Bergbau fest zur Geschichte Cornwalls gehörte, fand er ein sehr plötzliches Ende. Als in Afrika ein großes Kupfervorkommen entdeckt wurde und Malaysia dank seiner günstigen Preise zum neuen Zentrum für den Abbau wurde, ging die Industrie in Südwestengland zugrunde.

Auch heute noch kann man viele der Bergwerke, die nicht geschlossen wurden, an ihren zerbröckelnden Türmen erkennen. Lange Jahre verband die Bergbauindustrie Cornwall mit dem Rest der Welt. Durch die 3000-jährige Tradition konnte Cornwall sogar mit großen antiken Mächten wie den Ägyptern oder Griechen Kontakte knüpfen. Als der Boom vorbei war, wurde folgender Spruch populär: »In jedem tiefen Loch der Welt ist ein Cornishman zu finden«, denn die kornischen Minenarbeiter, die so ihre Arbeit verloren hatten, verteilten sich auf der ganzen Welt, um ihrer Zunft nachzugehen.

Infos und Adressen

INFORMATION
Touristinformation. www.stjust.org

ESSEN UND TRINKEN
Star Inn. Das Pub aus dem 17. Jahrhundert fährt noch immer gut mit seiner »Keine Musik, keine Handys«-Politik. Wenn ein Handy läutet, muss der Gast eine Spende für den Lifeboat Fund leisten – also Achtung! 1 Fore Street, Tel. 07136/78 87 67. www.thestarinn-stjust.co.uk

The Cook Book. Hier gibt es hausgemachte Torten, guten Cream Tea, Suppen, Makrelen, Baguettes und Frühstück. 4 Cape Cornwall Street, Tel. 01736/78 72 66, www.thecook bookstjust.co.uk

SEHENSWÜRDIGKEITEN
Geevor Mine. Die Mine ist nahe Pendeen und entweder mit dem Auto (Abzweigung bei der B3318) oder per Bus, Linie Nummer 17, zu erreichen. Tel. 01736/78 86 62, www.geevor.com

ÜBERNACHTEN
Chymorgen. Ein Bed and Breakfast, das sich ausschließlich um die Wünsche der Frauen kümmert und auch dementsprechend feminin-charmant eingerichtet ist. Eines der Highlights hier ist der wunderschön hergerichtete Garten. Zum Frühstück kommen ausschließlich Lebensmittel aus biologischem Anbau auf den Tisch. Botallack, Tel. 01736/78 84 30, www.chymorgen.co.uk

Commercial Hotel. Mitten in St. Just steht das Commercial Hotel, das erst kürzlich renoviert wurde und jetzt in angenehmem Glanz erstrahlt. Market Square, Tel. 01736/78 84 55, www.commercial-hotel.co.uk

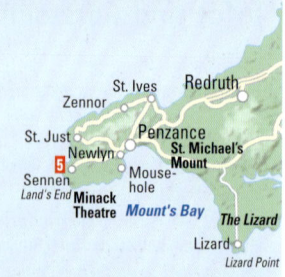

5 Land's End
Nächster Stopp: Amerika

Der westlichste Punkt der Britischen Inseln ist Fixpunkt einer jeden Südenglandreise. Schwarze zerklüftete Klippen mit beeindruckendem Panorama wirken auf Cornwall-Besucher wie ein Magnet. Traurigerweise hat der National Trust hier ein vergnügungsparkähnliches Ungetüm namens The Land's End Experience errichtet, das nicht jedermanns Geschmack trifft. Allerdings gibt es genug Tipps und Tricks, wie man es gekonnt umgehen kann.

Rund 13 Kilometer südwestlich von Penzance kommt man an den westlichsten Punkt der Britischen Inseln. Land's End ist wohl jedem Briten – und nicht nur ihnen – ein Begriff, und deshalb wurde hier 1987 ein Vergnügungspark aufgestellt, der die Besucher unterhalten sollte. Wahrscheinlich sollte er ihnen aber vor allem das Geld aus den Taschen ziehen. The Land's End Experience empfindet bei Weitem nicht jeder als Bereicherung für diesen Ort. Allerdings sollte man dem Vergnügungspark eine Chance geben.

Mitte: Die Klippen in Land's End werden viel begangen, trotzdem ist Vorsicht geboten.
Unten: Wilde Pferde fühlen sich rund um Land's End wohl.

Ein interessanter Teil ist zum Beispiel End to End, wo man unter anderem einen Film sehen kann, in dem eine Gruppe junger Engländer mit dem Auto von John O'Goats in Schottland 1400 Kilometer quer durch England bis ins südwestliche Land's End fährt. Viele Wanderungen, die für einen guten Zweck unternommen werden, führen genau auf dieser Strecke durch das Land. Am Video sieht man die Landschaft von den Highlands Schottlands bis in den Westen Cornwalls. Wenn man mit dem Bewusstsein hineingeht, dass die Land's End Experience zu teuer geraten ist, kann man eigentlich nicht enttäuscht werden.

Von da an nur noch Meer

Die meergepeitschten Klippen sind dann aber doch die Attraktion, bei der sich alle Land's End-Besucher einig sind: Faszination pur! Schwarze Felsen aus Granit, die beeindruckende 60 Meter in die Tiefe stürzen, und das dunkelblaue Meer, dessen schneeweiße Gischt die Felsen umspült. Ein atemberaubender Anblick, den man so schnell nicht mehr vergessen wird. An guten Tagen sieht man sogar die Isles of Scilly am Horizont. Dahinter gibt es quasi nur mehr einen Stopp, der auch klar und deutlich ausgewiesen ist: New York befindet sich exakt 3147 Meilen, also mehr als 5000 Kilometer in westlicher Richtung.

Wer es möglich machen kann, sollte sich entweder einen Sonnenaufgang oder -untergang ansehen. Beide sind an diesem entlegenen Fleckchen Erde nämlich besonders schön und auch bei Fotografen extrem beliebt. Genau an dem Punkt die Sonne beim Auf- oder Untergehen zu beobachten, an dem der Ärmelkanal auf den Atlantik trifft, ist ein Naturschauspiel der besonderen Art. Zu diesen Zeiten ist man auch vor der täglichen Touristenflut (relativ) sicher. Diese ist auf Land's End stark von den Busreiseunternehmen abhängig, die nicht nur Touristen aus aller Herren Länder, sondern auch englische Schulklassen, Pensionistengruppen oder andere Ausflügler an die südwestlichste Spitze Englands karren.

Leuchtende Türme

Bei Land's End erheben sich zwei berühmte Leuchttürme: Longship und Wolf Rock. Ersterer ist nur 2,4 Kilometer von Land's End entfernt und weithin deutlich zu erkennen. Bereits im Jahr 1795 ließ Henry Smith Samuel Wyatt hier einen Turm erbauen. Doch schon 1869 wurde er erneu-

Der Land's End Coast Path führt komplett um die Halbinsel Penwith herum.

ert: Der Granitturm, den man hier heute sieht, wurde im Jahr 1873 eröffnet. Trotz seines Lichtes kollidierte kurz vor der Jahrhundertwende die »S. S. Bluejacket« bei klarer Sicht mit den Felsen. Wer genau hinsieht, kann erkennen, dass Longship alle zehn Sekunden ein fünf Sekunden langes, weißes Leuchtfeuer über das Meer strahlt. Wolf Rock befindet sich 7,4 Kilometer von Land's End entfernt und wurde zwischen 1861 und 1869 erbaut. Der 41 Meter hohe Turm aus kornischem Granit sendet sowohl bei Tag als auch bei Nacht Lichtsignale. Beide Türme wurden im Jahr 1988 automatisiert.

Sennen Cove

Unweit von Land's End entfernt gelangt man an den schönen Strand Sennen Cove, der vor allem für Surfer ein Anziehungspunkt ist. Es heißt: »Wenn hier kein ›Swell‹ ist, findet man nirgendwo in Cornwall einen«. Der weiße Sand und das beeindruckend stürmische Meer haben ihren ganz eigenen Charme und locken neben Kitesurfern und Paraglider auch zahlreiche Familien an, die hier baden. In dem kleinen Ort Sennen gibt es einen Surfladen und eine Cafeteria, in der man sich einen Snack genehmigen kann.

Oben: In Land's End ist ein richtiger Vergnügungspark entstanden.
Mitte: Für die Kinder bietet sich der Streichelzoo als willkommene Abwechslung an.
Unten: Blühendes Heidekraut bedeckt die Küste um Land's End.

MAL EHRLICH

PARK & WALK STATT PARKGEBÜHREN

Viele raten ganz davon ab, Land's End zu besichtigen, das wäre allerdings schade. Wem das Parken (4 Pfund) und der Eintritt zur Experience (10 Pfund für Erwachsene) zu teuer ist, hat folgende Möglichkeit: Am besten bei Sennen Cove parken, die Wanderschuhe auspacken und an der Küste entlang nach Land's End wandern. Nach etwa einer halben Stunde Gehzeit kann man sich die Klippen von Land's End genauso ansehen – nur eben gratis.

Infos und Adressen

ESSEN, TRINKEN UND ÜBERNACHTEN

Land's End Restaurant. Erst kürzlich renoviert, ist das Land's End Restaurant inzwischen sehr ansehnlich. Ein schöner Holzboden unterstreicht die eher simple Einrichtung. Die zuständige Firma richtete unter anderem auch »Jamie Olivers Fifteen« ein. Zum Essen gibt es immer saisonal beeinflusste Gerichte; ein Dauerbrenner sind allerdings Hummer oder das preisgekrönte Rindfleisch des örtlichen Fleischers Vivial Olds. Im Übrigen gehört das Restaurant zum Land's End Hotel. Wenn es gefällt, kann man hier also durchaus ein oder zwei Nächte verbringen – stets mit spektakulärem Ausblick. Land's End, Tel. 01736/87 18 44, www.landsendrestaurant.co.uk

SEHENSWÜRDIGKEITEN

The Land's End Experience. Zu sehen gibt es eine 4D-Filmvorführung mit Titel »The Journey to the Centre of Earth«, ein virtuelles Aquarium mit Seemonstern und dergleichen, die heroische »End to End Story«, bei der man quasi »live« bei einem Roadtrip dabei ist, der quer durch Großbritannien, von den Schottischen Highlands bis zu den kornischen Klippen führt und – vor allem für Kinder geeignet – die Greeb Farm, eine Art Streichelzoo mit Schafen, Ziegen, Schweinen, kleinen Ponys und sogar Frettchen. Land's End, Tel. 0871/720 00 44. Öffnungszeiten: Ostern bis Oktober 10–17 Uhr, November bis März 10.30–15.30 Uhr, www.lands end-landmark.co.uk

Die Felsformationen am Land's End erscheinen dem Besucher fast unwirklich.

6 Minack Theatre
Freilufttheater mit Klippenblick

In den 20er-Jahren des vorigen Jahrhunderts hatte sich eine junge Frau namens Rowena Cade etwas in den Kopf gesetzt: Sie wollte auf ihrem Grund zwischen Land's End und Porthcurno Beach ein Freilufttheater errichten. 50 Jahre später konnte sie als mittlerweile alte Frau auf ihr einmaliges Werk zurückblicken. Heute ist das Minack Theatre sowohl bei Einheimischen als auch bei Touristen eine beliebte und angesehene Kulturstätte.

Es gibt verschiedene Wege, auf denen man sich dem Minack Theatre nähern kann. Der direkteste ist sicher, mit dem Auto zum Parkplatz zu fahren und von dort aus dieses einmalige Theater zu erkunden. Eine weitere Möglichkeit ist es, vom Porthcurno Beach kommend, die steilen Felsen auf einem schmalen, von orangefarbenen Blumen gesäumten Pfad zu erklimmen und das Auto danach im Porthcurno Car Park wieder abzuholen.

Die abenteuerlichsten Wege sind aber allesamt mit etwas längeren Wanderungen verbunden: Einerseits kann man vom Dorf Treen aus starten, andererseits sogar von Land's End und über die Klippen wandern. Die Gegend der südlichen Insel Penwith ist in jedem Fall spektakulär, bietet Fotomotive en masse und bezaubert zu jeder Jahreszeit. Obwohl im Minack Theatre nur in den Sommermonaten von Mai bis September Aufführungen stattfinden, ist es doch das ganze Jahr über geöffnet und kann besichtigt werden. Auf den Steinen kann man zum Beispiel, die per Hand hineingeritzten Namen bekannter Theaterstücke erkennen, die hier über die Jahre aufgeführt wurden. Auch der Blick über die Bucht von Porthcurno hat es in sich.

Mitte: Das Minack Theatre ist mit »Fetten Hennen« bepflanzt.
Unten: Zwischen den Steinen des Minack Theatre blüht die Vegetation.

Die exzentrische Rowena Cade

Das Minack Theatre würde heute bestimmt nicht existieren, wäre Rowena Cade nicht eine solche Enthusiastin gewesen. Schon früh entdeckte die im Jahr 1893 Geborene ihre Liebe zum Theater. Bereits als Kind wirkte sie bei einigen Produktionen mit – und Theater bedeuteten für sie bald die Welt. Da sie die Organisatorin einer Laienspielgruppe war, schlug sie 1928 den Mitwirkenden vor, doch einfach auf ihrem felsigen Anwesen eine Aufführung zu machen. Sie selbst spielte zwar nicht mit, war aber beim Schneidern der Kostüme, bei der Herstellung der Kulissen und bei der gesamten Organisation unabdinglich.

Wundersame Wirkung

Schnell wurde klar: Die Wirkung dieses klippenreichen Panoramas und die Hanglage würden sich auch zukünftig ideal für stimmungsvolle Aufführungen eignen. So beschloss Rowena Cade, in mühevoller Kleinarbeit Steinblöcke zu formen, zu schleppen und als Amphitheater zu arrangieren. Der Großteil des heutigen Theaters wurde tatsächlich von Rowena Cade und ihren Helfern in Handarbeit gebaut.

Zur Premiere Shakespeare

Das Minack Theatre wurde im Jahr 1932 mit dem Shakespeare-Stück *The Tempest* (*Der Sturm*) eingeweiht. Sowohl die Minenarbeiter als auch die Landbevölkerung waren begeistert und Jahre später auch die Londoner Presse. So begann die Karriere des Minack Theatre. Nur während des Zweiten Weltkrieges musste das Programm unterbrochen werden. Als es im Jahr 1952 den Betrieb wieder aufnahm, wurde passenderweise wieder *The Tempest* gegeben. Inzwischen können im Theater bis zu 750 Menschen Platz nehmen.

Den schönsten Blick auf Porthcurno Beach hat man vom Minack Theatre.

Wer sich dazu entscheidet, eines der Theaterstücke anzusehen, muss sich schon relativ früh um Karten kümmern! Die Belohnung dafür gibt es gratis dazu: Eine unvergleichliche Atmosphäre, wenn die Sonne langsam untergeht und die Klippen im Hintergrund goldgelb leuchten. Im Laufe der Vorführung tauchen dann auch die Sterne auf – und bis das Stück zu Ende ist, hat sich der Hintergrund in eine funkelnde dunkle Decke verwandelt. Keinesfalls darf man hierfür aber die richtige Ausrüstung vergessen: Regenjacke und -schirm sowie ein dicker Pullover, Sitzunterlagen und vielleicht sogar eine Thermoskanne Tee gehören hier zur Grundausstattung eines glücklichen Theaterbesuchers.

Beeindruckende Lage

Doch auch ohne ein Stück zu sehen, kann man im Minack Theatre durchaus ein paar Stunden verbringen. Zum einen ist es einfach wunderbar, sich auf die von der Sonne gewärmten Granitsteine zu setzen und den Blick über die Klippen und das weite Meer schweifen zu lassen. Andererseits gibt es vor Ort auch ein Café, ein Restaurant, einen Touristenshop und ein Museum, das sich vor allem auf die Entstehung des Minack Theatre konzentriert. Mit Videos und Schaukästen wird hier genau dokumentiert, wie Rowena Cade ihren Willen letztendlich durchsetzen konnte und hier ein sowohl von Kritikern als auch von den Besuchern gelobtes Theater schuf.

Oben: Das Minack Theatre wurde im 20. Jahrhundert erbaut.
Mitte: Südengland verdankt seine reiche Vegetation dem Golfstrom.
Unten: Im Minack Theatre findet man neben Museum und Amphitheater auch einen schönen Garten.

Infos und Adressen

ESSEN UND TRINKEN

The Minack Café. Viel mehr als dieses Café gibt es in der Gegend nicht. Allerdings kann man hier zur Nachmittagszeit einen wunderbaren Cream Tea einnehmen, vorausgesetzt, man kommt nicht gerade gleichzeitig mit fünf Touristenbussen. Für den kleinen Hunger zwischendurch ist das Minack Café auch gerüstet: Kleine Snacks und Sandwiches werden angeboten. Achtung: Hier kann man nur essen, wenn man für die Besichtigung des Minack Theatre bezahlt hat. Die Öffnungszeiten sind die gleichen wie die des Museums.

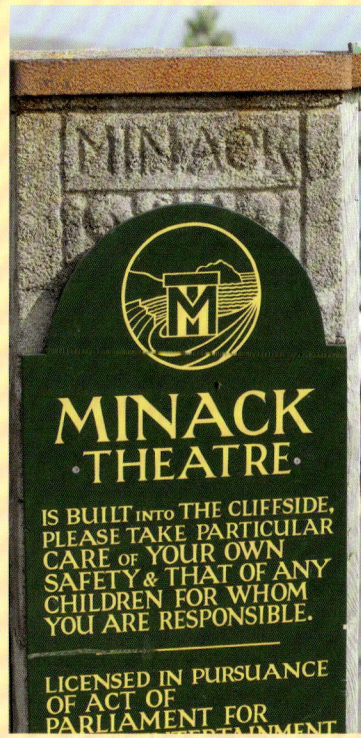

Rowena Cade hatte auch ein Faible für Pflanzen.

Das Minack Theatre ist alten griechischen Theatern nachempfunden.

SEHENSWÜRDIGKEITEN

Minack Theatre. Porthcurno, Penzance. Tel. 01736/81 01 81, Vorstellungen von Mai bis September Mo–Fr 20 Uhr, Mi–Fr 14 Uhr. Die Spielpläne gibt es im Internet unter www.minack.com. Daneben kann man hier auch einen Ausstellungsbereich besuchen. 01736/78 72 66, Öffnungszeiten: April bis September tgl. 9.30–17.30 Uhr, Oktober bis März tgl. 10–16 Uhr, www.thecookbookstjust.co.uk

ÜBERNACHTEN

Sea View House. Gleich neben dem sandigen Porthcurno Beach werden im Sea View House Doppel-, Einzel- und Twin-Zimmer vermietet. Der Preis ist für die Lage und das Frühstück, das im B&B serviert wird, in Ordnung. Man sollte allerdings darauf gefasst sein, dass vom Stil her alles eher einem Agatha-Christie-Roman als einem Designerhotel ähnelt. Es gibt hier auch die Möglichkeit, selbst zu kochen. The Valley, Porthcurno, Tel. 07136/81 06 38, www.seaviewhouseporthcurno.com

7 Mousehole
Das Bilderbuchdorf

Früher ruhiger Sardinenhafen, heute Touristenmagnet: Mousehole fasziniert wegen seiner lieblichen Häuser, des pittoresken Hafens und der kleinen Fischerboote. Zu bewundern ist auch der Sinn für Gemeinschaft, der die Bevölkerung noch authentisch und ursprünglich wirken lässt, trotz der vielen Urlauber, die hier eine Ferienwohnung besitzen. So konnte Mousehole über die Jahre hinweg seinen attraktiv-kornischen Charakter bewahren und fasziniert bis heute Besucher aller Länder und Gesellschaftsschichten.

Vor allem zur Morgenstunde sieht man, was Mousehole, das man im Übrigen »Mous'l« ausspricht, für ein Juwel ist. Das Dörfchen ist als solches schon ein Postkartenmotiv mit seinem Bilderbuchhafenbecken, den bunten Fischerbooten und dem gelben Sandstrand mitten im Ort, der nur durch die granitfarbenen Kaimauern von den mit Schiefer gedeckten Cottages getrennt ist. Das Morgenlicht ist vor allem bei (Hobby-)Fotografen sehr beliebt, weil dann das ganze Städtchen fast menschenleer ist und in seinem urtümlichen Charme strahlt.

Mitte: Malerisches Mousehole.
Unten: Die einzelnen Häuser in Mousehole tragen keine Nummern, sondern Namen.

Schon frühmorgens riecht es hier nach Tang und Algen, wenn man die verwinkelten Gässchen in Richtung Ortszentrum hinunterspaziert. Es ist wohl diese idyllische Atmosphäre, ganz ohne Touristenströme, die viele Londoner so anzieht, dass sie sich in Mousehole ihren Zweitwohnsitz einrichten. Wer dieses Gefühl des echten, wahren Mousehole erleben möchte, bleibt am besten für ein paar Tage dort oder kommt einfach schon zum Frühstück her. Denn zur Morgenstunde hält sich der Andrang noch in Grenzen.

Von Mousehole zum Tater-Du Lighthouse

Streckenlänge: 2,5 km
Start: Mousehole
Ziel: Tater-Du Lighthouse

Mousehole eignet sich gut als Startpunkt für eine kleine Wanderung zum Tater-Du Lighthouse. Man geht zuerst in südliche Richtung den Coast Path entlang, der in dieser Gegend durch eine beeindruckende Klippenlandschaft führt bis zum Tater-Du Lighthouse. Dieser Leuchtturm ist der jüngste in ganz Cornwall, errichtet erst im Jahr 1965. Gebaut wurde er, weil zwei Jahre zuvor ein spanisches Schiff an der Küste vor Boscawen Point kenterte, was elf Menschen das Leben kostete.

Oberhalb des Leuchtturms liegen zwei bis vier Meter hohe Steine; diese Relikte aus der Keltenzeit heißen »The Pipers«. Zudem steht dort ein Steinkreis aus 19 Steinen, vom Volksmund »The Merry Maidens« genannt, weil sie der Legende nach einmal junge Mädchen waren, die das Tanzverbot an Sonntagen missachteten und deswegen in Stein verwandelt wurden. Hier nimmt man den First Trail Nr. 3, der direkt über Castallack und Raginnis nach Mousehole zurückführt. Verpflegung sollte man am besten vorher in einem der kleinen Geschäfte in Mousehole kaufen und mitnehmen, unterwegs gibt es kaum Möglichkeiten dazu.

Ein Dichter als Stammgast

Dann geht es dem Besucher vielleicht ähnlich wie dem walisischen Dichter Dylan Thomas, der in den 1930er-Jahren gerne im »Ship Inn« zu Gast war und praktisch dort lebte. Er bezeichnete Mousehole als »loveliest village in England«, und wer das Dorf schon einmal menschenleer gesehen hat, der wird ihm wahrscheinlich beipflichten. Diese einsamen Augenblicke sind jedoch sehr kostbar, und vor allem an Sommertagen kann man geradewegs zusehen, wie es mit jeder Minute ein Stückchen von seiner Magie verliert.

Wer nach Mousehole will, hat zwei Möglichkeiten: entweder Sie fahren mit dem Auto von Newlyn aus bis an den Ortsrand und parken dort. Von hier aus gelangt man auf der einzigen Straße zu Fuß mitten ins Zentrum des Dörfchens. Oder man wählt die attraktivere Variante und geht gleich zu Fuß – von Newlyn über den schönen Küstenpfad.

Kornische Spurensuche

Das Jahr 1595 brachte einen Schicksalsschlag für den ruhigen Fischerort: Die Spanier kamen und brannten das gesamte Dorf bis auf die Grundmauern nieder. Alle Einwohner, bis auf einen einzigen Mann, verließen den Ort fluchtartig. Dieser eine hieß Jankyn Keigwin und verteidigte sein Haus erfolgreich. Heute ist es das älteste des Ortes und steht – wie passend – am Keigwin Place südlich der Hafenmauer. Doch nicht nur Jankyn prägte das Dorf nachhaltig.

Viele Geschichten ranken sich auch um die letzte Person, die Kornisch noch als Muttersprache kannte: Sie hieß Dolly Pentreath und lebte in Mousehole. Als sie 1777 im Alter von 102 Jahren starb, ging für viele Kornen eine Ära zu Ende. Sie gilt heute

Oben: Mousehole wird »Mous'l« ausgesprochen.
Rechte Seite oben: Mousehole ist im Sommer ganz schön touristisch.
Rechte Seite unten: Im Hafen im Zentrum liegen Fischerboote.

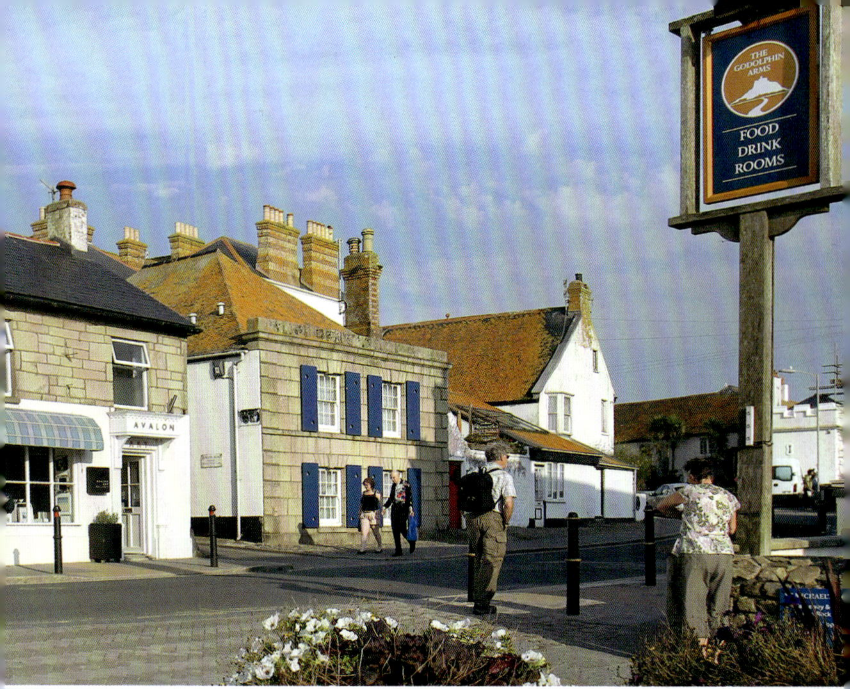
THE GODOLPHIN ARMS
FOOD
DRINK
ROOMS
AVALON

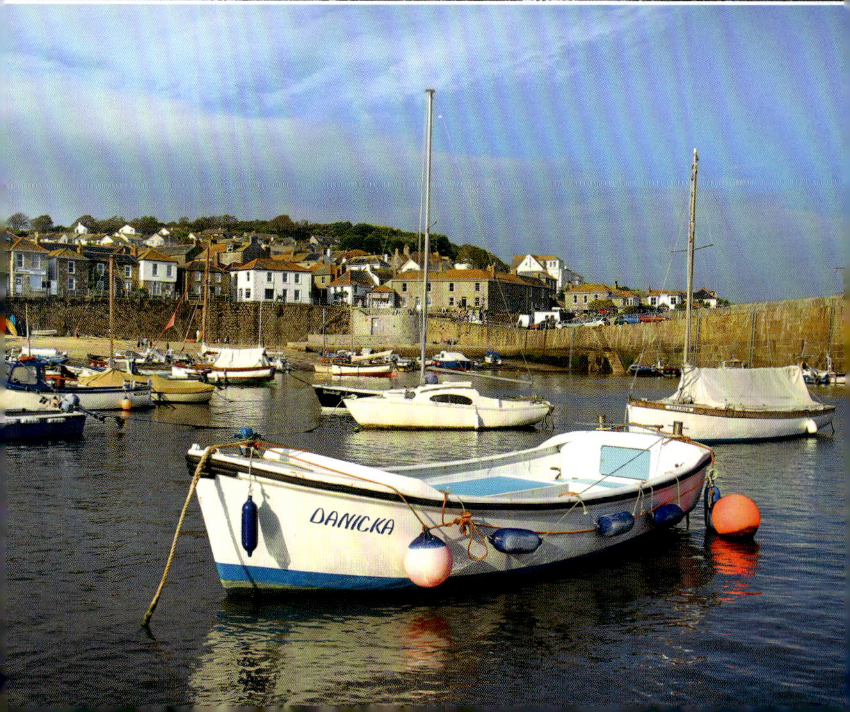
DANICKA

AUTORENTIPP!

DER WEG ZUM APFELKUCHEN

Um den winzigen Hafenort Lamorna Cove zu erreichen, geht man von Mousehole etwa 6,5 Kilometer in südwestliche Richtung. Man passiert auf dem Weg ein bewaldetes Tal mit wunderschönen, von Efeu umrankten Bäumen und ein paar wenige Häuser, die kunstvoll zwischen die Felsen gebaut sind. Immer wieder hat man einen atemberaubenden Blick auf die Granitfelsen der Küste und das Meer. In Lamorna selbst ist vor allem die Lamorna Pottery sehenswert, deren Töpferwaren die ganze Farbpalette der kornischen Landschaft widerspiegelt. Diese Töpferei ist gleichzeitig auch Restaurant und Café und serviert laut vielen Einheimischen den besten Apfelkuchen weit und breit. Am besten kommt man zurzeit des Afternoon-Tea in die ehemalige Molkerei, in der inzwischen Töpfe die Hauptrolle spielen.

Lamorna Cove. Tel. 01736/81 03 30. www.lamornapottery.co.uk

In Mousehole wird auch Keramik hergestellt.

---

als letzte kornische Muttersprachlerin. Dem englischen Antiquar Daines Barrington, der damals auf der Suche nach kornischen Muttersprachlern war, erzählte sie, dass sie Englisch erst im Alter von zwölf Jahren erlernte. Die Dame fing an, Barrington mit kornischen Schimpfwörtern zu überschütten, als er genauer nachfragte.

Im Jahr 1891 starb dann John Davey, von dem behauptet wird, dass er die letzte Person war, die Kornisch flüssig sprechen konnte. Spuren dieser Sprache findet man heute überall in der Region. Zum Beispiel ist es zur Tradition geworden, dass die Fischer ihre Fische nach dem Fang auf Kornisch zählen. Was heutzutage als Kornisch gilt, ist eine Mischung aus schriftlichen Zeugnissen und Überlieferungen. 25 Prozent dessen, was heute als »Neokornisch« gilt, wurde aus Sprachen wie Kymrisch oder Bretonisch entlehnt beziehungsweise konstruiert.

Ganz in der Nähe

Suchen Sie nach etwas Abwechslung, weil Sie von den vielen Läden, Kunsthandwerkshops, Cafés, Restaurants und Pubs genug haben, die Mousehole zu bieten hat? Wie wäre es mit einem Besuch bei der alten Seenotstation, die sich etwa auf halbem Wege zwischen Mousehole und dem etwas nördlicher gelegenen Künstlerstädtchen Newlyn befindet. Dort erinnert alles an ein wichtiges historisches Ereignis, das sich am 19. Dezember 1981 zutrug. Damals lief das Rettungsboot »Salomon Browne« aus, um dem Küstenboot »Union Star« zuhilfe zu kommen. Dieses war auf den Felsen von Lamorna aufgelaufen und funkte verzweifelt SOS. Tragischerweise gingen beide Schiffe unter. Seit diesem Tag sind jeden 19. Dezember die Gedanken bei ihnen, und in ganz Mousehole werden die Lichter gedämpft.

Infos und Adressen

ESSEN UND TRINKEN

The Cornish Range. Wer keinen Fisch mag, ist hier verkehrt. Wer Fisch liebt, liebt auch dieses Restaurant. Am besten, man kostet sich durch die »Mixed Cornish Fish«-Platte. Hier werden übrigens auch Zimmer vermietet, allerdings nur drei. Man sollte also reservieren. 6 Chapel, Mousehole, Tel. 01736/73 14 88, www.cornishrange.co.uk

The Ship Inn. Hierher kam schon der Dichter Dylan Thomas in den 30er-Jahren des vorigen Jahrhunderts gerne. Zum Essen wird von traditionellen Pies über fangfrischen Fisch bis zu gebackenem Ziegenkäse fast alles serviert. Die Zimmer sind sauber, haben zumeist eine tolle Aussicht aufs Meer und kosten nicht die Welt. South Cliff, Mousehole, Tel. 01736/73 12 34, www.shipmousehole.co.uk

2 Fore Street. Relativ neu ist dieses nette Café, das sich perfekt in das idyllische Mousehole einfügt. Die sehr kleine Karte konzentriert sich auf ein paar kulinarische Highlights, die dafür aber allesamt aus qualitativ hochwertigen Zutaten bestehen und exzellent zubereitet werden. Jakobsmuscheln aus Newlyn stehen genauso auf der Karte wie allerfeinste Schokoladentarte. Um hier einen Platz direkt am Fenster zu ergattern, muss man auf jeden Fall vorher reservieren. 2 Fore Street, Mousehole, Tel. 01736/73 11 64, www.2forestreet.co.uk

ÜBERNACHTEN

Old Coastguard Hotel. In der ehemaligen Küstenwachestation befindet sich heute ein sehr freundliches Hotel mit 20 Zimmern, die mit einer Ausnahme alle aufs Meer hinausblicken. Wer hier wohnen möchte, muss allerdings schon ein bisschen mehr investieren als in manch anderen B&Bs. The Parade, Mousehole, Tel. 01736/73 12 22. www.oldcoastguardhotel.co.uk

Einer der bekanntesten Keramikläden in Mousehole mit dem berühmten Schriftzug.

8 Newlyn
Die Geburtsstätte der englischen Freiluftmalerei

Rund um die Jahrhundertwende ins 20. Jahrhundert war Newlyn bei Künstlern besonders beliebt. Bis dato zehrt die Künstlerkolonie von ihrem malerischen Ruf und den berühmten Persönlichkeiten, die hier einst lebten. Auch profitiert der Ort von der fantastischen Lage mit einer der besten Wetterlagen Englands.

Nur weil es neben Penzance sehr klein wirkt, darf man Newlyn nicht unterschätzen. Es ist in jedem Fall charmanter und fotogener als die etwas östlicher gelegene Schwester. Einen Spaziergang in Newlyn sollte sich der Besucher deshalb nicht entgehen lassen. Am besten startet man gleich in Penzance und geht auf der Strandpromenade Richtung Westen. Auf den ersten Blick dominiert die Durchgangsstraße. Wer allerdings den wahren Charakter der einstigen Künstlerkolonie entdecken will, begibt sich auf eine Entdeckungstour durch die kleinen Gässchen und erkundet bergauf, bergab die Stadt. Auch die 2,3 Millionen Pfund, die in die Sanierung des Fischmarktes gesteckt wurden, waren eine Investition, von der das Stadtbild enorm profitiert hat. So gibt es in Newlyn mittlerweile fast keine unattraktiven Ecken mehr.

Mitte: In Newlyn hat die Fischerei nach wie vor einen hohen Stellenwert.
Unten: Woher weht der Wind? Eine wichtige Frage für Newlyns Fischer.

Newlyn ist einer der wenigen Orte in Cornwall, der noch vom Fischfang leben kann und dessen »Beute« in ganz England verteilt wird. Die Stadt kann tatsächlich noch vom Fischfang leben. Etwa 100 Tiefseetrawler kommen täglich in den Hafen, um ihren Fang zu löschen, und auch die letzte Sardinenfabrik Englands steht in Newlyn. Früher konnte man »Pilchard Works« noch besichtigen, aber seit dem

Umzug in die Fore Street im Jahr 2005 wird auf noch höhere Qualität Wert gelegt, und Besucher können die Fabrik nicht mehr besichtigen.

Ein englisches Concarneau

»Newlyn ist eine Art englisches Concarneau und der Schlupfwinkel großartiger Maler«, sagte Stanhope Forbes im Jahr 1884, nachdem er einige Tage in Newlyn verbracht hatte. Ähnlich wie die bretonische Künstlerkolonie liegt das englische Örtchen ebenfalls am Meer, erfreut sich eines milden Klimas und wunderschönen Lichts. So ist es kein Zufall, dass an diesem Ort zum ersten Mal in Großbritannien nach französischem Vorbild an der freien Luft gemalt wurde. »En plain air« zu malen, bedeutete eine Revolution, denn das Atelier zu verlassen und das Leben dort einzufangen, wo es passierte, war eine absolute Neuheit. Überall begegnete man nun Staffeleien: auf den Straßen, in der Stadt oder in der freien Natur. So wurden Alltäglichkeiten wie Fischer oder Seefahrer bei ihrer Arbeit sowie Kinder beim Spielen eingefangen.

Newlyn's Künstler

Die Newlyn-Schule hat weitere bedeutende Künstler hervorgebracht, zum Beispiel Dame Laura Knight (1877–1972). Sie war eine der ersten Künstlerinnen, denen der Titel »Dame« verliehen wurde. Mit ihrem Mann Harold Knight, ebenfalls Künstler, lebte sie gemeinsam in Lamorna. Auch Elizabeth A. Forbes (1859–1912) zählt zu den wichtigen Vertretern der »Newlyn School«. Die gebürtige Kanadierin entschied sich nach langen Reisen bewusst für Newlyn als ihre neue Heimat und malte dort am liebsten Kinder. Es war schon zu ihren Lebzeiten kein Geheimnis, dass sie mehr Werke verkaufte als ihre männlichen Zeitgenossen – übrigens auch mehr als ihr Mann Stanhope Alexander Forbes

TEE ZWISCHEN POETEN

Ob im Café des »Trereife House« wirklich viele Dichter zu Gast sind, weiß man nicht. Man kann sich aber durchaus vorstellen, dass das kleine Ein-Raum-Café zu schwärmerischen Gedichten inspiriert. Es ist in alten Stallungen untergebracht und sorgt mit Tee, leichtem Mittagessen oder einem deftigen Stück Kuchen dafür, dass seine Gäste es zufrieden wieder verlassen. Das Ambiente ist von den weißen Tischtüchern über die Wildblumen auf den Tischen bis zur angenehmen Musik im Ohr einfach perfekt. Essen kann man hier täglich von 10 bis 17 Uhr.

Trereife House, Newlyn,
Tel. 01736/36 27 50,
www.trereifepark.co.ukery.co.uk

Am besten isst man in Newlyn Fisch – denn der ist hier besonders frisch.

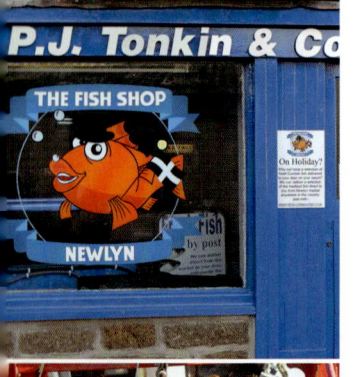

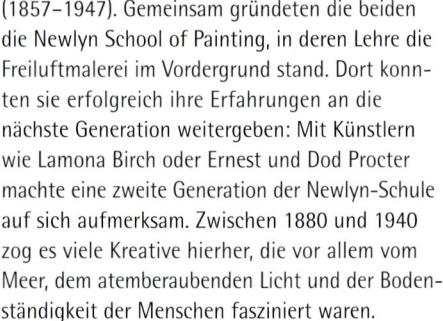

(1857–1947). Gemeinsam gründeten die beiden die Newlyn School of Painting, in deren Lehre die Freiluftmalerei im Vordergrund stand. Dort konnten sie erfolgreich ihre Erfahrungen an die nächste Generation weitergeben: Mit Künstlern wie Lamona Birch oder Ernest und Dod Procter machte eine zweite Generation der Newlyn-Schule auf sich aufmerksam. Zwischen 1880 und 1940 zog es viele Kreative hierher, die vor allem vom Meer, dem atemberaubenden Licht und der Bodenständigkeit der Menschen fasziniert waren.

Newlyn Society of Artists

Rund 140 Künstler aus den unterschiedlichsten Sparten wie Malerei, Plastik, Fotografie, Video, Installationen oder Drucktechnik haben sich unter der Dachorganisation Newlyn Society of Artists zusammengetan. Sie stellen in der Newlyn Art Gallery aus. So können sich die Besucher in Cornwalls führender staatlich finanzierter Kunstgalerie auf einen besonderen Kunstgenuss freuen.

Alle dieser Künstler haben eine starke Verbindung zum Südwesten Englands und werden unter anderem auch im The Exchange in Penzance oder in der Newlyn Art Gallery ausgestellt. Gegründet wurde sie im Jahr 1896 von einer Gruppe von Malern, die sich durch diesen Zusammenschluss erhofften, Ausstellungen besser organisieren zu können.

Oben: Newlyn ist der größte Fischereihafen in Cornwall.
Mitte: Frischen Fisch ergattert man in Newlyn quasi an jeder Ecke.
Unten: Die Fischerboote Newlyns sind alle individuell und jedes für sich ein buntes Meisterwerk.

Infos und Adressen

SEHENSWÜRDIGKEITEN

Newlyn Art Gallery. New Road, Tel. 01736/363715, Öffnungszeiten: Winter: Di–Sa 10–17 Uhr, ab Mitte März Mo–Sa 10–17 Uhr, www.newlyn artgallery.co.uk

ESSEN UND TRINKEN

Jelberts. Das beste Eis der Stadt gibt es hier! Vom wenig glamourösen Äußeren sollte man sich nicht abschrecken lassen. Drinnen ist der Service ausgesucht freundlich und das hausgemachte Eis spricht für sich. Besonders empfehlenswert ist traditionelles Vanilleeis mit einem Häubchen Clotted Cream. New Road, Newlyn.

The Smugglers. Hier stimmt das Preis-Leistungs-Verhältnis – sowohl für das Restaurant als auch für die Zimmer. Von beidem genießt man einen bezaubernden Blick auf den authentischen Newlyn Harbour. Selbstverständlich hat sich das »Smugglers« auf Meeresfrüchte und Fisch spezialisiert. Überraschend vielseitig ist auch die Weinkarte. Fore Street, Newlyn, Tel. 01736/331501, Öffnungszeiten: 12–14 Uhr, www.smugllers newlyn.co.uk

Tolcarne Inn. In dem Gebäude aus dem Jahr 1717 führen heute Maura und Alan Thompson ein Pub. Sie setzen auf frische, täglich neue Specials und eine vernünftige, überschaubare Bierauswahl. Besonders spannend sind hier die »Pub Quizzes«, über deren Termine man sich auf der Homepage informieren kann. Newlyn, Tel. 01736/363074, www.tolcarneinn.talktalk.net

ÜBERNACHTEN

Harbour View Bed and Breakfast. Es ist zwar nicht das allerschönste B&B der Welt, dafür sind aber auch die Preise entsprechend moderat. Komfortable Betten in relativ einfachen Zimmern und ein ordentliches Frühstück sind neben der Aussicht über den Hafen die Pluspunkte, die das Harbour View zu bieten hat. Newlyn, Tel. 01736/331315, www.harbourviewnewlyn.co.uk

Ein Spaziergang in Newlyn gleicht einer Entdeckungstour.

9 Penzance
Die Promenadenstadt

Wer gerne an einer Promenade direkt am Meer entlangflaniert, ist in Cornwall allein in Penzance an der richtigen Adresse. Nur hier war der Tourismus schon früh so stark ausgeprägt, dass die Stadt beschloss, ihren Besuchern eine Flaniermeile zu schenken. Dort beeindruckt auch der Jubilee Pool, ein Relikt aus dem »Pool-Wahn« der 1930er-Jahre. Allerdings kann man hier bis heute schick baden.

Auf den ersten Blick ist Penzance keine Schönheit. Die Promenade am Meer ist ein bisschen in die Jahre gekommen, manche Geschäfte wirken etwas lieblos arrangiert, und auch die Ladenketten, die sich hier – ob der Größe der Stadt – angesiedelt haben, tragen nicht wirklich zu einer idyllischen Atmosphäre bei. Erst auf den zweiten Blick erkennt man, dass Penzance viel zu bieten hat. Die Stadt ist, auch für Besucher, die kein Auto haben, leicht zu erreichen. Dank des Privilegs, das Endziel der Bahnlinie von London nach Cornwall zu sein, kommen viele Besucher zuerst hierher. Dadurch bringen vor allem junge Reisende Leben – und besonders ein spannendes Nachtleben – in die Stadt. Es kann durchaus passieren, dass im Sommer unter der Woche jeden Tag Partys stattfinden. Penzance ist mittlerweile auch in der Musikszene ein Geheimtipp.

Musik- und Nachtszene

Viele junge Bands und Musiker mischen hier die Pub- und Barszene auf. Die Gäste bekommen frische Livemusik zu hören, die zwar manchmal noch etwas ungeschliffen klingt, aber definitiv Potenzial hat. Man hat also vor allem bei einem nächtlichen Streifzug durch Penzance den Eindruck, dass hier

Mitte: Penzance war früher eine der größten Schmugglerstädte.
Unten: Die Vegetation in Penzance ist beinahe unwirklich.

das Leben pulsiert. Auch einheimische Nachtschwärmer zieht es aus ganz West Cornwall magisch nach Penzance, denn hier wird für alle Geschmäcker einiges geboten, vom typischen Pub, wie dem »Admiral Benbow«, bis hin zum gediegenen Cocktailflair im »Blue Snappa« oder im »Renaissance«. Auch zwei Clubs gibt es hier: In der »Groove Lounge« und der »Studio Bar« kann man die Nächte durchtanzen.

Kulinarischer Traum

Ähnlich wie mit der Musikszene verhält es sich auch mit den Restaurants in Penzance. Viele junge Menschen, die beschließen, in Cornwall zu bleiben, eröffnen neue Lokale mit äußerst kreativen Konzepten, gutem Design und einer exzellenten Auswahl an frischem Fisch. Vor allem Jakobsmuscheln, Hummer, Steinbutt und Seezunge füllen hier die Speisekarten und machen Penzance zum Mekka für Feinschmecker, für die die Qualität und Frische des Fisches noch eine wichtige Rolle spielen. Saisonale, regionale Zutaten von höchster Qualität werden erstklassig verarbeitet.

Geschichte groß geschrieben

Im Jahr 1322 wurde den Einwohnern des mittelalterlichen Dorfs Penzance das Recht zugesprochen, einen Markt abzuhalten, was ihm unglaublichen Aufwind gab. Der Name der Stadt kommt übrigens aus dem Keltischen und bedeutet »heilige Landspitze« (*pen* = Landspitze, *sans* = heilig). Aber auch die Spanier spielten hier eine Rolle – 1595 unternahm die spanische Armada als Rache für eine Niederlage, die sie sieben Jahre zuvor gegen die Engländer erleiden musste, einen Großangriff auf Penzance und zerstörte die Stadt dabei fast vollständig. Die exponierte Lage im Südwesten direkt am Meer machte Penzance zum idealen Angriffs-

Men-An-Tol ist eines der prähistorischen Fruchtbarkeitsgebilde in Penwith.

ZU GAST BEIM WINZER

Wein aus Cornwall? Das ist ja ganz
was Neues! – Stimmt! John und Jim
Coulson, die früher als Fischhändler
gearbeitet haben, entschlossen sich
im Jahr 2006, das milde Klima in
Cornwall zum Weinanbau zu nutzen.
Unweit von Penzance (Rosehill) haben
sie Land gekauft und in einen Wein-
und Obstgarten verwandelt. Die
Besitzer freuen sich ehrlich, wenn
Besucher den Weg zu ihnen finden
und einer Führung über die Ländereien beiwohnen. Wein verkosten und
kaufen kann man selbstverständlich
auch. Neben Wein wird hier außerdem eine Fülle an Cider-Kreationen
hergestellt. Der Aval (ein champagner-
artiger Cider) ist in Kombination mit
frischen Himbeeren besonders bei
den Damen ein Hit!

Polgoon Vineyard, Rosehill,
Tel. 01736/33 39 46, polgoon
vineyard.vpweb.co.uk

punkt. Doch die Kornen gaben sich nicht geschlagen. Sie bauten die Stadt wieder auf, diesmal allerdings mit einer ordentlichen Befestigungsanlage,
die in Zukunft vor solchen Angriffen schützen
sollte. 1614 wurde Penzance offiziell zur Stadt
erklärt. Von hier aus exportierte man Zinn. Das
machte die Stadt aber zu einem beliebten Ort für
Piraten. Im Jahr 1859 wurde die Eisenbahnlinie
nach Penzance verlängert. In der Folge erlebte die
Fischerei einen Aufschwung, da es nun möglich
war, Fisch direkt nach London oder Manchester
zu transportieren. Im Zweiten Weltkrieg flog ein
deutsches Bombengeschwader direkt über Penzance
und zerstörte zahlreiche Gebäude. Historisch war
lange Jahre auch die Schmuggelei ein wichtiger
Teil von Penzance. Relikte davon kann man heute
in den Kneipen »Turks Head« und »Admiral Benbow«
(beide in der Chapel Street) entdecken: den Eingang zu einem unterirdischen Tunnel, der direkt
zum Hafen führte.

Die Gärten von Penzance

Mit am schönsten an Penzance ist die Tatsache,
dass die Stadt so wunderbar grün ist. Ein Grund
dafür ist das milde Klima, denn dank des Golfstroms kommt es zu keinen allzu großen Tempera-
turschwankungen.

MAL EHRLICH

IM SLEEPER NACH PENZANCE

Die meisten Cornwall-Besucher, die mit dem Flugzeug in London landen, nehmen sich gleich am
Flughafen einen Leihwagen und fahren selbst in
den Südwesten. Weniger stressig wäre hier die
Option »Sleeper«: Der Zug fährt um etwa 23 Uhr
abends in London los und ist pünktlich zum Frühstück in Penzance. Mehr Infos unter: www.first
greatwestern.co.uk

Stadtrundgang Penzance

Ⓐ St. Anthony Gardens – am Ort der früheren »Chapel of St. Anthony«, ist ein blühendes Beispiel für die vielfältige Gartenkunst in Penzance zu besichtigen.

Ⓑ Jubilee Pool – an die Promenade von Penzance schließt der Jubilee Pool aus dem Jahr 1935 an. Im Art-déco-Stil gebaut und gut gepflegt, gehört er zu den wenigen Englands, die noch genutzt werden.

Ⓒ Battery Rocks – der Pool befindet sich inmitten der »Battery Rocks«. Im 19. Jahrhundert war hier ein Waffenarsenal untergebracht, heute kann man hier das ganze Jahr über schwimmen.

Ⓓ St. Mary's Church – die neugotische Kirche wurde 1835 am Standort einer ehemaligen mittelalterlichen Kapelle erbaut.

Ⓔ Turk's Head – schon längst zur Institution geworden, ist die Urgroßmutter unter den Penzancer Pubs. Seit 1233 gibt's im Turk's Head nichts Anderes als gutes Essen und Bier.

Ⓕ Egyptian House – 1830 erbaut, sorgt dieses im ägyptischen Stil gehaltene Haus in der Chapel Street für Abwechslung.

Ⓖ Market House – eines der charakteristischsten Gebäude der Stadt ist das Market House am oberen Ende der Chapel Street. Es wurde 1838 erbaut.

Ⓗ Sir Humphry Davy Statue – der wohl berühmteste Sohn der Stadt ist Sir Humphry Davy. Er ist – unter anderem – der Erfinder des Lachgases und einer sicheren Beleuchtung für Grubenarbeiten.

Ⓘ Penlee House Museum – in einer schicken viktorianischen Villa ist eine Gemäldesammlung untergebracht, die einen Großteil der Gemälde, die in der Newlyn School entstehen, zeigt.

Infos und Adressen

INFORMATION

Penzance District Tourism Association,
Alexandra Road, Penzance, Tel. 01736/36 22 0,.
www.penzance.co.uk

ESSEN UND TRINKEN

Archie Brown's. Ein bisschen »bio« kann nicht
schaden. Bei Archie gibt es leckere Salate, Sandwiches und Suppen, alles vegetarisch und aus
biologischem Anbau. Allseits beliebt, erfreut sich

Den Brunnen im Morrab Park umgibt viel Grün.

das Archie's stets vieler Besucher, die im sympathischen Café Getränke und im Deli Linsen und
andere Hülsenfrüchte genießen. Wer braucht da
noch Fleisch? Bread Street, Tel. 01736/36 28 28,
Mo–Sa 9.30–17 Uhr.

Bakehouse. Everybody's Darling ist in Penzance
klar das Bakehouse. Einheimische wie Gäste
sind gleichermaßen begeistert von der netten
Bedienung, dem schicken Ambiente und vor
allem den qualitativ hochwertigen Gerichten,
die einem hier serviert werden. Wer Steak liebt,
kommt voll auf seine Kosten, denn für knapp
20 Pfund gibt es hier einfach traumhafte Steaks
mit würziger Sauce. Da das Bakehouse so beliebt
ist, sollte man unbedingt vorher reservieren.
Chapel Street, Tel. 01736/33 13 31, Mi–Sa
mittags geöffnet, tgl. abends, www.bakehouse
restaurant.co.uk

Honey Pot. An welchem Ort in Cornwall bekommt
man, egal zu welcher Zeit, eine Auswahl von mindestens drei ausgezeichneten Schokoladentorten
geboten? Im Honey Pot! Dies ist die erste Adresse,
wenn es um den traditionellen Fünf-Uhr-Tee geht.
Da die Preise fair sind, findet man hier eine bunte
Mischung an Gästen. Von fein bis alternativ ist da
alles dabei. 5 Parade Street, Tel. 01736/36 86 86,
Mo–So 9–17 Uhr.

The Bay. Nobel geht die Welt zugrunde. Wer
sich etwas gönnen möchte, ist hier in Penzance
absolut richtig. Schon der Nachmittagstee wird
aufgrund des Ambientes und der köstlichen
Scones zum einzigartigen Erlebnis. Den ganzen
Charme bekommt man aber vor allem am Abend
mit, wenn man, den wunderbaren Ausblick über
Penzance genießend, an einem Gläschen Wein
nippt und perfekt zubereitete Steaks oder Meeresfrüchte isst. Auch Vegetarier finden auf der
Speisekarte eine vernünftige Auswahl an Gerichten. Briton's Hill, Tel. 01736/36 68 90, So–Fr
7.00–21.30 Uhr, Sa 18–21.30 Uhr, www.bay-
penzance.co.uk

Infos und Adressen

Penzance ist die einzige Stadt in Cornwall, die eine richtige Strandpromenade hat.

Boatshed. Hier kann man es sich umgeben von alten Schiffsplanken schmecken lassen, und genau das macht den rustikalen Charme dieses am Hafen gelegenen Restaurants aus. Die hiesigen Köche legen besonderen Wert darauf, regionale Zutaten zu verwenden. So werden zum Beispiel fangfrischer Fisch oder Filetsteaks von kornischen Rindern serviert. Das Hotel eignet sich auch gut für einen Besuch mit Kindern. Wharf Road (hinter Ross Bridge), Tel. 01736/36 88 45, April bis September: 10.30–17 Uhr und 18.30–22 Uhr, übriges Jahr nur am Wochenende, www.boatshed.orf.uk

Admiral Benbow. Dieses uralte Pub aus dem 16. Jahrhundert strahlt rustikale Seefahrerromantik aus. An den Wänden hängen aus dem Meer gefischte oder an den Strand gespülte Wrackteile und Schiffsutensilien. Die angebotenen Speisen sind bodenständig, machen satt und schmecken noch dazu phänomenal. 46 Chapel Street, Tel. 01736/36 34 48.

Turk's Head. In den Räumlichkeiten des ältesten Pubs der Stadt war schon im 13. Jahrhundert ein »Public House«. Der Turk's Head wird seinem guten Ruf gerecht: In gemütlicher Pub-Atmosphäre kann man hier hervorragend essen. Die teilweise etwas komisch anmutenden Kombinationen sollte man ruhig bestellen. Hat man sie erst einmal vor sich auf dem Teller, wird man schnell überzeugt

sein: Sie riechen und schmecken fantastisch! 19 Chapel Street, Tel. 01736/36 30 93.

ÜBERNACHTEN

Summer House. Ein kleines Hotel mit mediterranem Flair und einer wunderbaren Terrasse. Sowohl die Schlafzimmer als auch die Bäder sind in dezenten, angenehmen Farben gehalten. Die Preise sind moderat. Cornwall Terrace, Tel. 01736/36 37 44, www.summerhouse-cornwall.com

Abbey Hotel. Auf Anhieb sympathisches Hotel mit geräumigen Zimmern. Wie ein roter Faden ziehen sich guter Geschmack und Stil durch das Haus. Vor allem im Frühstücksraum fühlt sich der Gast sofort wie zu Hause. Vom hauseigenen Garten hat man einen schönen Ausblick über den Hafen bis zum St. Michael's Mount. Abbey Street, Tel. 01736/36 69 06, www.theabbey online.co.uk

The Lugger Inn. Zentral an der Promenade gelegen, bietet dieses Bed and Breakfast zwar nicht besonders viel Luxus, dafür aber saubere Zimmer zu einem günstigen Preis. Beim Frühstück kann man vom *English Breakfast* die Bestandteile bestellen, die man gerne hätte. Das Restaurant im Erdgeschoss ist am Abend stets gut besucht. Marine Terrace, Tel. 07136/36 32 36, www.the luggerhotel.co.uk

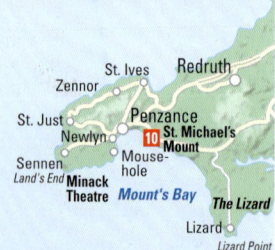

10 St. Michael's Mount
Der magische Berg

Kommt Ihnen das irgendwie bekannt vor? Die Ähnlichkeit und die Namensgleichheit zwischen dem St. Michael's Mount bei Penzance und Mont St. Michel in Frankreich sind kein Zufall: Der Berg wurde im Jahr 1050 den Benediktinermönchen von Mont St. Michel übergeben und diese eröffneten an der englischen Küste ein Pendant zu ihrem Kloster.

Wer den Mont St. Michel in der französischen Bretagne kennt, der hat schon eine Ahnung, was ihn beim St. Michael's Mount erwartet. Beide gleichen sich nicht nur frappierend, sie können auch bei Ebbe zu Fuß erreicht werden, bei Flut mit einer Fähre. Es gibt aber auch einige Unterschiede, somit lohnt es sich, St. Michael's Mount samt Kloster genauer unter die Lupe zu nehmen. Schön anzusehen ist der Mount vor allem bei Sonnenuntergang.

Legende und Wahrheit

Eine Legende besagt, dass auf der Insel ein Riese namens Cormaran gelebt hat, der sämtliche Bewohner Cornwalls tyrannisierte und schließlich von einem kleinen kornischen Jungen bezwungen wurde. Frühe Aufzeichnungen zeigten jedoch, dass die Insel vor der großen Bucht bei Penzance und Marazion von Fischern genutzt wurde. Außerdem war sie ein früher Handelsumschlagplatz für Zinn und Kupfer, die auch in den Minen von St. Just abgebaut wurden.

Erst nach der normannischen Eroberung wurde der Granitberg von Edward dem Bekenner an die Mönche des Benediktinerklosters von St. Michel übergeben. Diese gründeten hier das dem Festland

Mitte: Die Kirche auf der Insel von St. Michael's Mount wurde nach der normannischen Invasion erbaut.
Unten: Marazion ist der älteste Ort von Cornwall.

vorgelagerte Kloster – ganz nach dem Vorbild ihrer Heimat. Danach diente die Abtei lange Jahre als Pilgerzwischenstation für Schotten und Iren, die aus dem Norden kommend in Richtung Jakobsweg unterwegs waren.

Militärischer Auftritt

Während des Hundertjährigen Krieges änderte das Kloster für einige Jahre seine Bestimmung. Heinrich V. ließ den ursprünglichen Bau befestigen, und nachdem Heinrich VIII. landesweit alle Klöster aufgelöst hatte, wurde das ehemals beschauliche Kloster ganz und gar zu einer Festung umgebaut. Als es auch den englischen Bürgerkrieg (als Waffenlager für die Royalisten) überstanden hatte, ging es in den Besitz der Familie St. Aubyn über. Sir John St. Aubyn übergab die Insel 1954 an den National Trust, unter der Bedingung, dass seine Familie ein tausendjähriges Wohnrecht auf St. Michael's Mount behalten sollte. Heute lebt dort sein Sohn mit seiner Familie.

Besichtigung

Ein Besuch auf St. Michael's Mount lohnt auf jeden Fall. Die kleine Kapelle mit Rosettenfenster aus dem Jahr 1135, die Alabastertafel aus dem 15. Jahrhundert, der Rokokosalon, die verschnörkelte Bibliothek und der Chevy-Chase-Saal, der übrigens nach einem mittelalterlichen Jagdlied benannt wurde, geben einen interessanten Überblick über den Wandel des Klosters. Überall findet man Malereien, Waffen und Militärtrophäen. Im Garten über den Klippen wachsen Blumen und Stauden, die größtenteils subtropischen Ursprungs sind. Bei Ebbe kann man die rund 400 Meter über den gepflasterten Damm, der zum Kloster führt, bequem zu Fuß zurücklegen, bei Flut muss man eine der Fähren von Marazion aus nehmen.

Alte Fischerhütte an der legendären Prussia Cove.

Die älteste Stadt Cornwalls

Laut einer königlichen Urkunde ist Marazion, »das Städtchen am Rand des St. Michael's Mount«, die älteste kornische Stadt; schon 1257 wird sie zum ersten Mal erwähnt. Auch wegen ihres hübschen Erscheinungsbildes, das schon für einige Rosamunde-Pilcher-Filme als Szenerie diente, darf man sie auf keinen Fall versäumen. Der Strand ist Treffpunkt für Badegäste, Reiter und vor allem für Wind- und Kitesurfer, die hier ideale Windbedingungen vorfinden. Letztere bei ihren Waghalsigen Sprüngen zu beobachten ist eine wahre Freude. Die gewundene, relativ steile Hauptstraße führt an zahlreichen netten Shops, Cafés und Pubs vorbei.

Wenn man heute durch das kleine Marazion spaziert, kann man sich nur schwer vorstellen, dass es einst, im 17. Jahrhundert, das Handelszentrum der Mount's Bay war und Penzance an Wichtigkeit übertrumpfte. Wer etwas mehr Zeit und zudem Lust hat, sich körperlich zu betätigen, sollte den Coastal Trail, die Verbindungsstrecke zwischen Penzance und Marazion, per Rad oder zu Fuß zurücklegen. Über die gesamte Strecke hat man einen wunderbaren Blick auf den St. Michael's Mount. So bekommt man auch einen schönen Überblick über diese attraktive Ecke Cornwalls. Einen Blick wert ist auch der Bahnhof in Penzance, der das Ende dieser Strecke markiert.

Oben: Eindrucksvolle Inszenierung: der St. Michael's Mount bei Marazion.
Mitte: Bei Flut fährt man mit dem Shuttleboot zur Insel.
Unten: Auf geht's! Die nächste Station ist der St. Michael's Mount.

Infos und Adressen

INFORMATION

Touristinformation. Manor Office, Marazion, Tel. 01736/71 05 07, www.st.michaelsmount.co.uk

ÜBERNACHTEN

Mount Haven Hotel. Die Terrasse bietet wahrscheinlich eine der schönsten Aussichten auf den St. Michael's Mount. Das war einer der Gründe, warum sich Orange Trevillion dazu entschlossen hat, genau dieses Hotel zu kaufen und in ein modernes, romantisches Hide-Away umzubauen. Die Preise sind etwas gehoben, dazu passt aber auch das Ambiente. Turnpike Road, Marazion, Tel. 01736/71 02 49, www.mounthaven.co.uk

ESSEN UND TRINKEN

Ben's Cornish Kitchen. Direkt im Zentrum von Marazion befindet sich dieses sympathische Restaurant. Dem Chefkoch Ben Prior ist es sehr wichtig, hauptsächlich regionale Zutaten zu verwenden. Dass mit Liebe gekocht wird, schmeckt man hier wirklich heraus. Wer einmal hier war, wird immer wiederkommen. West End, Marazion, Tel. 07136/71 92 00.

Godolphin Arms. Wer vom St. Michael's Mount nicht genug bekommen kann, der sollte im Godolphin Arms essen, denn von hier hat man einen fantastischen Blick auf den Berg. Morgens gibt es ab 8 Uhr Frühstück, mittags werden englische Klassiker wie Fish & Chips oder Cornish Sausage mit Püree serviert. Abends greift der Koch in seine Trickkiste: Muscheln und andere Meeresfrüchte kommen auf den Tisch. Das Godolphin Arms vermietet auch schöne, neu renovierte Zimmer zu moderaten Preisen. West End, Marazion, Tel. 01736/71 02 02, www.godolphinarms.co.uk

Peppercorn Kitchen. Das bezaubernde Café der zwei ehemaligen Theater-Lehrerinnen Jenni Gilbert und Lisa Durrani hat wohl einige der besten Torten und Kuchen Cornwalls zu bieten. Zusätzlich denken sich diese weit gereisten Damen allerlei internationale Kost aus, die sie dann mit purer Lebensfreude servieren! Egal ob auf einen Kaffee mit Kuchen oder einen lustigen Pizza-Abend: Die Peppercorn Kitchen ist ein Muss für Genießer und lebensfrohe Menschen! Lynfield Yard, Perranuthnoe, Tel. 07907/69 16 39, www.peppercornkitchen.co.uk

Das Team des Peppercorn Kitchen Café hat sichtlich Spaß bei der Arbeit.

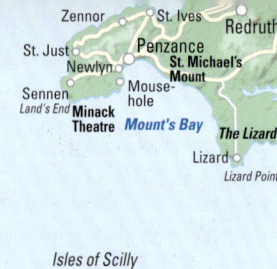

11 Islands of Scilly
England vor 100 Jahren

Ursprünglicher erlebt man England wohl nirgendwo anders. Fast keine Straßen, nur wenige Autos und von Trubel keine Spur. Wer hierher kommt, sieht sich mit einer gehörigen Portion Ruhe, Einsamkeit und Ursprünglichkeit konfrontiert, die sich vor allem in den kleinen weißen Sandstränden, dem türkisblauen Meer und der Fülle an unberührter Natur zeigt. Die Scilly Islands sind der richtige Ort, um runterzukommen, ausgedehnte Wanderungen zu machen und die Zeit zu genießen, die hier stehen geblieben zu sein scheint.

Das schönste Fleckchen Englands? Die Islands of Scilly haben eine gute Chance auf den ersten Platz! Lässt man die Luft- und Wassertemperatur außen vor, könnte man dank subtropischer Vegetation und türkisblauen Wassers rund um den Inselarchipel durchaus denken, mitten in der Karibik gelandet zu sein. Weit gefehlt: Nirgendwo sonst in Großbritannien erleben Besucher eine solche Ursprünglichkeit an englischer Kultur. Handyklingeln, Rush Hour oder andere Unannehmlichkeiten unserer modernen Welt halten die Bewohner der Islands of Scilly von ihrer Scholle fern. So kann man hier wirklich entspannen – und das zwischen Palmen und kleinen urigen Pubs.

Fünf bewohnte Inseln

Nur fünf der insgesamt 140 Inseln, Inselchen oder Felsformationen sind bewohnt. Rund 2500 Einwohner zählen die fünf Inseln: St. Mary's, St. Martin's, St. Agnes, Tresco und Bryher. Bis zur Mitte des 19. Jahrhunderts lebten auch auf der nächstgrößeren Insel, Samson, noch Menschen, bis sie vor den

Mitte: Fast wie in den Tropen sieht es auf den Isles of Scilly aus.
Unten: St. Agnes hat einige wunderschöne Sommer-Cottages zu bieten.

widrigen Umständen, dem spärlichen Wasservorkommen und dem oft rauen Wetter flüchteten. In den Sommermonaten verdoppeln die Touristen die Anzahl der Einwohner. Für die Gäste ist es wegen des eher kleinen Bettenangebots und des großen Interesses an den Scillys nicht einfach, ein Zimmer zu bekommen. Viele Besucher reservieren ihr Zimmer deshalb schon ein Jahr im Voraus, denn wer die Scillys kennt und liebt, möchte gerne bald wiederkommen. Somit sind die B&Bs und Hotels in der Hochsaison von Mai bis September großteils ausgebucht. Spontan findet man wahrscheinlich nur auf einem der Campingplätze (auf allen Inseln außer Tresco) ein Plätzchen.

Geografie & Botanik

45 Kilometer südwestlich von Land's End erheben sich die letzten Teile des kornischen Granitmassivs in Form eines Miniarchipels, die heute die Scilly Island's darstellen. Da sich die Inseln quasi mitten im Einfluss des Golfstroms befinden, erfreuen sich sowohl Einwohner als auch Besucher des wärmsten Klimas Großbritanniens. Nicht umsonst gedeihen hier Palmen, Bambus oder andere Pflanzen, die eigentlich in Afrika oder auf den Kanaren heimisch sind. Und auch die 1800 Stunden Sonnenschein tragen zum Rekord bei.

Mitte des 19. Jahrhunderts kam ein Mann namens Augustus Smith auf die Inseln, um Land zu pachten und Blumen zu züchten. Heute gehen Schnittblumen von den Scilly Islands in die ganze Welt hinaus, und die wohl berühmtesten sind die weißen Narzissen »Scilly Whites«, die auf dem Archipel schon im Dezember blühen. Neben dem Tourismus ist die Blumenzucht der wichtigste Wirtschaftsfaktor auf den Inseln. Somit prägt, was 1834 in einem Benediktinerkloster auf Tresco begann, nach wie vor das Leben der meisten Insel-Einwohner.

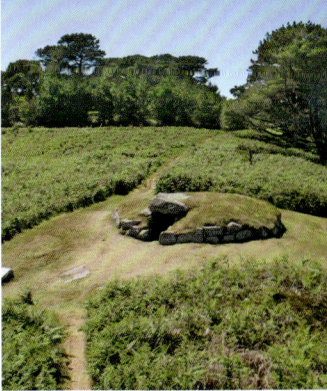

Eine Carn-Grabkammer belegt, dass hier schon seit Urzeiten Menschen wohnen.

Bewegte Geschichte

Felsengräber wie die Grabkammer von Halangy Down sind Zeugen des Lebens auf den Scillys vor über 4000 Jahren. Somit waren die Inseln bereits in der Bronzezeit besiedelt. Der griechische Historiker Cassiterides war einer der Ersten, der die Inselgruppe beschrieb. Auch die Phönizier entdeckten, dass der Boden hier sehr metallhaltig war und suchten nach Zinn. Die Römer nannten die Inseln »Silia Insula« und wählten sie zu ihrem Verbannungsort. Die Dänen wiederum nutzten die Inseln als Stützpunkt für Kaperfahrten, und von den Normannen wurde die Abtei von Tavistock errichtet.

Im 16. Jahrhundert erlebte hier die Piraterie ihre Blütezeit, was Admiral Lord Seymour zu verdanken war, der die Scilly Islands zum Zentrum des Banditentums machte. Auch das hatte einmal ein Ende: Er wurde des Hochverrates angeklagt und hingerichtet. Ein weiterer berühmter Mann passierte die Scillys. Es war Charles II., der während des Bürgerkrieges aus Falmouth flüchtete und sich 1645 hier versteckte. Die Bewohner der Islands of Scilly blieben ihrem König bis 1651 treu. Bis heute kann man die Kanonenkugeln sehen, die damals in den Gärten der Insel Tresco von den Republikanern abgeschossen wurden.

Im 19. Jahrhundert lebten die Einwohner in ihrer Abgeschiedenheit ausschließlich vom Fischfang, dem Schmuggel und dem Bergen von Wrackladungen. In den letzten 200 Jahren fanden über 1000 Schiffe ihr tragisches Ende an den Klippen der Scilly Islands. Augustus Smith, der mit dem Blumenanbau für einen neuen Wirtschaftszweig sorgte, führte in seiner Funktion als Lord Proprietor nicht nur die Schulpflicht ein, er kümmerte sich auch um regelmäßigen Bootsverkehr zum Hafen von Penzance. Der Legende nach lag hier das Reich

Oben: Auf den Scilly's ist Wandern wunderbar.
Mitte: Das Star Castle inszeniert sich wunderschön.
Unten: Nirgendwo sonst ist es in England so ruhig wie hier auf den Scillys.

von Lyoness, bevor es versank, als König Artus vor Mordred in Richtung Westen flüchten musste.

Fähren und Boote

Wie erreicht man als Besucher die atlantikumspülten Scilly Islands? Einerseits kann man mit dem Flugzeug, dem Islands of Scilly Skybus ab Newquay, Exeter, Bristol oder Southampton fliegen, oder man nimmt einen Hubschrauber der British International, der von Penzance startet. Beide Möglichkeiten sind jedoch sehr kostspielig. Günstiger reist man mit der Fähre Scillonian Ferry.

Die Insel Tresco

Die zweitgrößte der Scilly-Inseln heißt Tresco, ist nur eine kurze Bootsfahrt von St. Mary's entfernt und wartet mit schönen Stränden, der wundervollen Anlage Abbey Garden und viel rauer Einsamkeit auf. Jahrzehntelang gab es hier nur ein Pub und ein Hotel. Möwen und das rauschende Meer lieferten die einzige Geräuschkulisse.

Die Gründe für eine Reise zu den abgelegenen Inseln sind vielseitig: unter anderem, um abzuschalten und eine Art Leben zu entdecken, das sich komplett nach den Gezeiten richtet. Hier findet man eine Idylle, die einem wie ein längst verschwundenes England vor rund 100 Jahren erscheint. Erreicht man die Insel, legt das Boot meistens in Carn Near an. Hier ist der schönste Strand der Insel, Appletree Bay, nicht weit in nordwestlicher Richtung. Eine weitere Bademöglichkeit gibt es in New Grimsby an der Westküste.

An der nördlichsten Spitze der Insel befindet sich das King Charles Castle, erbaut im 16. Jahrhundert, von wo sich ein guter Ausblick auf das Meer und die Nachbarinsel Bryher bietet. Unweit vom King

AUTORENTIPP!

SAFARIS AUF SEE

Das Leben der Bewohner auf den Isles of Scilly ist nicht nur eng mit dem Atlantik verknüpft, er ist auch ihre Haupteinnahmequelle. Die Arbeit auf dem Meer ist ebenso voller Gefahr – für Besucher gibt es die Möglichkeit, sich per Boot auf Spurensuche aufs Meer hinaus zu begeben. Ausflüge bieten die »Islands Sea Safaris« an: Sie starten in der Old Town von St. Mary's und dauern eine Stunde (21 Pfund/Pers.) oder zwei Stunden (31 Pfund/Pers.).
Vor allem die zweistündige Tour ist sehr empfehlenswert, da man hier weit herumkommt und jede Menge Vogelarten und sogar Seelöwenkolonien entdecken kann. Zusätzlich erreicht man einige Orte, an denen bedeutende Schiffe zerschellt sind. Durch eine Vorrichtung mit Unterwasserkamera kann man unter die Wasseroberfläche blicken und die alten Wracks bestaunen, ganz ohne nass zu werden.

Island Wildlife Tours. 42 Sally Port, St. Mary's, Tel. 01730/42 22 12, www.islandwildlifetours.co.uk, 10 Pfund pro Person, April bis Oktober
Scilly Walks. Routen (5 Pfund/Pers.) werden stets auf der Homepage eingepflegt: www.scillywalks.co.uk

Charles Castle steht das Cromwell's Castle aus dem 17. Jahrhundert, das noch wesentlich besser erhalten ist. Von dort wurden einst die Schiffe zwischen Tresco und Bryher kontrolliert. Wer sich Zeit nimmt, um die Insel zu erkunden, findet im Landesinneren unweit der Abbey Gardens zwei Seen. In den beiden Orten Old und New Grimsby lohnt sich der Besuch der Gallery Tresco. Übernachten kann man im New Inn oder im Flying Boat Club.

Die Insel Bryher

Die rauste und kleinste unter den bewohnten Inseln befindet sich etwas westlich von Tresco. Rund 80 Menschen nennen das mit Heidekraut und Farnen bewachsene Inselchen ihr Zuhause. Bryher hat zwei Aussichtspunkte: Den Samson Hill, der einen tollen Rundumblick auf fast alle Inseln ermöglicht, und Watch Hill, von wo man vor allem die Diversität von Bryher selbst gut überblicken kann. Interessant ist auch die Hell Bay im Nordosten der Insel, dort peitschen die Wellen am spektakulärsten auf das garstige Gestein. Vom Quay (im Osten der

MAL EHRLICH

IMMER MIT DER RUHE

Wer auf die Scilly Islands kommt, sollte sich bewusst sein, dass hier der Fokus auf Ruhe liegt. Es gibt fast keine Autos, nur wenige Menschen, und obwohl es aussieht wie in der Karibik, ist die Stimmung in den Bars und Pubs (die man an beiden Händen abzählen kann) eher nordeuropäisch. Also bitte auf sich entschleunigenden Urlaub mit viel frischer Luft, schönen Blicken aufs Meer und einigen traumhaften Wanderungen einstellen. Wer mehr im Urlaub möchte, als ein England zu besuchen, in dem die Zeit stillzustehen scheint, der sollte sich das Geld für Hubschrauber, Flugzeug oder Fähre sparen und auf dem Festland bleiben – dort ist bei Weitem mehr los als hier!

Oben: Die Bevölkerung nimmt während der Sommermonate rapide zu.
Mitte: Wer wollte hier nicht wandern?
Unten: Solche weißen Sandstrände sind ungewöhnlich für England.
S. 82 oben: Der Old Man of Gugh zeugt von frühzeitiger Besiedelung.
S. 82 unten: Paradiesisches Kuhleben!

Insel) werden Bootstouren angeboten, so kommt man zum Beispiel auf die Samson-Insel, die bis 1855 noch bewohnt war.

St. Martin's Island

Hier befindet sich eines der Zentren für Blumenzucht. St. Martin's ist die nördlichste und drittgrößte der Inseln – ein stilles, landschaftliches Paradies. Kommt man zur richtigen Zeit, verwandelt sich die ganze Insel in ein Meer von Blumen. Die Strände wie Par Beach (gleich neben dem Haupthafen) oder Lawrence Bay (an der Südküste) dehnen sich bei Ebbe zu einem riesigen Sandstrand aus. An St. Martin's Nordküste sind die zwei schönsten Strände der ganzen Scillys zu finden: Great und Little Bay könnten, bis auf die Temperaturen, leicht als Südseestrände durchgehen.

Die Insel St. Agnes

St. Agnes wird auch die »Vogelinsel« genannt, da man hier Kormorane, Sturmtaucher, Krähenscharben und natürlich Möwen in ihrer natürlichen, unberührten Umgebung beobachten kann. Als Besucher kommt man in Porth Conge an, von dort führt eine Straße zum westlichsten Teil der Insel, wo einer der ältesten Leuchttürme Englands steht: Er wurde 1680 erbaut. Sensationell ist auch die Möglichkeit, dass man bei Ebbe zu Fuß zur Insel Gugh gehen kann, um sich dort die Reste von prähistorischen Siedlungen anzusehen. Im Moment leben hier nur 72 Menschen, und Besucher kommen hauptsächlich nach St. Agnes, um dem Rummel auf dem Festland zu entgehen. St. Agnes hat besonders klares Wasser, und vor allem in wolkenlosen Nächten entfaltet sich der volle Charme dieses Platzes. Bei einem Strandspaziergang leuchten die Sterne so hell und klar vom Himmel, dass es schon fast kitschig ist.

WANDERUNGEN WOLLEN GEFÜHRT SEIN

Sicherlich, die Isles of Scilly kann man auch auf eigene Faust erkunden, allerdings lernt und sieht man auf jeden Fall mehr, wenn man sich einer der geführten Touren anschließt. Eine Möglichkeit: mit dem Einheimischen Willy Wagstaff auf eine seiner Tierexkursionen zu gehen. Er weiß praktisch alles über die Vegetation und die Tierwelt auf den Scillys und zeigt seinen Begleitern Vögel, Säuge- und Meerestiere und Schmetterlinge. Zweite Variante: Katherine Sawyers historische Wanderungen. Die Scilly Walks konzentrieren sich auf die Seefahrtsgeschichte und die Fülle an archäologischen Hinterlassenschaften.

Island Wildlife Tours. 42 Sally Port, St. Mary's, Tel. 01730/42 22 12, 10 Pfund/Pers., Wanderungen von April bis Oktober. www.islandwildlifetours.co.uk, Routen werden auf der Homepage eingepflegt: www.scillywalks.co.uk, 5 Pfund pro Person

Die Tresco Gardens bieten die reichste Pflanzenvielfalt im ganzen Land.

Infos und Adressen

ANREISE

British International. Erwachsene ca. 150 Pfund, Kind ca. 100 Pfund, www.islesofscilly helicopter.com

Islands of Scilly Skybus. Erw. ca. 150 Pfund, Kind ca. 100 Pfund, www.ios-travel.co.uk

Scillonian Ferry. Verbindungen von März bis Oktober: Mo–Sa, Erw. ca. 100 Pfund, Kind ca. 50 Pfund

ESSEN UND TRINKEN

Fraggle Rock Café Bar. Ein Biergarten vor der Haustüre und gemütliche Pub-Atmosphäre im Inneren. Als einer der Lieblingsplätze in Bryher stellt dieses Café, das gleichzeitig auch Pub ist, die verschiedensten Geschmäcker zufrieden. Hier kommen Burger, Suppen, aber auch Pizza, Risotto oder Fisch auf den Tisch. Bryher, Tel.01720/42 22 22.

New Inn. Wenn auf Tresco etwas los ist, dann am ehesten hier. An sonnigen Tagen findet man fast alle Einwohner der Insel auf der Terrasse, die hier die große Auswahl an Ales und Wein beziehungsweise solides Pub-Essen genießen. Mit regionalen Zutaten zubereitet, soweit möglich. Neben typischen Gerichten wie Fish & Chips oder kornischem Fisch kann man hier auch vorzügliches Eis von der Roskilly's Farm genießen. Tresco, Tel. 01720/42 28 44, Öffnungszeiten: April bis Oktober 10–23 Uhr, November bis März 10–14.30 Uhr und 18–23 Uhr, www.tresco.co.uk

Seven Stones. Ihren Namen hat diese Kneipe dem berühmten Riff zu verdanken, an der der »Tanker Torrey« Canyon unterging. Man fühlt sich hier zwar eher wie in einem Wohnzimmer als in einem öffentlichen Pub, allerdings macht genau das den Charme aus. Ein besonderer Tipp ist der »Catch of the day«, der, wie der Name schon sagt, immer den frischesten Fang des Tages bietet. St. Martin's, Tel. 01720/42 35 60, www.seven stonesinn.co.uk

St. Martin's Bakery. Für den Hunger für zwischendurch oder die Versorgung im Ferienhaus gerade richtig: Besitzer Toby Tobin-Dougans bietet hier köstliche Brote, Pizzen, Quiches und anderes Gebäck an. Wer einmal echt kornische Pasties kosten möchte, ist hier an der richtigen Adresse. Tel. 01720/42 34 44, www.stmartinsbakery.co.uk

St. Martin's Vineyard. Eigentlich hat dieses Weingut als Hobby von Val und Graham begonnen. Mittlerweile ist es in England recht bekannt als südwestlichste und vor allem auch kleinste Kelterei. Tel. 01720/42 34 18, Führungen und Verkostungen im Sommer 11–16 Uhr, www.stmartinsvineyard.co.uk

Turk's Head. Das wahrscheinlich beste Pub auf den Isles of Scilly, mit schönem Blick auf den Hafen! (Nicht zu verwechseln mit dem Namensvetter in Penzance.) Genießt man eines der herzhaften Pasties, ist der Besuch perfekt. Innen ist der Pub mit zahllosen Schiffsutensilien dekoriert und auch an Wintertagen ist es sehr gemütlich. St. Agnes, Tel. 01720/42 24 34.

ÜBERNACHTEN

Flying Boat Club. Für eine Woche Flying Boat Club heißt es: früh reservieren und 1300 Pfund bereithalten. Dafür hat der Gast an einem der abgeschiedensten Plätze Englands ein luxuriöses, modernes Haus, das direkt auf den Strand New Grimsby und auf Tresco blickt. Der Name stammt aus dem Ersten Weltkrieg, als hier die englische Armee eine Basis hatte. Hier trifft der Luxus eines Top-Hotels auf die Annehmlichkeiten eines Appartements mit eigener Küche und Privatsphäre. Tresco, Tel. 01720/42 28 49, www.tresco.co.uk/stay

Hell Bay Hotel. Große, geräumige Suiten, eigene Balkone und traumhaftes Essen: für einige Hundert Pfund pro Zimmer und Nacht genießen die Gäste die Annehmlichkeiten eines renommierten Hotels. Bryher, Tel. 01720/42 29 47, www.hellbay.co.uk

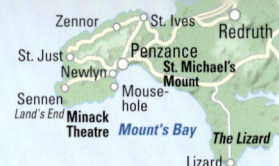

12 Hugh Town und St. Mary's
Das Zentrum der Scillys

Die größte der Isles of Scilly ist St. Mary's. Als erste Anlaufstelle für Besucher und gleichzeitig die Insel, auf der die »Hauptstadt« Hugh Town liegt, ist sie die Insel, auf der am meisten los ist. Vier von fünf Scillonians wohnen hier. Trotzdem ist die nur fünf Kilometer breite Insel gut überschaubar und im Winter praktisch geschlossen. Im Sommer bekommt man dafür auf St. Mary's am ehesten noch ein Zimmer in einem Hotel oder B&B.

Die Form von St. Mary's gleicht einem Oval, an das im Süden eine klauenförmige Halbinsel angehängt wurde. Die Hauptstadt der Scillys, Hugh Town, liegt genau zwischen der Hauptinsel und der ehemaligen Garnisonsfestung. Diese wurde einst zur Verteidigung gegen die Spanische Armada errichtet, ist inzwischen aber zu einem Luxushotel umgebaut worden. Der achteckige Bau dieses »Star Castle« liegt etwa einen Kilometer westlich von Hugh Town.

Inselerkundung

Auf St. Mary's sind, wie auf den restlichen Scillys, die Distanzen nicht sehr weit, an einem Tag lässt sich die ganze Insel gemütlich erwandern. Wer seinen Spaziergang im Dörfchen Hugh Town in Richtung Inselmitte beginnt, passiert auf der Telegraph Road Galerien, Studios und Geschäfte kunstfertiger Handwerker. Lässt man die Granithäuser von Hugh Town hinter sich und geht weiter Richtung Süden, gibt es faszinierende Felsformationen am Wegesrand zu entdecken. Im Süden schließlich wartet ein Leuchtturm. Weiter geht's nach Old Town, der ehemaligen Hauptstadt, deren

Mitte: Porthcressa Beach mitten in Hugh Town, St. Mary's.
Unten: Das Wasser hat zwar höchstens 17 °C, trotzdem kann man hier getrost baden gehen!

Hugh Town und St. Mary's

Hafen im 17. Jahrhundert der wichtigste der Inseln war. Hier gibt es sowohl einige einladende Cafés als auch einen Badestrand. Sehenswert ist der alte Friedhof, auf dessen Grabsteinen die Schicksale der hier Begrabenen stehen. Viele teilen das gleiche, nämlich das bei einem Schiffsunglück ums Leben gekommen zu sein. Außerdem findet man hier ein Denkmal für Augustus Smith, den Gründer der Abbey Gardens und das Grab des ehemaligen Premierministers Harold Wilson, der hier oft seine Ferien verbrachte. Von hier aus geht man dann zum Porth Hellick: Dort kam es im Jahr 1707 zu einer der größten Katastrophen der britischen Marine. Zu dieser Zeit war es noch nicht möglich, den genauen Längengrad zu bestimmen, so trug es sich zu, dass gleich vier Kriegsschiffe auf den Felsen der Isles of Scilly zerschellten. 1700 Menschen kamen ums Leben, der zuständige Admiral Sir Cloudesley Shovell überlebte, doch das Glück währte nicht lang. Als er auf der Porth-Hellick-Bucht angespült wurde überfiel ihn eine Räuberin und ermordete ihn wegen zwei Ringen, die er am Finger trug. In nördlicher Richtung befindet sich ein Hügelgrab. Etwas weiter im Norden kommt man zur Pelistry Bay, die eine der schönsten Buchten der Scillys ist. Wer bei Ebbe hierher kommt, kann nach Toll's Island spazieren.

Gig-Rennen

Das Highlight auf St. Mary's ist es definitiv, wenn man bei einem Gig-Rennen dabei sein kann. Hierbei handelt es sich um traditionelle Holzboote mit sechs Rudern, die eigentlich zur Rettung von sinkenden Schiffen ihren Einsatz fanden. Im Laufe der Jahre wurde das Rudern aber zum Wettbewerbssport und Rennen finden fast an jedem Wochenende statt. An einem Wochenende im April/Mai finden die »World Pilot Gig Championships« statt.

Infos und Adressen

ESSEN UND TRINKEN
Juliet's Garden Restaurant. Dies ist ein schöner Ort, um sein Mittagessen zu genießen! Hier genießt man einen tollen Blick auf den Hafen von Hugh Town, und das überaus aufmerksame Servicepersonal bringt mit raschen Schritten klassische Kaffeehausspeisen wie Sandwiches, Quiche oder Kuchen an die Tische. Abends ist die Menüauswahl größer. Seaways Flower Farm, Tel. 01720/42 22 28, www.juliets gardenrestaurant.co.uk

SEHENSWÜRDIGKEITEN
Isles of Scilly Museum. Betrachtet man die Geschichte der Isles of Scilly genauer, fällt auf, dass Schiffskatastrophen eine große Rolle dabei spielen. Hiervon erzählt das Museum unter anderem, außerdem von heimischen Tierarten und von Fundstücken aus dem Bronzezeitalter. Seine farbenfrohe Sammlung ist sehenswert, allerdings auch schon ein bisschen in die Jahre gekommen. Church Street, Tel. 01720/42 23 37, Öffnungszeiten: Ostern bis September Mo–Fr 10–16.30 Uhr, Sa 10 Uhr bis mittags, Oktober bis Ostern Mo–Sa 10 Uhr bis mittags, www.iosmuseum.org

ÜBERNACHTEN
Star Castle Hotel. Der achteckige Bau aus der Ära von Queen Elizabeth ist ein Abenteuer. Die Bar wurde zum Beispiel im ehemaligen Kerker errichtet, und auch sonst hat hier alles einen historischen Touch. Die traditionell eingerichteten Zimmer verströmen einen luftigen, leichten Charakter. Tel. 01720/42 23 17, www.star-castle.co.uk

CORNWALLS SÜDEN

13 Die Halbinsel Lizard
Die Unbezähmbare

Raue, wild bewachsene Landschaft im Inneren und das tobende, tosende Meer, das sich scheinbar nie beruhigen möchte rund um die gefährlichen Klippen: Die Halbinsel Lizard hat ihren eigenen, schroffen Charme. Der südlichste Punkt Englands ist wie die ideale Variante von Land's End. Kurz gesagt: Wer nicht in Lizard war, hat etwas verpasst.

Auf Lizard gilt es, vieles zu entdecken. Angefangen vom kleinen Dörfchen The Lizard an der Südspitze Englands, über »Everybody's darling« Kynance Cove, die Bilderbuchdörfchen St. Keverne, Mavagissey und Helford, bis zum etwas größeren Fischerdorf Coverack und zur Gourmetzentrale Porthleven. Für die durch den Helford River vom Rest Cornwalls getrennte Halbinsel Lizard sollte man sich mindestens einen ganzen Tag Zeit nehmen, kann aber gut auch eine Woche hier verbringen, ohne dass es langweilig wird.

Vorangehende Doppelseite:
Das Restaurant Hop & Vine serviert köstliche kornische Küche.
Mitte: Der Lizard Point ist der südlichste Punkt Englands.
Unten: The National Trust kümmert sich darum, dass hier auch ein Stein auf dem anderen bleibt.

MAL EHRLICH

DIE SCHÖNSTE IM LAND MIT KLEINEM MAKEL

Auch wenn behauptet wird, die Halbinsel Lizard sei der schönste Ort in Cornwall: Leider gibt es auch zwei Stellen, die dieser Superlative nicht entsprechen. Einerseits ruinieren die Parabolantennen bei Goonhilly Downs als Teil einer Satellitenstation die Aussicht und das ursprüngliche Flair der schönen Landschaft. Zusätzlich befindet sich die unattraktive riesige Royal Naval Air Station in Culdrose bei Helston. Kann man über diese beiden Störenfriede hinwegsehen, dann ist die Halbinsel Lizard wunderschön. Weiter südlich ist die wilde Naturschönheit dann ungestört!

Die Halbinsel Lizard

Als Bleibe empfiehlt sich Helston, das »Tor zum Lizard«. Geschichtlich ist Helston interessant, da hier früher Zinn auf seine Reinheit geprüft wurde. Die Geschichte der verwinkelten Marktstadt geht bis zu König Alfred zurück, und wegen seiner Wichtigkeit war Helston eine der wenigen Münzstädte im Südwesten Englands.

Furry Days in Helston

Das als »Furry Days« beziehungsweise »Flora Days« bezeichnete Festival findet stets am 8. Mai statt und ist wirklich sehenswert. Die Bezeichnung »Furry« hat nichts mit Fell zu tun, sondern leitet sich aus dem Kornischen »feur« für Feier ab. Seit Jahrhunderten ist es als eine Art Frühlingsfest eine Tradition im Kalender der Einheimischen. Jedes Jahr wird von morgens um 7 Uhr bis tief in die Nacht hinein durch die Stadt getanzt. Zuerst beginnen die Schulkinder, dann folgen die Erwachsenen, bis dann zum Haupttanz um 12 Uhr die ganze Stadt mittanzt. Ein weiterer Höhepunkt ist das sogenannte »Hal-an-Tow«. Hier bringt St. Michael den Teufel und St. George den Drachen um. Ansonsten erscheint Helston als etwas altmodische, aber durchaus fröhliche Stadt mit einigen sehenswerten Gebäuden in der Coinagehall Street. Der Torbogen am Ende der Straße wurde 1834 in Erinnerung an Humphry Millet Grylls erbaut. Der Bankier half dabei, die Zinnmine weiterhin in Betrieb zu halten, wodurch er damals 1200 Jobs rettete. Etwas südwestlich von Helston findet man den Loe Pool, den größten Süßwassersee in Cornwall.

Der südlichste Punkt Englands

Als Lizard Point wird der südlichste Punkt der Britischen Insel bezeichnet. Der Name stammt aus dem Kornischen: »lys ardh«, was so viel wie »hoher

**DIE BESTEN PASTIES
AUF LIZARD**

Um zu den besten Pasties der Halbinsel zu gelangen, muss man an
deren äußerstes Ende fahren: Erst im
kleinen Dorf The Lizard trifft man auf
die gut riechenden und noch besser
schmeckenden Pasties aus dem »Lizard Pasty Shop«. Mittlerweile hat
der Starkoch Rick Stein der Minibä-
ckerei seinen Stempel aufgedrückt,
doch schon lange vorher war Ann
Muller dafür bekannt, die feinsten
Pasties weit und breit zu machen.
Am besten schmecken den Einheimischen die nach einem traditionell
hergestellten Rezept gemachten
Pasties mit Steakfüllung, doch auch
die vegetarischen oder Vollkornver-
sionen sind nicht zu verachten.

Lizard Pasty Shop.
Tel. 01326/29 08 89,
Öffnungszeiten: Di bis Sa,
www.annspasties.co.uk

Punkt« bedeutet. Obwohl rund um den Aussichtspunkt großer Trubel herrscht und sich in The Lizard
schon einige Touristenshops angesiedelt haben,
kann man die Stimmung hier kaum mit der bei
Land's End vergleichen. Hier geht es trotz allem
ruhiger, angenehmer, natürlicher zu. Beim Blick
von den Klippen aufs Meer kann man im Mai und
Juni durchaus Riesenhaie, beim Blick nach oben
vielleicht die seltene kornische Dohle entdecken.
Sie ist am schwarzen Federkleid und dem leuchtend
roten Schnabel zu erkennen. Der Legende nach
verkörpert sie den Geist von König Artus. Etwas in
östlicher Richtung steht der Leuchtturm aus dem
Jahr 1752, der im Abstand von drei Sekunden eines
der stärksten Leuchtfeuer auf den Ärmelkanal wirft.

Schiffbruch

Trotz der Leuchttürme, die sich hier häufen, hat die
Halbinsel Lizard eine lange, tragische Geschichte
an Schiffsunglücken aufzuweisen. Einer der
tödlichsten Küstenabschnitte des Landes ist zum
Beispiel der Pentreath Beach. Hier sind bereits
Hunderte von Schiffen untergegangen. Die kornischen Klippen machten dabei keinen Unterschied
zwischen spanischen Schatzgaleonen, Marine-
fregatten oder Fischkuttern. Darum ist vor allem
die Lizard-Halbinsel ein Mekka für Wracktaucher,
die hier voll auf ihre Kosten kommen.

Piraterie

Auch die Geschichte der Halbinsel ist eng mit
den Wracks verbunden, denn Riffpiraterie war
hier keine Seltenheit. Die vielen Unglücke haben
der Halbinsel Lizard den Ruf als Schiffsfriedhof
eingetragen, die Klippen und die tosende Brandung
haben auch heute nichts an Wildheit eingebüßt.
Trotzdem wird Lizard unter der Hand als schönster
Teil Cornwalls gehandelt.

Kynance Cove ist an sonnigen Tagen
mit einem türkisfarbenen Wasser
gesegnet.

Rund um den Lizard Point

Dauer: 5 Std.
Start/Ziel: Parkplatz am Lizard Point

Unterwegs gibt es mehrere Einkehrmöglichkeiten, ein Café in Kynance Cove und kleine Pubs in Cadgwith; dennoch Proviant und vor allem Wasser einpacken.

Ⓐ Bänke zum Ausruhen. – Von hier geht's auf dem Küstenpfad Richtung Norden.

Ⓑ Pentreath Beach – Vom Pfad hat man hier einen schönen Ausblick.

Ⓒ Kynance Cove – Nach etwa 25 Minuten gelangt man zum Aussichtspunkt mit Blick auf Kynance Cove. Von der Cove geht es landeinwärts den Schotterweg entlang und weiter durch die Lizard Downs.

Ⓓ Public Bridle Way – Wenn der Weg sich langsam auflöst, orientiert man sich einfach an den Häusern am Horizont bzw. der Tankstelle. Hier startet der Public Bridle Way.

Ⓔ Iglewidden – An der kleinen Straße biegt man rechts ab und hält nach dem Wegweiser zur St. Grade's Church Ausschau. Über die Steinstufen des Friedhofs geht es wieder zurück zum Pfad, der nach 10 Minuten zum Haus Metheven führt. Hier biegt man auf die asphaltierte Straße und folgt den Wegweisern nach Iglewidden.

Ⓕ Ansonsten geht es 1½ Stunden gen Süden.

Ⓖ Bucht – Schön ist auch eine kleine Bucht mit Wasserfall und später die Life Boat Station.

Kynance Cove

Der Sandstrand ist von Granitfelsen umringt und von Steinformationen und Höhlen mit Namen wie The Kitchen, The Drawing Room oder The Devil's Mouth umgeben. Der Strand ist bei jeder Witterung sehenswert. An einem schönen Tag kann man hier Sonne tanken und baden, wenn allerdings Wind und Regen über die Kynance Cove peitschen, fesseln einen die Naturgewalten hier geradezu. Bei Ebbe gelangt der Spaziergänger trockenen Fußes bis zur Asparagus Island. Vor dem Weg hinunter zur Cove lohnt es sich, den schönen Ausblick zu den benachbarten Klippen zu genießen. Auf halbem Wege befindet sich ein Café, das gute überbackene Kartoffeln serviert.

Kleine Dörfer

Reizend und unbedingt sehenswert sind St. Keverne mit seinen zwei Dorfpubs und das idyllische Helford mit reetgedeckten Cottages, die gut zu Fuß zu erkunden sind. Das etwas größere Fischerdorf Coverack sollte man auch keinesfalls verpassen. Ein weiteres Highlight der Halbinsel Lizard ist Porthleven, an dem sich dann auch viele andere Gastgeber in der Region orientiert haben, das sich vor allem wegen Rick Stein's Gourmetrestaurant einen Namen in der Feinschmeckerszene gemacht hat. So kann man hier locker einige Tage hintereinander schlemmen.

Oben: Das südlichste Café Englands liegt natürlich direkt am Lizard Point.
Mitte: Helston hat eine beträchtliche Anzahl von gut gepflegten Cottages zu bieten.
Unten: Wandert man auf der Halbinsel Lizard, sieht man eigenartige Gebilde in den Gärten der Kornen.

Infos und Adressen

ESSEN UND TRINKEN

Kota. Harbour Head. Der Name stammt aus der Sprache der Maori und bedeutet »Schaltiere«. Das Essen ist eine Mischung aus kornischem Fisch mit asiatischen Akzenten. Toll sind zum Beispiel der Mönchsfisch in grünem Thai-Curry oder die Falmouth Austern Appetizer mit Wasabi Tartar. Vermutlich wird im Kota das beste asiatische Essen in Cornwall serviert. Die Preise und die Qualität der Speisen stimmen überein, sind aber für das normale Reisebudget etwas gehoben. Porthleven, Tel. 01326/56 24 07, www.kotarestaurant.co.uk

Roskilly's Ice Cream. Das Team von »Roskilly's« hat hier wirklich starke Arbeit geleistet und die verschlafene Farm in eine Art Erlebnispark umgewandelt. Hier kann man nicht nur vom Roskilly's Eis schlecken, sondern auch Burger und andere Speisen essen. Zusätzlich gibt es für Kinder einiges zu erleben: Enten wollen gefüttert, Kühe beobachtet und die schönen Gründe bewandert werden.

Tregellast Barton, St. Keverne, Tel. 01326/28 04 79, www.roskillys.co.uk

SEHENSWÜRDIGKEITEN

Lighthouse Visitor Center. Die Ausstellung umfasst wichtige Teile der Seefahrtsgeschichte wie Informationen zu Wettervorhersagen, Flaggensignale, Wracks oder auch Leuchttürme. Das Gebäude selbst stammt aus dem Jahr 1752 und wurde in den 1990er-Jahren automatisiert. Eine Führung zahlt sich aus, denn nur dann kann man auf den Lichtmasten hinaufgehen. Lizard Point, Tel. 01255/24 50 11, www.lizardlighthouse.co.uk

ÜBERNACHTEN

Chydane. Nur zwei Räume hat dieses B&B zu bieten, die haben's dafür in sich. Auch der Blick über Gunwalloe Cove rechtfertigt den Preis von 100 bis 130 Pfund pro Zimmer und Nacht. Gunwalloe Cove, Helston, Tel. 01326/24 12 32, www.chydane.co.uk

Lizard hat außer dem »Point« nicht allzu viel zu bieten.

14 Falmouth
Jugendlich, frisch und kosmopolitisch

Einst war der Ort ein strategisch gut gelegener Hafen für Post, Paketdienst und Fracht. Heute treffen sich hier dank des University College Falmouth Junge und Kreative in einer ausgeprägten Bar-, Café- und Boutiqueszene. Eingebettet ist die 20 000 Einwohner zählende Stadt in eine schöne, romantische und ruhige Gegend, die sich zwischen den sieben Flüssen, die hier zusammenlaufen, und dem Ozean befindet.

Falmouths Aufstieg ist mit Sicherheit der Tatsache zu verdanken, dass die Stadt an einem der drei größten Naturhäfen der Welt liegt. Nach Rio de Janeiro und Sydney reiht sich das kornische Falmouth an dritter Stelle ein. Gleich sieben Flüsse treffen hier aufeinander, um ins Meer zu münden. Da die Südküste Cornwalls viel geschützter vor den wilden Stürmen des Atlantiks ist, kann man hier das subtropische Klima mit all seinen exotischen Pflanzen und Baumarten genießen. Zu sehen ist dies zum Beispiel in den vielen kunstvoll gestalteten Gärten rund um Falmouth, wie die Trebah oder Glendurgan Gardens.

Die Stadt selbst ist in zwei Bereiche geteilt: einerseits in den uralten Kern unten beim Hafen, der wirkt wie eine echte kornische Stadt, und andererseits in den Hügel im Süden, wo modernere Töne angeschlagen werden. Während man durch die jugendlich-kosmopolitische Stadt schlendert, sind am Horizont stets die weißen Masten der Schiffe zu sehen. Schiffsverkehr und Falmouth gehören einfach untrennbar zusammen.

Mitte: Falmouth wurde dank der Post einer der größten Orte des Südwestens.
Unten: Der Hafen von Falmouth ist nach wie vor riesengroß.

National Maritime Museum

Nicht umsonst wurde in Falmouth 2003 für satte 21 Millionen Pfund das National Maritime Museum errichtet, das heute den Mittelpunkt des neu sanierten Discovery Quay darstellt. Die Sammlung ähnelt der des »Schwestermuseums« in Greenwich. Beeindruckend ist auf jeden Fall die Flotilla Gallery, in der 150 Jachten, Schoner und Segelboote, an nur dünnen Stahlseilen befestigt, im Raum zu schweben scheinen. Zusätzlich kann man sich in der Nav Station über nautische Navigationsgeschichte informieren oder durch Unterwasserfenster in die Tiefen des Ozeans blicken.

In einer interaktiven Ausstellung wird zudem ein Überblick über das Leben mit und vom Meer gezeigt. Für Kinder hält das Museum einige spannende Überraschungen bereit, so können sie zum Beispiel Miniaturboote über das Wasser fahren lassen oder mit verschiedensten Computeranimationen steuern üben. Einen tollen Blick auf die Stadt und die große Bucht genießt man vom Aussichtsturm. Essen und trinken kann man hier direkt im Museumscafé, das gute Snacks anbietet.

Schmuggel und die gute alte Post

Seine Gründung verdankte Falmouth – wie sollte es in Cornwall auch anders sein – dem Schmuggel. Sir John Killigrew, aus einer der einflussreichsten Familien des Landstrichs, gründete den Ort als Stützpunkt für seine Überfälle auf die Spanier oder Franzosen. Er war im Übrigen nicht nur Schmuggler, sondern auch Vizeadmiral von Cornwall. Daneben war Falmouth bis ins 17. Jahrhundert eigentlich nicht viel mehr als ein verschlafenes Fischerdorf. Aufgerüttelt wurde das Leben, als sich hier der Paket-Service niederließ. So erlebte die Stadt von 1689 bis 1850 ihre Blütezeit, in der sie

FISCHERDÖRFCHEN MIT DAZUGEHÖRIGEN TRIPS

Wie viele andere Städtchen in Südcornwall lebte Mevagissey lange Zeit vom Fischfang. Zusätzlich zu ihrem Brotjob nehmen viele der einheimischen Fischer Touristen mit auf See, um mit ihnen gemeinsam zu fischen. Für die abenteuerlustigen Gäste werden Shark Tours, für Familien Makrelenfahrten angeboten. So kann man sich – zumindest im letzteren Fall – sein eigenes Abendessen fangen.

Die Touren sind allesamt am Hafen angeschlagen. Zusätzlich hat Mevagissey noch einen schönen Strand, der unter den Klippen am nördlichen Ende des Dorfes liegt. 200 Stufen bringen einen dorthin.

Oben: Mevagissey ist ein süßer, kleiner Fischerort, wie er im Buche steht.
Unten: Der End of Chapel Point markiert das Ende des Ortes Mevagissey.

regelmäßig von Großseglern, Teeklippern und Marinegaleonen angefahren wurde. Von hier aus wurden allerlei Postsendungen Richtung Mittelmeer, in die Karibik oder sogar nach Nordbeziehungsweise Südamerika verschifft. Sämtliche offiziell eingeführten Souvenirs passierten Falmouth, darunter natürlich auch Sämlinge exotischer Pflanzen, von denen einige auch in den Gärten rund um Falmouth ihre Wurzeln schlugen.

Tor zur Welt

In diesen Jahren war Falmouth quasi Englands Tor zur Welt. Der ruhig gelegene Hafen bot bei schlechtem Wetter stets Sicherheit. Im Jahr 1881 wurden mehr als 19 000 Schiffe gezählt, doch schon um die Jahrhundertwende ging es mit Falmouth bergab, und noch vor dem Zweiten Weltkrieg wurden hier die Schiffsbautätigkeiten eingestellt. Mittlerweile lebt Falmouth wie viele andere Städte in der Gegend vom Tourismus. Im Juli oder August verdoppelt sich die Einwohnerzahl jedes Jahr. Ein tiefer Einschnitt in das Leben vieler Bewohner war die Schließung der Reparaturdocks, die die Arbeitslosenquote in die Höhe trieb. Neben dem Maritime Museum hat sich auch ein Stützpunkt der British National Oil Corporation hier angesiedelt, die nach Offshore-Öl sucht und auf einen wirtschaftlichen Aufschwung und viele Jobs hoffen lässt.

Universitätsstadt

Seit einigen Jahren ist Falmouth auch die südwestlichste Universitätsstadt in Großbritannien. Das University College Falmouth hat seinen Fokus auf Kunst, Design und Medienlehrgänge gelegt und hat im Nachbarort Penryn für Aufschwung gesorgt: Heute spaziert man dort an quirligen Cafés, gut duftenden Brasserien und nachts an belebten Bars

Oben: Eine Ehrenrunde um den Hafen ist in Mevagissey Pflicht.
Mitte: Das Falmouth Hotel ist eines der schönsten der Stadt.
Unten: Mevagissey ist voller Cafés und Restaurants.
Rechte Seite: Im Trebah Garden wachsen verschiedenste Pflanzen.

und Clubs vorbei. Wer also ein bisschen Action in dem ansonsten recht verschlafenen Cornwall sucht, kann sich hier an den Gepflogenheiten der Studenten orientieren und einmal »einen drauf machen«. Auch am Wasser herrscht stets Trubel, denn die Gezeitenmündung macht vor allem Wassersportfreunden Freude. So sieht man eine Fülle an kleinen Seglern, Kajaks, Kanus und anderen kleinen Booten.

Gut gesichert

Seit dem 16. Jahrhundert wird die Mündung von Falmouth von zwei Festungen bewacht. In den Jahren 1540 bis 1545 ließ König Heinrich VIII. eine Festungskette rund um Englands Küsten zur Verteidigung gegen die Spanier und Franzosen errichten. Da der Tiefwasserhafen der Stadt schon damals eine strategisch wichtige Position verlieh, beschloss er, sie gleich von zwei Befestigungsanlagen schützen zu lassen. Seitdem thront Pendennis Castle auf dem gleichnamigen Pendennis Point. Der Tudorbau, Cornwalls größte Festung, ist auch heute noch ein beeindruckendes Bollwerk über der Hafeneinfahrt. Der runde Wehrturm hat ein Kanonendeck und Zinnen mit alten Kanonen.

AUTORENTIPP!

CORNWALLS SCHÖNSTER GARTEN

Vor 1981 wucherte dieser einzigartige Garten vor sich hin. In diesem Jahr zogen Tony und Eira Hibbert auf das Anwesen und nahmen sich der Vegetation an. Sechs Jahre später öffnete der Garten wieder für die Öffentlichkeit und begeistert seitdem seine Besucher mit einer Fülle an Pflanzenarten, die in allen Farben des Regenbogens schimmern. Der subtropische Einschlag ist natürlich zu erkennen: Die Palmen und Baumfarne werden in einer Kulisse von Wasserfällen, Wassergärten und einem Teich voll zur Geltung gebracht. Vielen Besuchern erscheint der Trebah Garden wie ein Urwald. Am Ende des Rundgangs kommt man zu einem Sandstrand, der gut zum Baden oder Picknicken geeignet ist.

Trebah Garden. Öffnungszeiten: tgl. 10–18 Uhr, www.trebah-garden.co.uk

Hier ereignete sich eine heldenhafte Geschichte, als Captain John Arundel of Trerice die Festung während des englischen Bürgerkriegs sechs Monate lang mit seinen Truppen belagerte. Schlussendlich waren sie die letzten Royalisten, die Cromwells Truppen weichen mussten, aber nur weil auf der royalistischen Festung die Nahrungsmittel ausgingen. Außerdem kann man am Pendennis Castle noch ein Wachhaus aus dem Ersten Weltkrieg und die Half Moon Battery, eine Geschützbatterie für den Fall einer Naziinvasion, besichtigen. Gegenüber liegt das Pendant St. Mawes. Zwischen Falmouth und St. Mawes kreuzt in regelmäßigen Abständen eine Fähre, die in den Sommermonaten auch durch einige kleinere (Fischer-)Boote unterstützt wird, die zahlreichen Besucher auf die andere Seite zu bringen.

Badetag gefällig?

In der unmittelbaren Umgebung von Falmouth befinden sich einige Strände von Interesse: Castlebeach ist ein Kiesstrand, der mit Cafés und Toiletten ausgestattet ist. Er ist nicht weit vom Zentrum entfernt. Gyllyngvase Beach ist ein großer Strand in der Form eines Halbmondes, an dem man bei Ebbe und Flut schwimmen kann.

Gleich daneben befindet sich Swanpool Beach, der kleiner und daher oft überfüllt ist. Dieser eignet sich allerdings am besten für Familien, da man hier nicht gegen allzu große Wellen oder Strömungen ankämpfen muss. Hinter dem Strand befindet sich ein kleiner Teich mit gleichem Namen, an dem Boote vermietet werden. Etwas weiter im Süden bei Maenporth findet man einen ähnlichen Strand wie Swanpool, allerdings ist hier weniger los. Die Umgebung von Maenporth lädt zu Klippenspaziergängen auf dem altbekannten South West Coast Path ein.

Oben: Vom Pendennis Castle hat man einen wunderschönen Blick auf Falmouth.
Mitte: Ein kleiner Spaziergang führt auf die mächtige Burganlage Pendennis Castle.
Unten: Falmouth wurde jahrelang gut verteidigt.

Infos und Adressen

INFORMATIONEN

Tourist Information Center. 11 Market Strand, Prince of Wales Pier, Falmouth, Tel 01326/31 23 00. www.acornishriver.co.uk oder www.go-cornwall.com

ESSEN UND TRINKEN

Gyllybeach Café. Trotz des eher schicken, »stylischen« Äußeren des Cafés sitzt man hier bequem in gemütlicher Atmosphäre und findet auf der Speisekarte Gourmetburger und feine Fischgerichte. Alle Gerichte haben vernünftige Preise. Gyllyngvase Beach, Cliff Road, Tel. 01326/31 28 84, www.gyllybeach.com

Miss Peapod's Kitchen Café. »Miss Peapod's« vereint »öko« und schick für eine junge Klientel aus Studenten und Künstlern. Jubilee Wharf, Penryn, Tel. 01326/37 44 24, www.misspeapod.co.uk

SEHENSWÜRDIGKEITEN

National Maritime Museum. Discovery Quay, Tel. 03126/31 33 88, Öffnungszeiten: tgl. 10–17 Uhr, www.nmmc.co.uk

ÜBERNACHTEN

Falmouth Beach Resort Hotel. Ordentliches Best Western Hotel direkt am Strand. Die Zimmer mit

Die Restaurants in Falmouth, wie das »Bistro De La Mer« servieren teilweise französische Küche.

Ein echtes englisches Frühstück, wie es sich gehört.

Strandblick sind teurer als die ohne. Besonderheiten sind das Hallenbad, der Whirlpool und die Sauna. Gyllyngvase Beach, Tel. 01326/31 80 84, www.bw-falmouthbeachhotel.co.uk

Falmouth Townhouse. Bei 85 Pfund gehen hier die Zimmerpreise (mit Frühstück) los. Das Hotel wird dem künstlerischen Ruf der Stadt gerecht und in jedem der Zimmer werden modernistische Design-Klassiker oder originale Kunstwerke »ausgestellt«. Eines der besten Argumente für das Townhouse ist in jedem Fall die Lage direkt in der Stadt, ein anderes die King-Size-Betten in manchen Zimmern oder auch die riesigen Bäder. Grove Place, Falmouth, Tel. 01326/31 20 09, www.falmouthtownhouse.co.uk

Sixteen. In den Zimmern hier wurde ein gekonnt klassischer Stil mit modernen Elementen gemischt, und so treffen etwa französische Antiquitäten auf Flachbildfernseher. Im Badezimmer stehen handgemachte kornische Seifen bereit. Der Preis ist spitze, das einzige Manko: Man geht 15 Minuten in die Stadt und zum Strand. 16 Western Terrace, Falmouth, Tel. 01326/31 99 20, www.sixteenfalmouth.co.uk

15 Truro
Die späte Hauptstadt

Erst 1989 zur Hauptstadt von Cornwall gekürt, ist Truro mittlerweile Verwaltungs- und Geschäftszentrum der Grafschaft. Dies hatte einen positiven Effekt auf die Stadt, nachdem der einst wichtige Hafen versandet war: Die attraktivste Stadt im Landesinneren Cornwalls bietet hervorragende Einkaufsmöglichkeiten und Märkte voller Trubel und qualitativ hochwertiger Produkte.

Truro ist in vielerlei Hinsicht etwas Besonderes: Einerseits ist es die Hauptstadt Cornwalls und hat mit seinen 18 000 Einwohnern schon richtigen Stadtcharakter, andererseits steht hier die einzige Kathedrale der Grafschaft. Hier leben zum Teil Menschen, die sich irgendwann entschlossen haben, »aufs Land zu ziehen«, sich aber nie die Füße dreckig machen wollten. Und tatsächlich: Obwohl Truro im kornischen Vergleich schon sehr urban ist, kann es noch lange nicht mit richtigen Metropolen mithalten und ist in seinem kleinstädtischen Flair und der Nähe zur Natur ein idealer Wohnort.

Georgianischer Reichtum

Auf einem Spaziergang durch die Stadt erkennt man schnell, dass hier schon früh Reichtum herrschte. Vor allem die eleganten georgianischen Stadthäuser auf der Strangways Terrace oder dem Walsingham Palace zeigen, dass Truro eine wirtschaftlich treibende Kraft war. Ein weiterer Bauboom wurde im 20. Jahrhundert ausgelöst. Ein typisches postmodernes Bauwerk aus dieser Zeit sind die Courts of Justice, geplant vom gleichen Architekten wie die Tate Gallery in St. Ives. (s. S. 42).

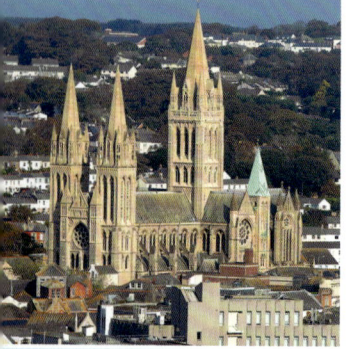

Mitte: Die Kathedrale von Truro überragt die ganze Stadt.
Unten: In Truro wurden in der Coinage Hall lange Zeit eigene Münzen geprägt.

Zinn war ein Gewinn

Truro war zwar schon seit der Eisenzeit besiedelt, was zum Beispiel Funde wie die von Carvossa belegen, allerdings kam die richtige Blütezeit der Stadt erst mit der Entdeckung des Zinnabbaus. Da Truro jahrhundertelang eine der vier Zinnverarbeitungsstädte Englands war, kam die Stadt zu Reichtum. Schon seit dem Mittelalter wurde das Zinn aus den umliegenden Minen in der »Stannery Town« Truro geschmolzen, gewogen, gestempelt und besteuert. Früher war Truro bedeutender Flusshafen, und auch der Name der Stadt unterstreicht diese Eigenschaft: »Tri-veru« bedeutet vom Kornischen auf Deutsch übersetzt: »drei Flüsse«. Vor allem dem Zinn hatte es Truro zu verdanken, dass Königin Elisabeth I. der Stadt im 16. Jahrhundert Stadtrechte verlieh. Doch erst im späten 18. Jahrhundert sollte Truro zu seiner vollen Größe anwachsen. Dies hatte hauptsächlich mit den steigenden Zinnpreisen zu tun. Aus dieser Zeit stammt auch der Spitzname »London of Cornwall«. 1877 verlieh Königin Victoria der Stadt den Status einer »City«.

Die einzige Kathedrale

Bis 1880 hatten die Bewohner von Truro ausschließlich die alte gotische Pfarrkirche St. Mary. Allerdings zog 1876 der erste Bischof in die Stadt und ein Bauwerk wurde in Auftrag gegeben, das die Wichtigkeit des Glaubens in der Stadt unterstreichen sollte. Rund 30 Jahre lang wurde am Neubau gearbeitet, und aufgrund des Platzmangels plante der Architekt John Loughborough Pearson eine Kirche im Stil des Historismus, die stark in die Höhe ragt.

Wenn man vor der Kirche steht und sie genau betrachtet, merkt man, dass hier eindeutig die großen mittelalterlichen Kathedralen als Vorbild dienten.

AUTORENTIPP!

ART IN THE CITY

Jedes Jahr im April findet das Kunstfestival statt. Zwei Wochen lang dreht sich dann in Truro alles nur um Kunst. In enger Zusammenarbeit mit Kunstschaffenden und Menschen in der Kunstbranche veranstaltet die Stadt diese Mischung aus Messe, Wettbewerb und Ausstellung. In diesen zwei Wochen finden alle den Weg nach Truro, die in der Kunst Rang und Namen haben. Zu den Highlights zählen sicherlich der Malwettbewerb und die dabei entstehenden Gemälde, die alle an einem bestimmten Tag überall in Truro gemalt und dann in einer Auktion verkauft werden.

Mehr Informationen über das Programm gibt es im Internet unter www.enjoytruro.co.uk

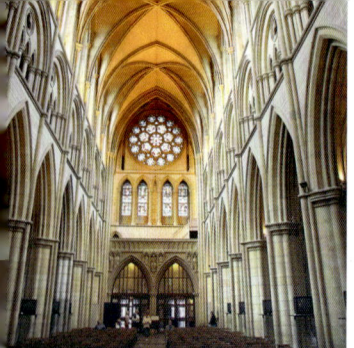

Zu erkennen ist dies vor allem an den Emporen, den spitzbögigen Arkaden und diversen neugotischen Verzierungen. Das südliche Seitenschiff enthält noch Bauelemente der alten Gemeindekirche St. Mary's, die aus dem 16. Jahrhundert stammte und den Einwohnern Truros als frischem Bistum zu klein wurde. Der zentrale Turm der Kathedrale verfügt über ein Kupferdach und ist 76 Meter hoch, die beiden westlichen Türme haben eine Höhe von 61 Metern. Die beachtliche Größe lässt die Häuser daneben wie Zwergenbauten erscheinen.

Doch nicht nur die Formen, sondern auch die Baustoffe sind beachtlich: Die Kathedrale besteht aus Steinen aus Bath und weltbestem viktorianischem Glas. In derselben Zeit, in der die Kathedrale gebaut wurde, schaffte es die Schnellzugdampflok City of Truro, einen 150 Tonnen schweren Zug mit für die Zeit sagenhaften 100 Meilen pro Stunde (161 km/h) zu ziehen. Dies konnte erst 1934 der bekannte Flying Scotsman toppen.

Shoppingstadt

Dass Truro die Hauptstadt Cornwalls ist, hat natürlich auch für das Einkaufen und Bummeln einen großen Vorteil: Viele Ketten haben hier ihre Filialen errichtet. Rund um die Kathedrale und längs der St. Mary's Street ist man mitten in der Shopping-Action. Außerdem kann man noch in der Boscawen Street oder der Duke Street gut einkaufen. Der Lemon Quay beheimatet Ketten wie Marks & Spencer oder Peacocks. Etwas ganz Besonderes ist der Lemon Street Market mit seinen Feinkostgeschäften, einer Bäckerei, einem Kräutershop und dem Café im Obergeschoss.

Oben: Die Kathedrale in Truro ist im gotischen Stil gehalten.
Mitte: Die Fußgängerzone ist mit Blumen geschmückt.
Unten: Beim Shoppen in der Fußgängerzone kann man sich stets an der Kathedrale orientieren.

Ist man mit dem Kaffee fertig, kann man gleich über die Galerie schlendern. Ein vorweihnachtlicher Einkaufsbummel ist besonders empfehlenswert,

Vom Lemon Quay zum Pannier Market

A Lemon Quay – Der Rundgang startet am Lemon Quay, wo mittwochs bis samstags von 9 bis 16 Uhr ein Farmer's Market stattfindet. Hier trifft man auf Fleischer, Bäcker, Gemüsebauern oder Käsemacher aus der Region. Früher war hier noch ein echter Hafenquay, das kann man heute aber nur mehr am Namen erkennen.

B Lemon Street Market – Ein paar Meter weiter in der Lemon Street befindet sich der charmante überdachte Lemon Street Market. Im Obergeschoss sind ein Café und eine Galerie untergebracht. Wenn man Glück hat, trifft man sogar den Pianisten an, der hier ab und zu live spielt. Ansonsten kann man in den im Zeichen der Nachhaltigkeit stehenden Läden Souvenirs, Obst, Gemüse oder Brot erstehen.

C Royal Cornwall Museum – Das Royal Cornwall Museum ist das älteste der Region. Hier sind viele Exponate zur Geschichte von Cornwall ausgestellt, neben ca. 16 000 Mineralien. Außerdem ist hier auch Kunst von Schülern der Newlyn School oder von klassischen Malern wie Rubens oder van Dyck zu sehen.

D Truro Cathedral – Die einzige Kathedrale von Cornwall wurde im spätgotischen Stil erbaut und erreicht eine beeindruckende Höhe. Sie prägt die Silhouette der Stadt von beinahe jedem Blickwinkel aus und wurde 1910 fertiggestellt.

E Pannier Market – Der Pannier Market ist ein typischer Markt, auf dem es vom Schlüsselservice über Händler mit Gemälden und Süßigkeiten bis zu Ständen mit Snacks und Bio-Gemüse alles gibt.

Eines der typischen Teehäuser der Hauptstadt Cornwalls.

da die Weihnachtsbeleuchtung eine wunderbare Adventstimmung verbreitet. Außerdem findet im Dezember das City of Lights Festival statt, in dessen Zuge große Weidenlaternen durch die Stadt getragen werden. Unterm Jahr sind einige dieser Stücke im Lemon Street Market ausgestellt.

Bootsfahrt am Fluss

Fährt man drei Kilometer flussaufwärts aus der Stadt heraus, kommt man zum kleinen Dorf Malpas, das gleich nach dem weitläufigen Boscawen-Anwesen liegt. Hier kann man eines der Enterprise Boats nehmen und einen sehenswerten Ausflug über den Fluss Fal inmitten von zahlreichen Wäldern machen. Bis nach Falmouth bringen einen die Boote, die manchmal auch einen Zwischenstopp in Trelissick machen. Dieses Dorf ist vor allem wegen seiner Wanderwege berühmt, die durch Wälder und Felder immer am Fluss entlangführen. Von Truro nach Malpas und zurück fährt übrigens auch ein kostenloser Bus.

Künstlerische Ferien

Normalerweise denkt man ja in Bezug auf Kunst in Cornwall an St. Ives oder Newlyn. Allerdings hat auch Truro Geschichten von Künstlern von Welt zu erzählen. Eine davon trug sich im Jahr 1937 zu. Der englische Maler und Kunstsammler Roland Penrose war zu dieser Zeit in Paris zuhause und hatte mit zahlreichen Künstlern wie Picasso, Max Ernst, Paul Eluard oder Joan Miró zu tun. Auf einem Ball lernte er seine zukünftige Ehefrau Lee Miller kennen, die als Fotografin arbeitete. Er beschloss, mit ihr und ein paar Freunden den Sommer in Cornwall zu verbringen. Er mietete das Haus seines Bruders am River Fal. (Es ist als Lamb Creek House bekannt und befindet sich nur einige Kilometer südlich von Truro).

Hoher Besuch

Zu Besuch kamen Größen wie Max Ernst, der Leonora Carrington im Gepäck hatte, Lee Miller, Paul Eluard mit Frau Nusch, Man Ray mit Freundin Ady Fidelin. Als wären das noch nicht genug berühmte Namen, gaben sich auch noch Henry Moore und seine Frau Irena die Ehre, als sie zufällig in Cornwall waren. Etwas später stießen noch der belgische Kunsthändler Edouard Mesens, die Malerin Eileen Agar und ihr Freund, der Schriftsteller Joseph Bard aus Ungarn, dazu. Doch jetzt begann das Abenteuer erst: Eileen fing eine Affäre mit Paul Eluard an, dieser bot seine Frau als »Gastgeschenk« an, was wiederum Joseph Bard dankend annahm. Glaubt man den Worten von Eileen Agar, war damals wirklich was los im Lamb Creek House nahe Truro: »Es war eine bezaubernde surrealistische Hausparty mit Roland als kühnem Gastgeber, der es verstand, selbst das belangloseste Zusammentreffen in eine Orgie zu verwandeln. Ich erinnere mich daran, wie ich Lee zusah, als sie ein Schaumbad nahm, doch leider war in der Wanne nicht genug Platz für uns alle. Den Surrealisten wurde unterstellt, sie seien ohne jegliche Moral, doch ich ging nicht mit jedem ins Bett, der mich darum bat. Wie hätte ich sonst Zeit zum Malen finden sollen?«

Im Lemon Street Market ist immer was los.

AUTORENTIPP!

PARADIES MIT NACHHALTIGEM CHARAKTER

Glorreich gleich neben dem Fluss Fal situiert, bieten die Trelissick Gardens all das, was man sich von einem feinen, englischen Garten erwartet: Apfelgärten, viele kleine Plätze zum Verweilen und einige sehr seltene exotische Bäume. Im Café kann man bequem eine Pause einlegen, bevor man in der netten Galerie die Werke von regionalen Künstlern und Handwerkern bestaunt. Die Blütenpracht und die über 200 Jahre alten Bäume verzaubern Besucher seit Generationen. Doch das Team hinter Trelissick denkt weiter: In den letzten Jahren wurde hier vieles in Richtung Nachhaltigkeit umgestellt. Die Toilettenanlagen werden zum Beispiel mit Regenwasser gespült, die Hitze aus der Küche umgeleitet, das Warmwasser und Teile der Heizkraft aus Sonnenenergie gewonnen.

Feock. Tel. 01872/86 20 90.
www.nationaltrust.org.uk/trelissick

Auch Truro ist mit dem warmen Klima gesegnet, das der Golfstrom bringt – hier die Victoria Gardens.

Infos und Adressen

INFORMATION

Touristeninformation. Truro Tourist Office. Boscawen Street, Tel. 01872/27 45 55, gi@truro.gov.uk, http://tourism.truro.gov.uk

AUSFLÜGE

Enterprise Boats. www.enterprise-boats.co.uk

FESTIVALS

City of Lights Festival. www.trurocityoflights.co.uk

ESSEN UND TRINKEN

Archie Browns. Ein Ableger des heiß geliebten Cafés aus Penzance. Hier kommen alle Vegetarier auf ihre Kosten. 105–106 Kenwyn Street, Tel. 01872/27 86 22, www.archiebrowns.co.uk

Duke Street Sandwich Deli. Hier geht so etwas wie ein Traum in Erfüllung: Man kann sich seine Sandwiches selbst zusammenstellen und das auch noch mit kornischen Zutaten. Auch Salat-Boxen sind im Angebot. Kurz gesagt: Ein idealer Ort, sich mit einem kleinen Snack zu versorgen. 10 Duke Street, Tel. 01872/32 00 25, www. duke-street.com

Ein Fest für Freunde von Süßigkeiten ist die Theke im Archie Browns.

Der kornische »Yarg« Käse eignet sich bestens für ein Picknick in der Stadt.

Loe Beach Café. Nicht viel mehr als eine kleine Hütte mit ein paar Bänken davor ist das Loe Beach Café. Jeden Tag stehen drei Fisch-Specials und ein klassisches Familienessen auf der Karte (Eier, Pommes, Burger). Der Service ist jung und freundlich. Hier treffen sich sowohl Einheimische als auch Gäste. Feock, Tel. 01872/86 44 33, www.loe beach.co.uk

Old Grammar School. Das hippste »Hangout« in Truro hat wohl auch die besten Cocktails weit und breit. Nur feinste Spirituosen werden für die Mixgetränke verwendet, dazu serviert die Old Grammar School leckere Tapas. Aufgrund der Preise (ab 6 Pfund pro Cocktail) verschlägt es zwar erst Leute ab ca. 30 hierher, trotzdem ist die Bar sehr trendy und jung geblieben. 19 St. Mary's Street, Truro, Tel. 01872/27 85 59, www.theoldgrammar school.com

Saffron. Rustikale Einrichtung und Dekoration und ein kleiner Gastraum prägen das Saffron. Allerdings täuscht das über die Kochgewohnheiten hinweg: jung und trendy sind die Köche hier unterwegs. Die Speisekarte ist sehr kurz, dafür aber auch genau an die jeweilige Saison angepasst. Zutaten wie geräucherte Forelle aus Cornwall, Clotted Cream von Rodda, Krabben aus Helford, Tee-Eis vom Tregothnan Estate und Kalbsfleisch aus Bocaddon lassen einem das Wasser im Mund zusammenlaufen. 5 Quay Street, Truro. Tel. 01872/26 37 71, www.saffronrestauranttruro.co.uk

ÜBERNACHTEN

Donning Guesthouse. Traditionell und liebevoll eingerichtete Gästezimmer in einem alten viktorianischen Haus. Ein Vorteil der Lage: Man geht unter fünf Minuten zum Bahnhof. Preislich kommt man mit Frühstück nicht über 30 Pfund pro Person. 41/42 Treyew Road, Truro, Tel. 01872/22 25 52, www.donnington-guesthouse.co.uk

Mannings Hotel. Das coolste Hotel in Truro liegt auch noch direkt im Stadtzentrum. Schicke neun Appartements warten nur auf den Bezug durch schicke junge Leute. Für einen Absacker nach einem Tag in der Stadt bietet sich auch die atmosphärische Bar im Eingangsbereich an. Eine bessere und schönere Übernachtungsmöglichkeit findet man in Truro nicht. Zusätzlich sind die Kosten bei rund 100 Pfund für ein Doppelzimmer mit Frühstück noch human. Lemon Street, Truro. Tel. 01872/27 03 45, www.manningshotels.co.uk

Antiquitätenläden boomen in Englands Südwesten.

Souvenir gefällig? Auch Truro hat diesbezüglich einiges zu bieten.

The Bay Tree. Ein typisches altmodisches Bed and Breakfast mit großartigem Frühstück. Wer ein paar Nächte bleiben möchte, ist hier sehr gut aufgehoben, denn das Doppelzimmer kostet nur 55 Pfund pro Nacht mit Frühstück. 28 Ferris Town, Truro, Tel. 01872/24 02 74, www.baytree-guesthouse.co.uk

Tregye Farm House. Modern ausgestattete Zimmer, sogar mit eigener Nespresso-Maschine und äußerst freundlichen und hilfsbereiten Gastgebern. Hier passt einfach alles. Am liebsten würde man in dieser schicken Unterkunft mit kostenlosem WLan und Flachbildfernseher länger bleiben. Da dies anderen Gästen genauso sehen: Rechtzeitig reservieren wird empfohlen! Tregye Road, Come to Good, Tel. 01872/86 31 62, www.tregyefarmhouse.co.uk

16 Roseland Peninsula
Abgeschiedenheit pur

Jenseits des Flusses von Falmouth in Richtung Westen befindet sich die einsame und naturbelassene Halbinsel Roseland. Sie verlockt nicht nur mit reizvollen Badeplätzen, üppig grünen Feldern und ursprünglichen Dörfern wie St. Just in Roseland oder St. Mawes, sondern auch mit eindrucksvollen Leuchttürmen und den so typischen schwarzen, steilen Granitklippen, die immerzu von Wind und Meer umtost werden.

Südlich von Truro liegt ein einzigartiges Stück naturbelassene Landschaft, die einerseits vom Meer, andererseits vom Fluss Fal begrenzt wird: die Halbinsel Roseland. Der Name kommt übrigens wie so viele nicht aus dem Englischen, sondern leitet sich vom kornischen Wort »Rosinis« für Moorinsel ab. Schon die Künstler Max Ernst, Roland Penrose oder Lee Miller haben gerne hier ihren Urlaub verbracht. Wer die Halbinsel besuchen möchte, kann dies von Trelissick aus mit der »King Harry Ferry« tun: Das seit fast 100 Jahren beliebteste Transportmittel befördert sowohl Fußgänger als auch Autos nach Roseland. Auch von Falmouth kann man eine Fähre hierher nehmen, die dann in St. Mawes, der bekanntesten Stadt auf der Halbinsel, anlegt.

Bilderbuchdörfchen

St. Mawes ist zugleich die größte Stadt von Roseland. Sie befindet sich direkt an der Mündung des Flusses Fal und wirkt mit ihrem Jachthafen, ihrer auffallend subtropischen Vegetation und den weißen, schmucken Häusern wie eine Stadt an der Riviera. Besonders zu empfehlen sind die Lamorran

Mitte: St. Mawes ist eines der schönsten Dörfer im Südwesten.
Unten: Eindrucksvolles Fort am Fluss Fal.

Roseland Peninsula

House Gardens: Etwas oberhalb des Dorfes gelegen, verbreitet dieser Privatgarten mediterranes Flair, und vom Hanggarten aus genießt man grandiose Ausblicke über die Bucht. Eine weitere Sehenswürdigkeit ist das St. Mawes Castle. Es hat die Form eines Kleeblattes und wurde im Auftrag von Henry VIII. als Teil der Verteidigungslinie von Englands Süden erbaut. Im Gegensatz zu vielen ähnlichen Bauten zeichnet sich dieser als eine Meisterleistung der Verteidigungstechnik aus und ist noch immer schön anzusehen.

Doch das ist nicht die einzige Verbindung, die Roseland zum Militär hatte: Vor dem »D-Day« wurden die amerikanischen Soldaten im Jahr 1944 in den Flussarmen der Fal stationiert und warteten auf ihren Einsatz in der Normandie. Etwas nördlich von St. Mawes liegt St. Just in Roseland, das erstens eine traumhafte Lage mit Blick auf den Fluss und zweitens eine schmucke Kirche aufzuweisen hat. Die Kirche und der dazugehörige Friedhof sind deswegen so besonders, weil sie komplett mit Rhododendren, Wildblumen und Eiben umwachsen sind. Glaubt man dem Autor John Betjeman, darf man sich diese Kirche auf keinen Fall entgehen lassen: »Für viele Leute ist das der schönste Kirchenvorplatz der Erde.«

Baden und Wandern

Die stillen Ecken von Cornwall haben sich hier zu einem Wunderland vereinigt, dessen romantische Äcker, kleinen Wäldchen und kaum besuchte Meeresarme perfekt sind zum Baden und Wandern. Mit der »Place Ferry« geht es von St. Mawes wahlweise zum St. Anthony's Head, der charakteristischen Landspitze mit ihrem gestreiften Leuchtturm und den Überbleibseln einer Geschützbatterie aus dem Zweiten Weltkrieg, oder zu den Stränden Little Molunan und Great Molunan.

Infos und Adressen

ANREISE

King Harry Ferry. Tel. 01872/8623 12/1916, 5 Pfund/Auto, Fußgänger kostenlos. www.kingharrys cornwall.co.uk

St. Malwes Ferry. Ganzjährig tgl. Verbindungen von Falmouth nach St. Mawes, Tel. 01872 861910, www.falriver.co.uk

AUSFLÜGE

Place Ferry. Alle 30 Minuten von St. Mawes zum St. Anthony's Head und zu den Stränden Little Molunan und Great Molunan. Tel. 01872/861910.

ESSEN UND TRINKEN

Ralph's. Pasties, Brot und ganz in der Nähe frisch gefangener Fisch stehen hier zum Verkauf und Verzehr. The Square, Portscatho, Tel. 01872/580702.

Roseland Inn. Traditionelles Pub mit eigener Brauerei. Das Essen ist klasse, vor allem der Reis-Pudding. Philleigh in Roseland, Tel. 01872/580254, www.roselandinn.co.uk

SEHENSWÜRDIGKEITEN

St. Mawes Castle. Tel. 01326/270526.

ÜBERNACHTEN

Hotel Tresanton. Teuer, aber wunderschön ist das Tresanton in St. Mawes. Sowohl das Restaurant als auch die Zimmer lassen keine Wünsche offen. 27 Lower Castle Road, St. Mawes, Tel. 01326/270055, www.tresanton.com

Rosevine. Dieses Appartementhaus hat sich speziell an die Bedürfnisse von Familien mit Kindern angepasst. Portscatho, Tel. 01872/580206, www.rosevine.co.uk

Eine einsame Kiefer trotzt der rauen Brise, der die Roseland Peninusla das ganze Jahr über umtost.

17 St. Austell
Auf den zweiten Blick

St. Austell ist wahrhaftig nicht die schönste Stadt Cornwalls. Trotzdem hat es einige interessante Winkel zu bieten, die vielleicht erst auf den zweiten Blick besonders sein können. Ein klarer Vorteil: die »Wohnstadt« eignet sich gut als Ausgangspunkt für Rad-, Wander- und Entdeckungstouren.

Schon beim Durchfahren sieht man, dass dies eine echte Stadt ist, frei von touristisch animierten Bauten oder Aktionen. Hier wohnen und leben normale kornische Bürger, und gerade deswegen strahlt St. Austell seinen ungetrübten, unverfälschten Charme aus. Einen Schönheitswettbewerb wird der größte Ort der Gegend, der sowohl Einkaufs- als auch Geschäftszentrum ist, trotzdem nicht gewinnen, obwohl in den letzten Jahren viel Geld in die Sanierung der Innenstadt gesteckt wurde und sie inzwischen wirklich schon vorzeigbar ist. Normale Cornwall-Touristen lassen St. Austell gerne aus, das sollte man umso mehr als Grund nehmen, hier einmal vorbeizuschauen. Hier sieht man das »echte« Cornwall unserer Zeit, denn es geht hier auf jeden Fall sehr relaxt und bodenständig zu.

Für Cineasten

Im Stadtzentrum wurde für 75 Millionen Pfund das White River Place Project errichtet. 2009 eröffnet, beherbergt es das neueste und modernste Kino Cornwalls und ein Einkaufszentrum, das leider keine allzu speziellen Shops hat. Die Stadt ist bei Weitem nicht so nostalgisch wie andere Orte in Cornwall, hat aber eine kunsthistorisch recht interessante Kirche zu bieten, die in die Höhe gebaute Holy Trinity Church. Eigentlich stand an ihrem

Mitte: Die Natwest Bank in St. Austell ist komplett rot bemalt.
Unten: St. Austell ist hauptsächlich Wohnstadt, nur wenige Touristen »verirren« sich hierher.

Platz einst eine normannische Kirche, von der man noch immer einige Relikte bestaunen kann. Das heutige Gebäude wurde im 15. Jahrhundert errichtet. Alle vier Innenwände sind mit Skulpturengruppen verziert: Die Nord-, Süd- und Ostwand wird jeweils von den zwölf Aposteln bevölkert. Über dem Altar erkennt man die heilige Dreifaltigkeit und darunter den auferstandenen Christus zwischen zwei Heiligen im Westen. Der markanteste Teil der Kirche, der Turm, wurde zwischen 1478 und 1487 gebaut.

Von der Porzellanerde geprägt

Seit dem 18. Jahrhundert ist St. Austell mit Umgebung eines der Zentren des Porzellanerdeabbaus. Porzellanerde wird heute noch in der Papierindustrie und zur Herstellung von Farben bzw. in der Medizin verwendet. Überall in der direkten Umgebung der Stadt gibt es Kaolingruben. Vom Hafen von St. Austell, von Charlestown aus, wurde das Kaolin in die Welt verschifft. Die historischen Schiffe sind teilweise sehr spannend. Da der Hafen selbst sehr attraktiv ist, diente er schon für zahlreiche Filmproduktionen als Kulisse. Sowohl Blockbuster als auch Historienfilme fanden hier das passende Ambiente.

Ein Stück Hafengeschichte

Zur Geschichte des Hafens gibt es auch ein Museum. Das Charlestown Shipwreck & Heritage Centre zeigt eine Sammlung aus verschiedensten Gegenständen, die allesamt aus Wracks geborgen wurden. Darunter befindet sich von Musketen über Münzen bis zu Walrossbeinschnitzereien beinahe alles, was auf Schiffen mitgeführt werden kann. Highlights sind sicherlich die Fundstücke von der »Titanic« und ihrem Schwesterschiff »Lusitania«.

AUTORENTIPP!

DIE GÄRTEN HABEN SICH WIEDER GEFUNDEN

Wenn die Kornen Tim Smit nicht hätten, dann wären sie um zwei Attraktionen ärmer. Noch bevor er das »Eden Project« in Angriff nahm, wagte er sich an die Lost Gardens of Heligan. Im 19. Jahrhundert war an diesem Ort der Sitz der Tremaynes, die einen der größten Landschaftsgärten Englands pflegten. Allerdings wurden sowohl das Personal als auch der Garten Opfer des Ersten Weltkriegs: Der Großteil der Gärtner wurde getötet, und der Garten verfiel somit komplett. Es musste beinahe ein Jahrhundert vergehen, bis er wieder zur alten Pracht zurückfand. Bei einem Spaziergang kommt man heute an einer Feengrotte, einer Mud Maid, dem »versunkenen Tal« mit Palmen und Dschungelpflanzen und vielerlei subtropischer Vegetation vorbei.

Lost Gardens of Heligan, Pentewan. Tel. 01726/84 51 00, Öffnungszeiten: März bis Oktober 10–18 Uhr, November bis Februar 10–17 Uhr, www.heligan.com

Das Bier aus Cornwall

Egal, wo man in Cornwall hinkommt, man muss schon großes Pech haben, um im Pub nicht ein Bier aus der St. Austell Brewery auf der Karte zu finden. Echte Ales wie das Tribute, das Tinner's oder auch das Proper Job werden hier gebraut. Im Besucherzentrum kann man an interaktiven Führungen teilnehmen. Eine solche Tour durch das Brauhaus aus der viktorianischen Zeit gestaltet sich sehr interessant, und die Besucher erhalten einen fundierten Einblick in die verschiedenen Einzelprozesse der Bierherstellung. Zusätzlich wird auf die gesamte Geschichte der Pub-Kultur in England eingegangen. Dabei konzentriert sich die St. Austell Brewery nicht nur auf ihr Hauptthema, das Bier, sondern liefert auch Informationen über Wein und Hochprozentiges. Und ein Porträt der Familien, die hinter der Entwicklung der Pub-Kultur steckten, darf dabei natürlich ebenfalls nicht fehlen. Das absolute Highlight bei einem Besuch hier ist und bleibt allerdings die geführte Tour durch die historische Brauerei – wer hier mitmacht, darf für sein Eintrittsgeld auch noch ein Pint verkosten.

MAL EHRLICH

AUF DIE INNEREN WERTE KOMMT ES AN

Na klar, man fährt nach Cornwall, um das Meer zu sehen, Fisch zu essen und an Stränden spazieren zu gehen. Allerdings darf man dabei nicht vergessen, dass auch das Landesinnere einiges zu bieten hat. Viele Besucher blenden die Orte ohne Meerzugang regelrecht aus ihrem Programm aus. Dabei ist vor allem die ehemalige Hauptstadt (!) Cornwalls, Lostwithiel, ein echtes Schmankerl. Die Stadt glänzt vor allem als Zentrum für Antiquitäten und hat im Gesamten eine stimmige Bausubstanz, die von einer schönen Kirche gekrönt wird. Also: einmal weg vom Meer und hinein ins Land!

Oben: Lostwithiel war früher einmal die Hauptstadt Cornwalls.
Mitte: Eine wahre Freude ist es, durch die Lost Gardens of Heligan zu spazieren.
Unten: Typisch für Cornwall: die mediterrane Vegetation.

Infos und Adressen

ESSEN UND TRINKEN

The Llawnroc Restaurant & Hotel. Sowohl Restaurant als auch Zimmer sind im teureren Segment anzusiedeln. Allerdings bekommt man hier auch die entsprechende Qualität. Feinste Küche mit kornischem Einschlag und luxuriöse Zimmer mit den wohl bequemsten Betten weit und breit. Chute Lane, Gorran Haven, St. Austell, Tel. 01726/84 34 61, www.thellawnrochotel.co.uk

Wreckers. Als sicherlich attraktivstem Restaurant im Charlestown Harbour gibt es hier oft viel für die Kellner zu tun. Trotzdem ist der Service sehr bemüht und freundlich, auch wenn man zu Mittag kein Menü, sondern nur einen Kaffee oder Kleinigkeiten bestellt. Bei Hauptgerichten kann man sich jedenfalls auf große Portionen und vor allem auf frische Meeresfrüchte freuen. The Old Boatshed, Charlestown Harbour, St. Austell, Tel. 01726/879 05 30.

SEHENSWÜRDIGKEITEN

Caerhays Castle. Im Frühling kann man eine Tour in den wunderschönen Gärten des Caerhays-Anwesens machen. Das Schloss selbst wurde von John Nash geplant. Im Garten wachsen Magnolien, Rhododendren, Kamillen und Azaleen –

Ein Bummel durch St. Austell ist weitaus ruhiger als im Rest der kornischen Städte.

ein Fest für Freunde englischer Gärten. Gorran, Garten geöffnet: Februar bis Mai von 10–17 Uhr, Tel. 01872/50 13 10, www.caerhays.co.uk

Charlestown Shipwreck & Heritage Centre. Tel. 01726/6 98 97, www.shipwreckcharlestown.com

Restormel. Ursprünglich aus der Normannenzeit, ist Restormel die am besten erhaltene Burg ihrer Art in ganz Großbritannien. Lostwithiel, Öffnungszeiten: Juli und August 10–18 Uhr, April bis Juni 10–17 Uhr, Oktober 10–16 Uhr, Tel. 01566/77 49 11, www.english-heritage.org.uk/restormel

St. Austell Brewery. Führung durch die historische Brauerei: 8 Pfund/Erw. 63 Trevarthian Road, St. Austell, Tel. 01726/6 60 22, www.staustellbrewery.co.uk

ÜBERNACHTEN

Cross Close House Bed & Breakfast. Günstiges und sehr freundliches B&B. West Taphouse, Lostwithiel, Tel. 01579/32 02 55. www.cornwall-online.co.uk/cross-close

Ein Pause beim Spaziergang durch die Lost Gardens of Heligan ist ein wahrer Augenschmaus.

18 Eden Project
Das größte Gewächshaus der Welt

Das Eden Project hat sehr hohe Besucherzahlen und ist oft ziemlich überlaufen. Trotzdem sollte man es bei einer Cornwall-Reise nicht auslassen. Viel Rummel wird um dieses in einem ehemaligen Kaolinkrater erbaute Projekt gemacht, dementsprechend groß ist der Trubel. Dennoch findet hier vom Schulkind bis zur pflanzenbegeisterten Oma jeder Inspiration, Faszination – und das alles mit nachhaltigem Charakter.

Schon auf dem Parkplatz des Eden Project steht der Besucher vor der ersten Herausforderung: Die einzelnen Plätze sind nicht wie üblich mit Zahlen oder Buchstaben markiert, sondern mit Früchten. Wer das nicht weiß, behält sie nicht im Gedächtnis und hat dann, nach der Besichtigung, viele Stunden später, Probleme, wieder zur richtigen Frucht zurückzufinden. Deshalb: Gleich am Anfang sich die Frucht merken, dann hat man am Ende keine Probleme, zum Auto zurückzufinden.

Der Visionär

Zwei der größten Touristenattraktionen des Landes verdanken ihre Existenz einem Mann namens Tim Smit. Der ehemalige Plattenproduzent nahm zuerst das Schicksal der Lost Gardens of Heligan in die Hand und begann dann seine Vision für die ehemalige Kaolingrube bei Lostwithiel umzusetzen. Sein Plan ging auf: Die drei größten Gewächshäuser der Welt wurden auf kornischem Boden errichtet und sorgen Jahr für Jahr für Millionen von Besuchern. Die globalen Biotope sind in eine mediterrane und tropische Zone eingeteilt: Einer-

Mitte: Zwei Klimazonen wurden in Südwestengland nachgebaut.
Unten: Im Eden Project wachsen Ananassträucher, Bananen oder andere tropische Gewächse.

seits herrscht das richtige Klima für das Gedeihen von Olivenbäumen, Rosmarin, Kakteen, Zitronenbäumen, Weinstöcken, Aloe und anderen Mittelmeerpflanzen, andererseits wurden die Luftfeuchtigkeit und die Temperatur so eingestellt, dass Bananenbäume, Ananaspflanzen, Riesenfarne und Palmen in den Biomen wachsen können. Durch diese Vielfalt kam die im Jahr 2001 eröffnete Anlage zu ihrer heutigen Bekanntheit.

Fibonacci und seine Zahlen

Im Informationszentrum kann man sich das Herzstück der Anlage ansehen: ein auf dem grundlegenden mathematischen Bauplan der Natur basierendes Abbild der Fibonacci-Zahlenfolge in Form einer großen steinernen Statue. Tim Smit und sein Team haben damals keine Kosten und Mühen gescheut, um dieses ehrgeizige Projekt über die Bühne zu bringen. Heute steht das eiförmige Steingebilde in einem sehr hohen Raum und ist durch seine Gleichmäßigkeit beeindruckend.

Herstellung des »Core«

Wie viele Hebel für seine Entstehung in Bewegung gesetzt werden mussten, wird allerdings erst ersichtlich, wenn man sich den Film zur Herstellung dieses »Core« ansieht. Und wenn wir schon bei Zahlen sind: Das gesamte Projekt inklusive der Biome kostete 76 Millionen Pfund.

Die Ausmaße sind nicht minder beeindruckend. Das Grundstück ist 15 Hektar groß und befindet sich in einer 60 Meter tiefen Grube. Die Stahlkonstruktionen der insgesamt drei Biome sind mit sechseckigen Kunststoffblasen gefüllt, die sonnendurchlässiger agieren als Glas. In das große, tropische Biom würde beispielsweise der London Tower ohne Probleme hineinpassen.

GEWUSST WIE

Beim ersten Mal mag man das System etwas verwirrend finden, nach dem das große Café im Hauptgebäude »The Core« aufgebaut ist. In Jo's Café funktioniert die Sache mit dem Bedienen nämlich ein wenig anders: Zuerst wählt der Gast aus den einladend arrangierten köstlicher Speisen (inklusive veganer und vegetarischer Kost), was er gerne hätte, und holt sich mit der Tasse, die über jedem Sitzplatz hängt, den Saft seiner Wahl. Der große Unterschied zu anderen Cafés: Niemand schreibt mit, wie viel man nimmt oder was man trinkt – und am Ende des Besuches sagt der Gast der Bedienung an der Kasse einfach, was er konsumiert hat.

Die Grundprinzipien hier heißen also Ehrlichkeit und Vertrauen. Klingt utopisch? Ein wenig, scheint aber bestens zu funktionieren!

Zahlreiche kreative Gastronomie-Ideen machen den Tag im Eden Project zum Erlebnis.

Nachhaltig und umweltbewusst

Ein großer Anspruch des Projekts ist es, den Besuchern klarzumachen, dass jede Form von nachhaltigem Denken einen positiven Effekt auf die Umwelt haben kann. Selbstverständlich geht das Eden Project hier mit gutem Beispiel voran und nutzt Regenwasser für die Toilettenanlagen, recycelt Verpackungen und bezieht Strom aus nachhaltigen Energiequellen.

Im Freien gedeihen hier allerlei Pflanzen, darunter Wildblumen oder Küchenpflanzen, die in ganz England wachsen. So wird den Besuchern ein Gefühl dafür vermittelt, was einheimisch ist und was aus welcher Region eingeführt werden muss. Auch unterstreichen Schaukästen und erlebnisorientierte Exponate, was jeder Einzelne tun kann, um die Umwelt zu schützen. Das Eden Project bietet außerdem das ganze Jahr über Extraveranstaltungen: Im Sommer wird ein Zirkuszelt aufgebaut, in dem regelmäßig Konzerte und andere Veranstaltungen von mehr oder weniger großen Künstlern beziehungsweise Theater- oder Akrobatikaufführungen stattfinden, im Winter verbreitet eine Eisenbahn weihnachtliche Stimmung und manchmal schneit es sogar!

Oben: Kaum zu glauben, aber im tropischen Gewächshaus kommt man richtig ins Schwitzen.
Mitte: Das größte Glashaus der Welt ist unweit von St. Austell zu finden.
Unten: Ein Besuch im Eden Project ist für Kinder und Erwachsene ein Erlebnis.

MAL EHRLICH

MUSS ES IMMER DAS AUTO SEIN?

Natürlich nicht! Vor allem, wenn man sich schon zu einem Ort begibt, der sich seiner Nachhaltigkeit und seines Umweltbewusstseins rühmt. Denn – und das wissen leider viel zu wenige – Green Buses fahren von vielen der nahen Städte zum Eden Project. Noch besser ist es, zu Fuß oder mit dem Rad zu kommen. Denn dann bekommt man sein Ticket um 4 Pfund ermäßigt. Nicht mit dem Auto zu fahren, ist hier also eine Alternative, die auch belohnt wird!

Infos und Adressen

ESSEN UND TRINKEN

Im Eden Project gibt es nicht nur Jo's Café, sondern eine Vielzahl an Verpflegungsmöglichkeiten. Jede hat ihre eigene Geschichte zu erzählen, allerdings basieren alle auf dem grundsätzlich gleichen Konzept: Die Köche versuchen, wo es möglich ist, regionale, saisonale Zutaten zu verwenden, die im Idealfall aus biologischem Anbau kommen. Produkte wie Kaffee oder Tee sind allesamt fair gehandelt. Außerdem gibt es überall frisches, gesundes Essen, das auch auf Vegetarier, Veganer und Menschen, die sich glutenfrei ernähren, Rücksicht nimmt. Damit die Entscheidung, wo es hingehen soll, leichter fällt, hier eine kurze Auflistung:

Bluff. Gleich neben der Brücke werden Eis und Eintöpfe serviert. Wie das zusammenpasst, muss jeder selbst herausfinden.

Link Building. Im Verbindungsgebäude zwischen den beiden Biomen befindet sich die Eden Bakery, wo von 9.30–11.30 Uhr Frühstück auf den Tisch kommt: Hier ist Kreativität gefragt, denn man kann aus verschiedenen Müslis, frischem Brot und Croissants das eigene Lieblingsfrühstück zusammenstellen. Ab 12 Uhr mittags duftet es nach Pizza, Bruschetta, Tarts, Salaten, Torten, all das kann man mit heißen oder kalten Getränken kombinieren.

Ein Pferd aus Treibhaus ist nur eine der vielen Skulpturen im Eden Project.

Keine Kosten und Mühen wurden beim Bau des Eden Projects gescheut.

Mediterranes Biome. Fantastische mediterrane Speisen wie Tapas oder auch frische Paella kann man hier genießen, und wer mag, bekommt auch noch den passenden Wein dazu. Zum Nachtisch kommen Früchte, hausgemachte Limonade und Eiscreme auf den Tisch.

Visitor Centre. Hier gibt es Sandwiches, Pasties, Torten sowie heiße und kalte Getränke, außerdem von Montag bis Donnerstag den ganzen Tag lang Frühstück.

SEHENSWÜRDIGKEITEN

Eden Project. Bodelva, Tel. 01726/81 19 11, Öffnungszeiten: April bis Oktober 10–18 Uhr, November bis März 10–16.30 Uhr, www.edenproject.com

19 Fowey
Die Perle der kornischen Riviera

Daphne du Mauriers Heimatstadt hat sich vom Fischerdorf und Schmugglernest zu einer der schönsten Hafenstädte Cornwalls gemausert. Heute ist die Stadt am Fluss Fowey Treffpunkt für schicke Segler auf teuren Jachten, Literaturfans auf den Spuren von du Mauriers Romanen und Urlaubern, die schlicht und einfach das Ambiente genießen.

Dort, wo sich der Fluss Fowey aus dem Bodmin-Moor kommend ins Meer ergießt, liegt die Stadt Fowey. 2200 Einwohner zählt die Stadt, an deren Aussprache man sofort erkennen kann, ob der Sprecher ein Kenner Südwestenglands ist. Denn wer es richtig ausspricht, sagt »Foy«. Adrett, auf einer relativ steilen Erhöhung erbaut, sind die pastellfarbenen Häuser der – wie man so schön sagt – Südküstenschwester Padstows. Sowohl vom Aussehen her als auch aufgrund der großen Auswahl an schmucken Restaurants und netten Brasserien sind sich die zwei Küstenstädte sehr ähnlich.

Die kobaltblaue Hafenbucht ist stets geprägt von weißen, sich unter den Wellen wiegenden Segel-boot-masten. Nicht umsonst ist Fowey gemeinhin als das Segelzentrum im Südwesten bekannt, und auch die Auswahl an Geschäften in der Stadt hat sich sehr auf die segelnde Zielgruppe konzentriert. Spannend ist es vor allem, wenn die Regattawoche (in Fowey meist Mitte August) ansteht, denn dann sind noch mehr Leute als sonst unterwegs – und die Stimmung ist fröhlich und gelockert. Tagsüber sieht man viele bunte Segel am Fluss und abends gibt es als Krönung des fulminanten Schauspiels ein Feuerwerk.

Mitte: The Galleon Inn in Fowey ist eines der typischen englischen Pubs.
Unten: Talland Bay Beach macht richtig Urlaubsstimmung.

In Fowey unterwegs

Fowey wirkt als Ensemble: Die die Steigung hoch-kletternden Häuschen in Hellblau, Cremegelb oder Eierschalenfarben sind umringt von subtropischen Palmen und gepflegten Gärten auf den abgestuften Terrassen. Es ist ein Erlebnis, durch die engen, kopfsteingepflasterten Gässchen in Richtung Hafen zu spazieren, immer die kreischenden Möwen im Ohr, die hier besonders laut zu sein scheinen. Jedes Geschäft, jedes Café und jedes Restaurant ist von einer Aura umgeben, die förmlich »Urlaubs-stimmung« ruft.

Die St.-Finbarrus-Kirche aus dem 15. Jahrhundert stellt das südliche Ende des in England wohlbe-kannten Saint's Way dar. Dieser Wanderweg verläuft von Fowey querfeldein bis nach Padstow. Wer von hier in östliche Richtung geht, kommt über kurz oder lang – je nachdem, wie viel Zeit die Steigung kostet – zur Readymoney Cove und der dazugehörigen Festung aus Tudorzeiten, St. Cathe-rine's Castle. Von hier aus genießt man einen be-eindruckenden Blick über die Flussmündung und die Siedlungen Fowey und Polruan mit all den winzig wirkenden Schiffen dazwischen.

Geschichtliches

Fowey gehörte schon früh zur Verteidigungskette des britischen Festlandes, das gegen die katholische Invasion von Gegnern wie Spaniern oder Franzo-sen errichtet wurde. Der Reichtum des Ortes kam aber hauptsächlich vom Export der Porzellanerde (Kaolin), die in den Gruben rund um St. Austell abgebaut wurde. So war Fowey bereits im 16. Jahr-hundert eine recht bedeutende Hafenstadt. Doch schon davor hatte es bei Seefahrern den Ruf eines Seeräubernestes: Im Mittelalter plünderten Piraten aus Fowey viele französische und spanische Schiffe.

AUTORENTIPP!

WUNDERSCHÖNER SPAZIERGANG

Der gemeinhin als Hall Walk bekannte, sieben Kilometer lange Spaziergang bietet durchweg eine sehr romantische Atmosphäre und teils pittoreske Blicke aufs Wasser. Wer ihn geht, sollte sich einen ganzen Tag Zeit nehmen. Eigentlich wurde der Weg für eine einflussreiche kor-nische Familie aus dem 13. Jahrhun-dert eingerichtet, heute wandern hier alle, die auf der Suche nach dem ur-sprünglichen Cornwall sind. Der Weg beginnt in Polruan (das Dorf auf der anderen Seite des Flusses), wo man zuerst die West Street nimmt, um dann die East Street hinaufzugehen. Dort wandert man bis zu einem Tor und folgt hier dem Schild »To the hills«. Nach den Stufen geht es links auf einem schmalen Pfad weiter. Schon kommt man zu Pont Pill, das ideal für eine Rast ist. Dann den Schildern nach bis Pont und immer weiter den Pfad entlang, bis man zu einem Gatter an einem Feld kommt. Bald erreicht man das »Q«-Memorial auf dem Penleath Point. Von hier aus nach links weiter, schon kommt man nach Bodinnick, von wo aus die Fähre zurück nach Polruan geht.

Vielleicht liegt es an der Romantik von Foweys Vorgeschichte, vielleicht hat der Ort aber auch durch seine ganz besonders schöne Struktur immer viele Literaten angelockt und inspiriert – jedenfalls kann man die Stadt in der Tat als »literarisches Zentrum« Cornwalls bezeichnen.

Sowohl die unbekannteren Schriftsteller Kenneth Grahame (*The Wind in the Willows*) und Cambridge-Professor Sir Arthur Quiller-Couch (*Oxford Book of English Verse*) wohnten hier, als auch die spätestens seit den Hitchcock-Verfilmungen bekannte Autorin Daphne du Maurier (1907 bis 1989). Sie zog mit ihrer Mutter in den 1920er-Jahren her und lebte lange in dem blau-weißen Haus Ferryside, wo sie ihren Roman *Geist der Liebe* schrieb. Später zog sie in die Nähe von Menabilly Barton. Weitere Bücher, die sie hier oder über die Gegend verfasst hat, sind *Rebecca* und *Jamaica Inn*.

Rund um Fowey

Die Südküste rund um die Segelzentrale ist geprägt von kleinen geschützten Buchten, die man wie durch ein Wunder oft für sich alleine hat. Hauptgrund dafür ist, dass man sie nicht direkt mit dem Auto anfahren kann, sondern in einem respektvollen Abstand parkt (dort, wo die Straße endet) und den Rest zu Fuß geht. Generell bietet die Gegend um Fowey eine riesige Vielfalt: von wilden Surfstränden inklusive Swell bis zu typischen Familienstränden mit Sandburgbaufaktor. Um von Fowey ans andere Ufer nach Polruan zu kommen, nimmt man am einfachsten die Fußgängerfähre für ein Pfund pro Fahrt, bei Bodinnik fährt sogar eine Autofähre (1,80 Pfund pro Fahrzeug). Eine sehr beliebte Wassersportart in Fowey ist das Kajaken. Mit Fowey River Expeditions kann der Fluss erkundet werden.

Oben: Der Hauptplatz von Fowey liegt – wie sollte es auch anders sein – direkt am Meer.
Mitte: Spezialladen für Cornish Fudge in Fowey
Unten: Fowey ist ein beliebter Ort für Segler und gehobeneres Klientel.

Infos und Adressen

INFORMATION

Tourist Information. 5 South Street, Fowey,
Tel. 01726/83 36 16, www.fowey.co.uk

AKTIVITÄTEN

Fowey River Expeditions. 17 Passage Street,
Tel. 01726/83 36 27, www.foweyexpeditions.co.uk

FESTIVALS

Seit 1997 findet jedes Jahr in Fowey und St. Austell
das Du Maurier Festival statt. Komplett unterstützt
von den Nachfahren der Schriftstellerin Daphne
du Maurier steht Fowey dann ganz im Zeichen
der Literatur und Kunst. Menschen aus aller Welt
kommen hierher, um den Ort kennenzulernen, an
dem sich du Maurier inspiriert fühlte. Sie lernen
die Gegend bei geführten Wanderungen, Boots-
fahrten oder auch Gartentouren kennen. Außerdem
wird jedes Mal ein Festival Village in der Fowey
Hall eingerichtet. Die Aufführungen, die jedes Jahr
variieren, finden im Festival-Marquee oder dem
kleineren Du Maurier Theatre statt. Jahr für Jahr
zieht das Festival Autoren, Studenten, Gelehrte
und andere Persönlichkeiten nach Fowey. Mehr
Informationen gibt es unter: www.dumaurier
festival.co.uk

ÜBERNACHTEN

St. Keverne. Hier stehen das Daphne Du Maurier
oder der Hollywood Room zur Wahl, beide sind
günstig. Außerdem wird die Gastfreundschaft hier
großgeschrieben. 4 Daglands Road, Fowey,
Tel. 01726/83 31 64.

ESSEN UND TRINKEN

Dwelling House. Perfekt für den Nachmittagstee
eignet sich dieser kleine, aber feine Teeraum:
Vor allem die Torten und Kuchen sind zum Nieder-
knien. Ein Muss auch für Cupcake-Freunde, denn
diese werden hier auf einer richtigen altmodischen Etagere präsentiert. 6 Fore Street, Fowey,
Tel. 01726/83 36 62, www.thedwellinghouse.co.uk

Pink Murphey's Café. Auf den ersten Blick verströmt diese Café eine bunte, unaufgeräumte
Hippie-Atmosphäre, doch hat man sich erst einmal
an die Farbenfülle des buntesten Cafés Foweys
gewöhnt, fängt es an, zu gefallen. Genauso wie
der gute Kaffee und die köstlichen Kuchen.
19 North Street, Fowey, Tel. 01726/83 25 12.

Restaurant Q. Mit stetem Blick aufs Wasser
bietet das Restaurant des Hotels Old Quay House
wirklich sagenhaft gute, aber auch ebenso teure
Speisen an. Das Hotel ist eines der schönsten
Boutique-Hotels in ganz Cornwall und hat vor zehn
wunderschön gestaltete Räume. In den Gängen
findet sich moderne Kunst und auf jedem Level
gibt es einen Computer, den die Gäste benutzen
können. 28 Fore Street, Tel. 01726/83 33 02,
www.theoldquayhouse.com

Das Haus von Daphne du Maurier steht
in Bodinnick.

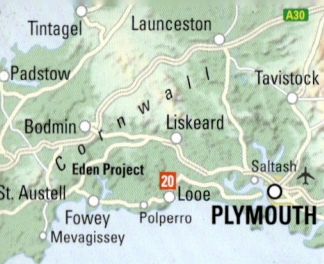

20 Looe & Looe Island
Frischester Fisch

Eine der kulinarischen Geheimtipps in Süd-westengland ist eindeutig Looe: Hier wird jede Menge frischer Fisch gefangen, den man in der Markthalle ab sechs Uhr früh kaufen kann. Kein Wunder, dass sich hier einige der besten Restaurants der Gegend angesiedelt haben. Selbst im fernen London lassen sich die Gäste des Star-Kochs Gordon Ramsey Looe-Fisch auf der Zunge zergehen!

Looe spaltet sich in zwei Hälften: Zum einen ist da das belebtere East Looe mit einem reizenden alten Stadtkern, engen Gassen, mittelalterlichen Häusern, gepflasterten Straßen und einem relativ großen Strand. Und zum anderen gibt es West Looe, das mit nur wenigen Geschäften und einer Vielzahl an Wohnhäusern eher einen Ruhepol darstellt. Verbunden sind die zwei durch eine Fußgänger-fähre und, ein bisschen weiter im Landesinneren, durch eine Autobrücke. Zusammen ergeben sie eines der wichtigsten Fischereizentren Englands. Von hier aus wird Fisch nach ganz England, in Teile Frankreichs und sogar nach Los Angeles verschifft. Starkoch Gordon Ramsey in London setzt zum Bei-spiel auf seine tägliche Lieferung Fisch aus Looe.

Fangfrisch

Nirgendwo ist Fisch frischer als hier. Die Fischkutter sind nicht so groß wie in Newlyn und kommen deswegen jeden Tag zurück in den Hafen, um ihre Fracht loszuwerden. Das bedeutet, dass der Fisch, den man hier bekommt, wirklich absolut fangfrisch ist. Davon kann man wiederum auf zwei Arten profitieren: Entweder man genießt den frischen Fisch in einem der guten Lokale der Stadt wie dem

Mitte: Looe ist in zwei Hälften geteilt.
Unten: Frischeren Fisch als in Looe bekommt man nirgendwo in England.

»Trawlers«. Oder man begleitet die Fischer aufs offene Meer hinaus, um dort frische Seeluft zu schnuppern und sich auf Fischfang zu begeben. Da in den letzten 25 Jahren rund 90 000 Haie aus dem Wasser gezogen wurden, kann man hier sein Glück beim Abenteuer-Fischfang versuchen. Wer nicht den Mut oder die Motivation aufbringt, einen Hai zu fangen, kann sich auch auf Makrelen konzentrieren. Einfach am Hafen bei einem der zahlreichen Fischer nachfragen! Von der regen Fischkultur zeugt auch der Fischmarkt. Dem quirligen Treiben können »Earlybirds« beiwohnen, wenn sie sich gegen sechs Uhr früh am Kai einfinden. Ein Tipp für Fischfreunde ist auch »Pengelly's Fishmonger«, ebenfalls am Kai gelegen, wo es beste Fischsnacks gibt. Die Damen beraten einen gerne, welche kornischen Fischarten man unbedingt probiert haben soll und wie man diese am besten zubereitet.

Die Naturschönheit

Zwei Kilometer von Looe entfernt befindet sich Looe Island, das auch unter dem Namen St. George's Island bekannt ist. Dort gibt es zwar weder Verkehr noch Geschäfte oder Straßen, aber trotzdem ist die Insel eines der beliebtesten Ausflugsziele der Region. Das neun Hektar große Naturschutzgebiet war im 12. Jahrhundert zuerst Heimat von Benediktinermönchen, wurde dann aber mehr und mehr als Schmugglerversteck genutzt, bis Zollbeamte auf die Insel zogen. Deren Haus ist heute noch das größte auf der Insel. Im Jahr 1965 kamen die zwei Schwestern Babs und Evelyn Atkins hierher und sorgten dafür, dass die Insel zum Naturschutzgebiet wurde. Nach beider Tod wurde die Insel vom Cornwall Wildlife Trust übernommen, der die Besucherzahlen beschränkte. Die Boote der Firma »Islander« fahren zwischen Mai und September vom Kai aus auf die Insel.

DER FISCH-HIMMEL

Das »Trawlers« am Kai ist zwar längst kein Geheimtipp mehr, allerdings sollte man, wenn man schon in der Gegend ist, unbedingt hier essen. In einer eigentlich für ihr rustikales Fast Food à la Fish & Chips verschrienen Stadt ist dieses Haus Balsam für die Seele. Der junge Koch hat sein Handwerk in Frankreich gelernt und verwendet ausschließlich frischesten Fisch für seine Kreationen. Und die schmecken nicht nur hervorragend, sondern sehen auch noch aus wie echte kleine Kunstwerke. Zur Mittagszeit ist im »Trawlers« meist wenig los und man bekommt spezielle, günstigere Mittagsmenüs. Das alles wird begleitet von selbst gebackenem Brot in wunderschönem maritimem Ambiente. Ein Erlebnis, das man gerne weiterempfiehlt.

Trawlers. Quay East Looe, Tel. 01503/26 35 93, www.trawlersrestaurant.co.uk

Oben: Looe ist ein Fischerdorf, wie es im Buche steht.
Mitte: Früh übt sich, wer einmal ein guter Segler werden will.
Unten: Der Looe River spaltet das Dorf in zwei Hälften.

Die vergessene Halbinsel

Viele Besucher vergessen bei ihrer Reise durch Cornwall die Rame Peninsula südwestlich von Plymouth, da sie von den meisten Reiseführern einfach ignoriert wird. Deswegen ist sie noch heute eines der unberührtesten Fleckchen in ganz Cornwall und somit perfekt, um den Touristenströmen für eine Weile zu entfliehen. Neben den üblichen Beschäftigungen wie Wandern oder Radfahren, die man natürlich auch hier bestens praktizieren kann, gibt es zwei Sehenswürdigkeiten. Die eine ist das Antony House, dessen Garten im 18. Jahrhundert vom Gartenarchitekten Humphrey Repton gestaltet wurde. Das Anwesen wurde nicht zuletzt wegen der eigenartigen Form seiner Schnitthecken als Kulisse für den Film »Alice im Wunderland« mit Johnny Depp und von dem Regisseur Tim Burton verwendet. Im Haus selbst lebt die Familie Carew Pole, die über die Jahre schöne Gemälde, Textilien und Möbel gesammelt haben. Im Woodland Garden gedeihen Rhododenren, Azalen, Magnolien und Kamillen. Und auch das denkmalgeschützte Herrenhaus Mount Edgcumbe lohnt einen Besuch.

MAL EHRLICH

AUF DEN ZWEITEN BLICK

Looe eignet sich sicherlich perfekt als Urlaubsort. Vor allem für Kinder ist der Strand direkt vor der Haustüre und die kurzen Wege zu den Spieleautomaten natürlich toll. Allerdings darf man dabei nicht vergessen, dass zwar viel dafür getan wurde, den Strand zu vergrößern, etwa durch in die Felsen gehauene Steinterrassen. Dennoch sind immer viel zu viele Leute am Strand. An warmen Sommertagen bekommt man fast keinen Platz. Außerdem ist er einer der am meisten verschmutzten in ganz England. Tipp: Auf den nahen Hannafore Beach westlich von Looe ausweichen, der leerer und sauberer ist.

Infos und Adressen

INFORMATION

Tourist Information Centre. The Guildhall, Fore Street, Looe, Tel. 01503/26 20 72, www.looe cornwall.com

ESSEN UND TRINKEN

Purely Cornish. Die große Vielfalt, die Cornwall an Produkten zu bieten hat, fällt einem spätestens in diesem Delikatessenladen auf. Hier kann man sich mit Geschenkkörben oder einzelnen Leckereien aus der direkten Umgebung eindecken. Buller Street, Tel. 01503/26 26 80, www.purely cornish.co.uk

Talland Bay Beach Café. Scheinbar abgeschieden von der Welt in der Talland Bay, östlich von Polperro, hat das Café doch alles zu bieten, was man sich für einen Nachmittagskaffee wünscht: Guten Kaffee und Tee, Scones, Torten, und für die Hungrigen auch Krabben-Sandwiches. Für die Kleinen gibt es Roskilly's Eis. Talland, Tel. 01503/27 27 43, www.talland baybeachcafe.co.uk

SEHENSWÜRDIGKEITEN

Antony House. Tel. 01752/81 21 91, Öffnungszeiten: Di–Do und So 12–17 Uhr.

Mount Edgcumbe. Tel. 01752/82 22 36, Öffnungszeiten Haus: 3. April bis 29. September So bis Do 11–16.30 Uhr. Öffnungszeiten Park: ganzjährig tgl. 8 Uhr bis Sonnenuntergang, www.mountedgcumbe.gov.uk

ÜBERNACHTEN

Barclay House. Das erste Hotel am Platz. Allerdings kann es dem einen oder anderen vielleicht zu klassisch und traditionell sein. Hier fühlt man sich wie in einem Agatha-Christie-Roman. Die Möbel sind allesamt Antiquitäten, und der Ausblick über die Bucht von Looe ist einmalig. Im Restaurant bekommt man die Speisen eines der besten Köche des Südwestens serviert. Man sollte also unbedingt auch einmal im Hotel bleiben, um zu essen. Als Alternative werden Lodges für Familien vermietet. St. Martins Road, East Looe, Tel. 01503/26 29 29, www.barclayhouse.co.uk

Das Old Sail Loft Restaurant trägt wunderschönen Blumenschmuck.

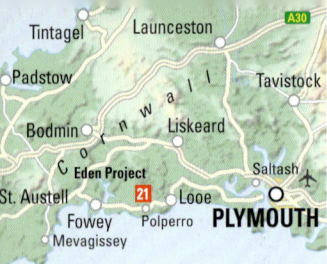

21 Polperro
Schmugglerhochburg

Wenn Schmuggeln irgendwo auf den Gipfel getrieben wurde, dann rund um Polperro. Hier lebten die Menschen früher oft nur davon, Waren unverzollt weiterzuverkaufen. Dementsprechend verführerisch geheim und romantisch wirkt Polperro auf den Besucher. Die kleinen, uralten Häuser scheinen fast so, als wären sie selbst gerissene Schlitzohren, und die geheimen Türen zu versteckten Gängen sind nie weit. Wer mit Piraten auf Tuchfühlung gehen will, ist hier genau richtig.

Der kleine, malerische Ort liegt am Fluss Pol und ist mit seinen kleinen, weißen, dicht gedrängten Fischerhäusern eines der beliebtesten Ziele für Touristen, die nach Cornwall kommen. Ein Glück für Polperro, denn die traditionelle Fischerei bringt heute nicht mehr das Geld ein, das die Menschen zum Leben brauchen. So leben die Einwohner in einer Art Hass-Liebe mit den Besuchern, die zwar einerseits das Dorf tagsüber überlaufen, dafür aber auch die Existenz vieler Einheimischer sichern. Wenn man einmal die paar Meter vom etwas außerhalb liegenden Parkplatz zum Zentrum des Dorfes gegangen ist, weiß man auch, warum es so gehypt wird. Die kleinen, bunten Fischerboote hängen an ihren farbenfrohen Bojen im wunderschön geformten Hafenbecken und drumherum versammeln sich frech die Häuser von Polperro.

Die Schmugglerhauptstadt

Im ein paar Kilometer westlich von Looe gelegenen Polperro gab es Zeiten, in denen fast die gesamte Bevölkerung in den Schmuggel mit kontinentalen Gütern verwickelt war. Obwohl Strafen vom Ge-

Mitte: Polperro ist ein altes Schmugglernest, das auf Besucher besonders attraktiv wirkt.
Unten: Polperro lädt förmlich zur Erkundungstour ein.

fängnis bis hin zum Galgen drohten, gruben die Schmuggler unterirdische Gänge zu Verstecken zwischen den Felsen. Selbst die Zollbeamten profitierten vom Schmuggel: Wenn man sie am Gewinn teilhaben ließ, drückten sie gerne mal ein Auge zu. So kam jeder auf seine Kosten. Einst begann der Arbeitsalltag für einen Teil der Bevölkerung Polperros erst, wenn es Nacht wurde. Denn dann fuhren sie mit ihren Booten hinaus aufs Meer, um später mit Säcken voller Stoff, Wolle, Salz und Schnaps zurückzukehren. Der Spuk war während des 19. Jahrhunderts vorbei, als eine noch strengere Strafverfolgung durchgeführt wurde. Außerdem wurden die Straßennetze ausgebaut, und zusätzlich trat im Jahr 1856 das Küstenschutzgesetz in Kraft. Dies übertrug die Bewachung der Küsten an die strenge Admiralität. Ein weiterer Grund, warum das Schmuggeln abnahm, war sicherlich auch die Tatsache, dass die Zölle auf alkoholische Getränke gesenkt wurden.

South West Coast Path

Viele wissen nicht, dass der South West Coast Path eigentlich den Schmugglern zu verdanken ist. Die Zöllner brauchten im 17. Jahrhundert eine Abkürzung an Land, um den Schmugglern auf ihren Booten den Weg abzuschneiden. So wurden die Pfade direkt an der Küste angelegt. Heute werden sie vom National Trust gepflegt und sind daher immer in bestem Zustand.

Die Piraten und Schmuggler aus dieser Region waren auch während der Kriege berüchtigt. Denn sie konzentrierten sich nicht nur auf die Bergung von Schmugglerware aus den an den Küsten zerschellten Schiffen, sondern sie kaperten sowohl während des Hundertjährigen Krieges als auch in den Napoleonischen Kriegen zahlreiche fremde Schiffe im Ärmelkanal.

Von den Klippen überblickt man das ganze Dorf.

Oben: Von den Häuschen im Dorf ist eines hübscher als das andere.
Mitte: In Polperro stehen zahlreiche B & Bs für Gäste bereit.
Unten: Polperro hat sich seinen urtümlichen Charme bewahrt.
Seite 132: Dieses malerische Mühlrad ist nicht mehr in Betrieb.

Originales Schmugglerdorf

Hält man sich in den Sommermonaten in Cornwall auf, sollte man versuchen, erst relativ spät am Tag nach Polperro zu fahren. Dann sind die Touristenbusse vom überdimensionierten Parkplatz schon abgefahren. Schafft man das nicht, ist Polperro leider in der Hauptsaison hoffnungslos überlaufen, und sein Funke kann eigentlich nur schwer auf den Besucher überspringen. Teilt man aber Polperro mit nur einer Handvoll anderer Besucher, ist es wahrscheinlich einer der schönsten Flecken Cornwalls. Die schmalen Schmugglerhäuschen ragen oft windschief in die schmalen Gassen hinein. Im Hafen tummeln sich ein paar Fischer, die es hauptsächlich auf Sardinen abgesehen haben. In solchen Momenten kann man die ruhige Stimmung dieses im Grunde genommen ursprünglichen Dorfes genießen.

Auf nach Polruan

Empfehlenswert ist der Weg von Polperro nach Polruan, der sich zauberhaft unberührt vor dem Wanderer ausbreitet. Der Ausblick aufs Meer und die Fülle an Naturschönheiten, die er bereithält, sind kaum zu übertreffen. Das fand wahrscheinlich auch schon der Maler Oskar Kokoschka, der sich Polperro während des Zweiten Weltkriegs als Schlupfwinkel vor der deutschen Luftwaffe aussuchte; hier besuchte ihn auch seine ehemalige Schülerin Hilde Goldschmidt. Anscheinend hat Polperro eine ähnliche Wirkung auf Künstler wie St. Ives oder Newlyn, denn nicht umsonst gibt es hier außergewöhnlich viele Künstlergalerien, in Relation zur Einwohnerzahl. Man kann getrost einen ganzen Tag damit verbringen, eine Galerie nach der anderen abzuklappern, und vielleicht kehrt man dann ja auch mit ein paar Kunstwerken mehr nach Hause zurück.

Von Polperro nach Looe und zurück

Dauer: rund 6 Std.
Start/Ziel: Parkplatz in Polperro

Auf diesem Rundweg kann man sowohl in Polperro als auch in Looe etwas essen. Außerdem gibt es am Badestrand Talland ein Mini-Café.

Start ist am Parkplatz von Polperro. Von hier läuft man nach Polperro und weiter in östlicher Richtung an der Küste entlang, immer dem South West Coast Path folgend, bis man die Talland Bay erreicht, von der aus die kleine Insel Dunker Rock zu sehen ist. Nach zwei weiteren Stunden auf dem Küstenpfad sind die ersten Häuser von Looe zu sehen. Dort angekommen, muss man sich entscheiden: Entweder man nimmt die Fußgängerfähre zum anderen Ufer oder die Autobrücke. Egal welchen Weg man wählt, weiter geht es am Ende von Looe; vom Parkplatz den Schildern Richtung Watergate folgen.

Vom kleinen Watergate folgt man der Straße wieder zurück gen Süden. Bald überquert man die Straße, die Polperro und Looe verbindet, und geht weiter, bis ein Campingplatz zu sehen ist. Immer weiter gen Süden wird bald Talland erreicht, wo man die letzten paar Kilometer wieder auf dem gleichen Pfad zurückgeht, der einen hergebracht hat.

Wer den Hafen von Looe erreicht hat, hat die Hälfte des Rundwegs schon erfolgreich gemeistert.

131

Infos und Adressen

ESSEN UND TRINKEN

The Blue Peter Inn. Wenn man einen beliebigen Einwohner Polperros fragt, was sein Lieblingspub ist, wird er sicherlich das »Blue Peter« nennen. Nimmt man im Pub Platz, scheint es, als würde man in einem Fischrumpf sitzen. Abends findet man vom Rib-Eye-Steak über Krabbencocktails bis hin zu Curry nach Art von Goa eine breit gefächerte Auswahl an Gerichten, die über typisches Pub Food hinausgeht. Quay Road, Polperro, Tel. 01503/27 27 43, www.thebluepeter.co.uk

Das Meer ist in Polperro nicht weit und sorgt für Abkühlung an heißen Tagen.

ÜBERNACHTEN

Botelet. Rustikale Farben prägen dieses Bed and Breakfast, dessen Einrichtung aussieht wie aus einer Zeitschrift für Inneneinrichtung. Zum Frühstück gibt es gesunde Kost. Herodsfoot, Tel. 01503/22 02 25, www.botelet.com

The Cottage Bed and Breakfast. Gleich wie Polperro selbst, setzt auch dieses Haus auf die Bewahrung der alten Bausubstanz. So sind die Zimmer teilweise schief und in jedem sieht man hölzerne Halterungen, die das Haus in Form halten. Das Ganze wurde mit etwas modernerer Einrichtung aufgepeppt, die wahrscheinlich nicht jedermanns Geschmack ist. Sauberkeit, Service und Frühstück sind allesamt perfekt. The Coombes, Polperro, Tel. 01503/27 22 17, www.polperro bedandbreakfast.co.uk

Vom Parkplatz bringt die Besucher ein Bus direkt ins »Zentrum«.

Der Plantation Tea Room serviert köstliche Scones.

CORNWALLS NORDEN

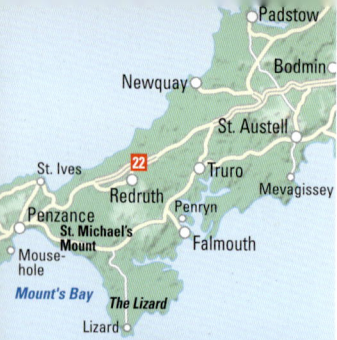

22 Redruth
Die Bergarbeiter-Hochburg

Schon vor 1000 Jahren befand sich zwischen den Städtchen Hayle und Redruth das Zentrum der kornischen Minenindustrie. Zinn und Kupfer bestimmten das Leben der Menschen in der Region. Die Krise der Minenindustrie und die Schließung der letzten Mine in den 1990er-Jahren bedeuteten schwere Einbußen für die Bevölkerung. Doch sowohl Redruth als auch Camborne blicken inzwischen wieder optimistisch in die Zukunft.

Als South Crofty, die letzte Mine in Cornwall, in den späten 1990er-Jahren geschlossen wurde, standen erneut Hunderte Menschen auf der Straße. Heute ist ein großes Graffiti auf die Wände der ehemaligen Mine gesprüht, das sich auf den Text eines Folk-Songs von Robert Bryants bezieht: »Well, Cornish lads are fishermen/ And Cornish lads are miners too/ But when the fish and tin are gone/ What are the Cornish boys to do?«. Frei übersetzt: »Kornische Männer sind Fischer, und sie sind auch Minenarbeiter. Aber wenn es keinen Fisch und kein Zinn mehr gibt, was sollen die kornischen Burschen dann tun?« Zinn wurde zwar nicht bis zur Erschöpfung abgebaut. Allerdings fanden sich in Übersee größere Vorkommen und billigere Arbeiter, sodass der Industriezweig, auf dem Cornwalls Wirtschaft teilweise beruhte, obsolet wurde.

Eine Stadt im Kommen

Was im restlichen Cornwall schon gang und gäbe ist, dauert hier noch ein bisschen. Die Starköche, die Erneuerer und Weltverbesserer haben Redruth noch nicht erreicht. Allerdings ist einiges in Planung. Die 60 Kilometer lange Strecke des

Vorangehende Doppelseite:
Ein wahres Naturspektakel: die Bedruthan Steps.
Mitte: Das Denkmal eines Zinn-Minen-Arbeiters in der Fußgängerzone in Redruth.
Unten: Redruth war einst eine der wichtigsten Zinnabbaustädte.

Mineral-Tramway-Projekts schließt die gesamte Region ein. Das Projekt ermöglicht es, auf den Schienen, die einst für den Zinntransport genutzt wurden, zu wandern, zu walken oder mit dem Rad zu fahren. Auch zwei Minen wurden inzwischen für Besucher geöffnet. Die King Edward Mine ist gleichzeitig ein lebendiges Museum und einer der letzten komplett intakten Minenkomplexe. Die geführten Touren sind wirklich interessant. Außerdem befindet sich hier der Ausgangspunkt für die oben genannten Mineral Tramways. Auf einem Rundgang in der Innenstadt von Redruth sieht man zwar einige alte, durchaus sehenswerte Häuser. Die Stadt gewinnt aber nicht gerade durch die leer stehenden Gebäude.

Ein Stück Industrialisierung

Hautnah kann man die Geschichte des Zinnabbaus mit allen Maschinen und Erfindungen im »Cornish Mines & Engines Museum« in East Pool erleben. Man gelangt zwar auf relativ unspektakulärem Weg hierher, nämlich über einen Parkplatz. Dafür wartet hier aber eines der historisch wichtigsten Besucherzentren im einstigen Herzen der Minenindustrie.

Drinnen kann man einen Blick auf die dampfbetriebene Pumpe werfen, die hier 1797 erstmals in dieser Art von Richard Trevithick konstruiert wurde. Weniger erfolgreich waren seine Kollegen, die Erfinder Woolf und Bruston. Sie erfanden ein »laufendes Pferd«. Bei der Präsentation starben 13 Menschen, weil die Maschine überraschend explodierte. Das Museum zeigt außerdem einen Film, in dem die Bergbaugeschichte aus einem heroischen Blickwinkel präsentiert wird. Denn auch wenn man es heute kaum glauben mag: Die Gegend um Redruth war einmal die wichtigste Wirtschaftsregion der gesamten Gegend.

Infos und Adressen

ESSEN UND TRINKEN

Melting Pot. Frische Salate, kreative Tagesgerichte und nicht zuletzt die köstlichen Torten hier machen glücklich. West Park, Tel. 07915/25 27 57, www.themeltingpotcafe.co.uk

Berrymans Bäckerei. Für ein echtes kornisches Pasty ist immer die richtige Zeit. Warum nicht gleich eines in einem der ehemaligen Zentren des Bergbaus probieren? Alle Zutaten, die bei Berrymans in die Pasties kommen, werden in der Region erzeugt. Pednandrea, Redruth, Tel. 01209/21 55 34, www.cornish -pasty.co.uk

SEHENSWÜRDIGKEITEN

Carn Brea. Der eher selten besuchte, etwas westlich von Redruth gelegene Aussichtspunkt bietet einen Blick über die Gegend vor der Penwith-Halbinsel.

Cornish Mines & Engines Museum. East Pool bei Redruth, Tel. 01209/ 31 50 27. Öffnungszeiten: April bis November Mi–Mo 11–17 Uhr, 6 Pfund/Pers., www.nationaltrust. co.uk/oast-pool-mine

King Edward Mine. Camborne, Tel. 01209/61 46 81, www.king edwardmine.co.uk

ÜBERNACHTEN

Penventon Park Hotel. Epochal und gepflegt, so thront das Penventon Park Hotel im West End von Redruth. Der nette Service und die Tatsache, dass es schon seit 40 Jahren von derselben Familie geleitet wird, machen es zu einer wirklich besonderen Unterkunft. West End, Redruth, Tel. 01209/20 30 00, www.pen venton.co.uk

Mitte: Morgens um 7 Uhr ist Newquay noch fast menschenleer.
Unten: Surfer haben ihre größte Freude am Fistral Beach.

23 Newquay
Das Surfzentrum

Früher drehte sich hier alles um Sardinen und bis vor Kurzem dann nur ums Saufen. In jüngster Zeit aber geht es fast nur noch ums Surfen. Newquay hat seinen Fokus oft geändert. Nun scheint es endlich auf dem richtigen Weg zu sein. Das beweisen nicht zuletzt die vielen guten Hotels und Restaurants in der Umgebung, von denen eines niemand Geringerem als Starkoch Jamie Oliver gehört.

Dass Newquay vor nur rund 100 Jahren noch ein verschlafenes Fischerdorf gewesen ist, erkennt man höchstens noch am kleinen Fischereihafen und dem Huer's Hut, den letzten Überbleibseln der Fischindustrie. Besucht man Letztere, hat man wirklich einen schönen Blick über die Bucht und kann sich gut vorstellen, wie hier einst der Hewer (Schreier) stand und das Meer nach Fischschwärmen absuchte. Die Sardinenschwärme verfärbten das Wasser. Sobald einer gesichtet wurde, schrie der Hewer den Fischern unten im Hafen eine Nachricht zu, damit sie zum großen Fang aufbrechen konnten. Und die Beute war wirklich groß! Allein im Jahr 1868 fingen die Fischer von Newquay rund 16,5 Millionen Sardinen! Doch mit dem Bau der Eisenbahn trat das ein, was für einen Ort mit einer solchen Vielzahl an Stränden (elf an der Zahl!) eigentlich nur logisch ist: Langsam aber sicher entwickelte sich Newquay zum Touristenzentrum. Die goldenen Sandstrände, die sich alle nur einen Steinwurf von der Stadt und den Hotels entfernt befinden, locken bis heute Urlauber nach Newquay. Diesen Stränden hat Newquay es auch zu verdanken, dass es sich in kürzester Zeit zum größten Seebad Cornwalls mauserte. Das hätte sich im Jahr 1439 niemand träumen lassen. Damals wurde im Auftrag des Bischofs von Exeter ein neuer Kai errichtet, damit auch Segelschiffe hier problemlos anlegen konnten. Diesem »Newe Keye« hat Newquay auch seinen Namen zu verdanken. Davor hieß es nämlich »Towan Blystra«, was so viel wie »sandiger Hügel« bedeutet.

Rasante Entwicklung

Nach dem Anschluss an die Eisenbahnlinie dauerte es nur wenige Jahrzehnte, bis Newquay aus allen Nähten platzte. Die einstige Einwohnerzahl von 1000 stieg auf 15000 an. Die gesamte Küste wurde mit Ferienhäusern und Hotels zugepflastert. Mittlerweile kommen pro Jahr rund eine Million Menschen nach Newquay. Im Frühling und Herbst sind es Pensionisten, im Sommer hauptsächlich Surfer und partyhungrige Jugendliche. Newquay wurde zum Partyzentrum sowie zum Mekka für Junggesellenabschiede und dergleichen. In der Hochsaison floss der Alkohol in Strömen. Doch im Jahr 2009 ereignete sich etwas, das viele in Newquay aufrüttelte: Zwei stark alkoholisierte Jugendliche stürzten unabhängig voneinander von den Klippen. Protestaktionen gegen Alkoholkonsum in zu jugendlichem Alter bewirkten daraufhin, dass sich vieles änderte. Heute ist Newquay auf einem positiven Weg. Die Spaßgesellschaft kommt zwar nach wie vor gerne hierher, allerdings stehen heute der Wassersport und vor allem das Surfen im Vordergrund.

Surfen in Newquay

Einer der besten und bekanntesten Surfstrände von Cornwall ist Newquays Fistral Beach. Dort ist alles auf die Bedürfnisse der Surfer ausgerichtet: Es gibt Surfshops und Sportgeschäfte, die auch Surfboards verleihen, und natürlich Surfschulen. Höhere Wellen als hier findet man so schnell nirgendwo in Europa.

RAU, ABER WUNDERSCHÖN

Wer die Bedruthan Steps und ihre raue Gewalt noch nicht gesehen hat, kann nicht mitreden: Diese Felsen sind wirklich etwas ganz Besonderes. Die zerklüfteten Granitbrocken stellen jeden anderen Küstenabschnitt in den Schatten. Dieser Ort ist wunderschön – doch gleichzeitig auch sehr gefährlich, denn Teile der Felsen können unter der gewaltigen Kraft des Meeres abbrechen oder unterspült werden. Somit ist stets Vorsicht geboten. Keinesfalls sollte man sich direkt unter und auch nicht auf einem der Felsen aufhalten.

So imposante Orte wie dieser sind meist mit einer legendären Geschichte verbunden, und die der Bedruthan Steps beruht auf einem Riesen namens Bedruthan. Dieser soll diese »Stufen« einst benutzt haben, um an Land zu schreiten.

Oben: Von der Parkanlage oberhalb der Towan Beach sieht man schön auf das Atlantic Hotel.
Mitte: Das Headland Hotel und der Golfplatz von Newquay liegen nah beieinander.
Unten: Am Fistral Beach herrschen beste Bedingungen für Surfanfänger.

In Newquay werden übrigens auch jedes Jahr die nationalen Surfmeisterschaften abgehalten, die Boardmasters. Wer nicht wellenreiten möchte, kann sein Glück entweder mit dem Bodyboard versuchen oder einfach nur schwimmen gehen. Allerdings sollte man dabei nie die Kraft der Wellen außer Acht lassen. Und wegen der niedrigen Wassertemperaturen, die fast nie über 16 Grad steigen, ist auch ein Neoprenanzug wärmstens zu empfehlen.

Zum Baden geeignet sind vor allem die Newquay Bay oder die weitläufige, von Klippen eingerahmte Watergate Bay. Hier befindet sich auch Jamie Olivers Restaurant Fifteen. Weitere hübsche Strände zum Schwimmen sind Tolcarne und Towan, die aber in den Sommermonaten meistens hoffnungslos überlaufen sind. Weniger stark frequentiert sind Porth oder Lusty Glaze, die etwas weiter östlich liegen. Wer es noch einsamer möchte, kann entweder nach Crantock fahren, wo gleich hinter den Dünen der Fluss Gannel vorbeifließt, oder nach Holywell Bay. Dieser Strand zeichnet sich durch besonders feinen Sand aus.

Lange Surfsaison

Die Saison für Surfer beginnt meistens im März. Dann, wenn die ersten Sonnenstrahlen des Frühjahrs kaum den Boden erwärmen, sieht man sie barfuß und im Neoprenanzug durch die Straßen von Newquay spazieren, natürlich stets mit dem obligatorischen Surfbrett unter dem Arm. Zusätzlich zum Surfen entstehen hier fast jedes Jahr neue Trendsportarten. Allein in den letzten Jahren wurden Abseilen, Kajakfahren, Kitesurfen oder auch Coasteering zum Trend. Letzteres ist eine Mischung zwischen Bergsteigen und Tauchen: Zuerst klettert man im Neoprenanzug auf die Klippen Klippen, die rund um Newquay zahlreich

Stadtrundgang

Ⓐ Touristeninformation – In der Touristeninformation in der Marcus Hill Road kann man sich mit Prospekten und genaueren Stadtkarten von Newquay und auch mit Karten für die Umgebung eindecken.

Ⓑ Fistral Beach – Englands berühmtester Surfstrand ist ein Dauertreffpunkt der jungen Surferszene. Hier gibt es in einem recht großen, aber doch netten Strandhaus einige Surfshops, ein Café und ein Restaurant.

Ⓒ Headland Hotel – Ein sehr beeindruckendes und fotogenes rotes Hotel, das den Fistral Beach überblickt. Hier kann man sehr gut essen und erlebt garantiert ein Geschmackserlebnis.

Ⓓ Huer's Hut – Einst beobachteten die Menschen von hier aus das Meer und hielten nach Sardinenschwärmen Ausschau. Sobald sie einen ausgemacht hatten, informierten sie die Fischer im Hafen, die dann ausrückten, um sich die reiche Beute zu holen.

Ⓔ Newquay – Der relativ kleine Hafen von Newquay vermittelt ein Gefühl dafür, welche geringen Ausmaße Newquay hatte, als es noch ein bescheidenes Fischerdorf war. Von hier aus hat man einen schönen Blick auf die Küste mit ihren vielen weißen Sandstränden.

Ⓕ Blue Reef Aquarium – Hier kann man die Geheimnisse des Meeres entdecken. Vor allem für Kinder ist dieses Aquarium sehr interessant.

Ⓖ Great Western Beach – Ein Strand, der sich für einen spontanen Badetag eignet, da man von der Ortsmitte auf kürzestem Wege hieher gelangt. Auch zum Abschluss dieses Rundgangs kann man sich hier nochmals in die Fluten stürzen.

AUTORENTIPP!

NEWQUAY MIT KINDERN

Newquay ist im Grunde genommen ein perfekter Ort für einen Urlaub mit Kindern. Einerseits sprechen die vielen Strände dafür, die man mühelos zu Fuß erreichen kann. Sie verfügen zudem meistens über Toilettenanlagen und Cafés. Andererseits gibt es auch für die Schlechtwettertage etwas zu erleben. An erster Stelle natürlich das Blue Reef Aquarium, wo die Kleinen die Fische und anderes Meeresgetier hautnah erleben und zum Teil sogar anfassen können. Des Weiteren kann man im Newquay Zoo Pinguinen, Katzenbären oder Faultieren über die Schulter schauen oder in der Dairyland Farm World Tiere wie Ziegen oder Ponys streicheln.

Newquay Zoo
Tel. 01637/87 33 42.
www.newquayzoo.co.uk

Dairyland Farm World
Tel. 01637/51 02 46.
www.dairylandfarmworld.com

zu finden sind, danach springt man von dort aus beherzt ins kalte Nass. Ein beliebter Anbieter dieser und anderer Adrenalin ausschüttender Aktivitäten ist die Extreme Academy.

Die Alternative für Regentage

Eine Sehenswürdigkeit, die sich diesen Namen wirklich verdient hat, ist das Blue Reef Aquarium. Mitten im Ort gelegen, hält es viele maritime Überraschungen für Kinder und Erwachsene bereit. Am beeindruckendsten ist sicherlich der moderne Unterwassertunnel, wo man quasi unter einem mit Fischen gefüllten Pool hindurchgehen kann. So bekommt man tatsächlich das Gefühl, mitten in die bunte Vielfalt der Meereswelt eingetaucht zu sein. Vor allem für Kinder ist das Aquarium ein magischer Ort, an dem sie viel lernen und sich stundenlang mit den Meeresbewohnern beschäftigen können.

MAL EHRLICH

VORSICHT IST DIE MUTTER DER PORZELLANKISTE!
Natürlich sind die Bedruthan Steps eine Top-Attraktion. Allerdings sind sie nicht ohne Grund von November bis Februar gesperrt, denn dann weht in Cornwall die steifste Brise. Es kann aber durchaus auch in den übrigen Monaten des Jahres zu gefährlichen und unberechenbaren Situationen kommen. Daher ist unbedingt davon abzuraten, sich der Handvoll Surfer anzuschließen, die sich sogar hier in die Fluten wagen. An diesem Ort ist Vorsicht geboten, selbst wenn man nur ganz normal über den Strand spazieren geht und nicht einmal ins Wasser springt – das sollte man wegen der Strömungen und der Gewalt des Wassers übrigens in jedem Fall vermeiden! Bei Flut verschwindet fast der gesamte Strand. Ein wirklich ernst gemeinter Rat: die Bedruthan Steps nur mit äußerster Vorsicht genießen!

Infos und Adressen

INFORMATION
Newquay Tourist Office. Marcus Hill,
Tel. 01637/85 40 20, www.newquay.co.uk

AKTIVITÄTEN
Fistral Surf School. Tel. 01792/36 03 70,
www.fistralsurfschool.co.uk

Boardmasters. www.relentlessboardmasters.com

Extreme Academy. Watergate Bay, Tel. 01637/
86 05 43, www.watergatebay.co.uk/extreme
academy.htm

ESSEN UND TRINKEN
Fifteen Cornwall. Das Erfolgskonzept kann
fast nur von einem stammen: Jamie Oliver unterstützt mit seinen »Fifteen«-Restaurants die Region
gleich zweifach. Erstens beschäftigt er 21 Jugendliche aus der Umgebung, die er zu guten Köchen
ausbildet. Zweitens kommen 80 Prozent der ver-
wendeten Zutaten aus der direkten Umgebung.
Das Lokal würde nicht Olivers Handschrift tragen,
hätten die meisten Gerichte keinen italienischen
Touch. So bekommt man hier bestes Risotto, köstliche Pastagerichte und Polenta zu gehobeneren,
aber gerechtfertigten Preisen. Watergate Bay, Tel.
01637/86 10 00, www.fifteencornwall.co.uk.

Fistral Blu. Schon viel bodenständiger ist das
»Fistral Blu« am gleichnamigen Strand. Hier gibt
es in der Cafeteria natürlich Kaffee, aber auch
Ben & Jerry's Eis und Fish & Chips. Ein Stockwerk
höher bekommt man Klassiker wie Surf & Turf und
Risotti. Alles in allem sehr entspannt und ange-
nehm. Fistral Beach, Headland Road, Newquay,
Tel. 01637/87 94 44, www.fistral-blu.co.uk

Café Irie. Im Stadtzentrum gelegen und ein beliebter Treffpunkt für junge Leute, vor allem für
Surfer. Vom Cornish Breakfast mit warmen Muffins
und Rührei bis zum hausgemachten Tageskuchen
ist hier alles köstlich. 38 Fore Street, Newquay,
Tel. 01637/85 92 00, www.cafeirie.co.uk

SEHENSWÜRDIGKEITEN
Blue Reef Aquarium. Towan Promenade,
Newquay, Öffnungszeiten: März bis Oktober
10–17 Uhr, November bis Februar 10–16 Uhr,
Tel. 01637/87 81 34, www.bluereefaquarium.co.uk

ÜBERNACHTEN
Scarlet. »Öko« und Luxus passen durchaus zusammen. Sogar hervorragend! Das beweist das
Scarlet Hotel, das wunderschönes Ambiente mit
nachhaltigem Denken vereint. Die Heizung funktioniert mit Biomasse, das Essen kommt aus biologischem Anbau und die anderen Vorschriften,
an die sich das »Scarlet« freiwillig hält, kann man
auf der Homepage nachlesen. Fest steht: Wer hier
übernachtet, kann ein Erlebnis mehr zum Cornwall-
Urlaub hinzuzählen. Tredragon Road, Mawgan Porth,
Tel. 01637/86 18 00, www.scarlethotel.co.uk

Hepworth Hotel. Ein nettes Haus mit gemütlich
eingerichteten Zimmern. Das Highlight ist zweifellos der Jacuzzi, dessen warmes Wasser Regentage zu etwas Wunderschönem macht. 27 Edgcumbe Avenue, Tel. 01637/87 36 86, www.hep
worthhotel.co.uk

Ein Zwischenstopp im »Silks Bistro« im Atlantik-
Hotel ist eine kulinarische Offenbarung.

Am Towan Beach gibt es eine Hängebrücke zur
Island of Rock, auf der nur ein einziges Haus steht.

24 Padstow
Padstow oder Padstein?

Für hervorragende Speisen und kesse kulinarische Kreationen ist Padstow eindeutig Cornwalls erste Adresse. Wie jede andere Hafenstadt lebte Padstow zwar früher vom Fischfang, allerdings entschied sich Starkoch Rick Stein, hier den ersten Schritt für sein Schlemmerimperium zu wagen. Mittlerweile besitzt er vier verschiedene Restaurants. Padstow entwickelte sich dank seiner internationalen Gäste zur kosmopolitischsten Ecke der Grafschaft und ist auf jeden Fall einen Besuch wert.

Seit 40 Jahren ist Padstow die Heimat von Rick Stein, der hier sein Gourmetimperium aufgebaut hat. Deswegen wird die Stadt von kornischen Einwohnern oft auch Padstein genannt. Stein achtet darauf, dass in seinen Restaurants vor allem regionale Erzeugnisse auf den Tisch kommen. Da er durch TV-Shows und Kochbücher im ganzen Land

Padstow ist das Feinschmecker-paradies schlechthin.

bekannt wurde, sind Padstows Besucherzahlen auch dementsprechend gestiegen. Zu seinen Restaurants gehört das Restaurant Seafood, in dem man nur mit einer enormen Portion Glück einen Tisch bekommt. Für gewöhnlich ist es schon Monate im Voraus ausgebucht. Das St. Patroc's Bistro ist in einem uralten Gebäude untergebracht und serviert schlichte Menüs mit spezieller Note. Des Weiteren gehören zu Steins Imperium noch ein Ferienhaus, ein Hotel, ein Café mit Patisserie (Landawell Street) sowie ein Souvenirgeschäft (Middle Street) und – wie könnte es anders sein – ein nobler Fish & Chips Laden (New Quay). Alle seine Ableger zeichnen sich aus durch guten Geschmack im Design und höchsten Qualitätsanspruch bezüglich Service und Zutaten.

Erfolg schlägt Wellen

Steins Einfluss breitet sich aus wie ein Virus. Seine Einstellung und das Vertrauen auf regionale Produkte infizierte auch andere, und so gilt er heute als Vorreiter für ein selbstbewusstes Cornwall, das seine Produkte schätzt und nichts mehr verstecken muss. Dabei ist Rick Stein eigentlich nicht aus der Branche. Ursprünglich studierte er Anglistik in Oxford und betrieb danach sowohl eine Diskothek als auch einen Nachtclub in Padstow. Beide floppten, und so er kam er auf den Fisch. Den bietet er noch heute in dem Meeresfrüchte-Restaurant an, das er in den 1970er-Jahren eröffnet hatte. Nach und nach hatte er immer mehr Erfolg damit. Inzwischen gilt er mit diesem Mekka für Fischfreunde als bestes Haus in England.

Ein Ort zum Verlieben

Viele kommen wegen Rick Stein nach Padstow, verlieben sich dann aber auch in die engen Gassen, die mittelalterlichen Häuser, die Edelboutiquen

DAS FEST AM 1. MAI

Das Fest, das die Bewohner Padstows jeden 1. Mai begehen, heißt eigentlich Hobby Horse (Steckenpferd). Allerdings sprechen die Menschen in dieser Gegend das H nicht aus, und so wird »'Obby-'Oss« daraus. Die Hauptfiguren sind dabei zwei als Pferd verkleidete Männer mit gruseligen Masken und weiten, wehenden Umhängen, die Jagd auf junge Mädchen machen. Das ganze Städtchen nimmt an diesem Spaß teil. Das Fest soll den Winter austreiben und geht wahrscheinlich auf einen alten heidnischen Fruchtbarkeitsbrauch zurück. Schon am letzten Apriltag kommen einige Menschen zu Mitternacht zum Pub Golden Lion, um dort die Ankunft des Sommers zu feiern. Wer sich dieses Spektakel nicht entgehen lassen möchte, sollte sein Zimmer möglichst frühzeitig buchen.

Das Trevose Head Lighthouse unweit von Padstow.

Oben: Die Bedruthan Steps sind vor allem bei Flut atemberaubend.
Mitte: Ein Blick über Padstow zeigt die Schönheit dieses Dorfes.
Unten: Der Lobster steht hier beinahe öfter auf der Speisekarte wie Huhn, Rind oder Schwein.

und schönen Strände. Vor allem am North und South Quay stehen wunderschöne Steinhäuser aus dem 16. Jahrhundert. Im Gegensatz zum benachbarten Newquay, das vielleicht landschaftlich reizvoller gelegen ist, ist Padstow einfach mit mehr Flair gesegnet. Die Einwohnerzahl liegt zwar offiziell nur bei 3162. Viele regelmäßige Gäste können allerdings nicht mehr auf das Städtchen verzichten und kauften sich hier eine Ferienwohnung oder ein Ferienhaus. Das macht die Gegend zu einer der teuersten Cornwalls und ließ die Immobilienpreise in den letzten Jahren um 150 Prozent steigen. Leider erleidet Padstow daher ein ähnliches Schicksal wie andere entzückende Hafenstädtchen: die vollkommene Belagerung durch Touristen in den Sommermonaten.

Radfahren leicht gemacht

Früher war der Camel Trail eine Eisenbahnnebenstrecke. John Betjeman widmete dem Streckenabschnitt zwischen Padstow und Bodmin ein Kapitel seiner Autobiografie *Summoned by Bells*. Doch in den 1960er-Jahren wurde die unrentable Nebenlinie stillgelegt. Mittlerweile hat sie jedoch einen neuen, sinnvollen Nutzen gefunden: Sie ist zu einem der beliebtesten Radwege der ganzen Grafschaft geworden.

Vor allem die Beschaffenheit der Strecke – sie hat weder große Steigungen noch sonstige größere Herausforderungen – macht sie sehr beliebt bei Radfahrern jeglichen Alters. Empfehlenswerte Teilstrecken führen unter anderem von Bodmin bis zur Poley's Bridge mitten im Moor (29,5 Kilometer) oder von Padstow nach Bodmin (17,4 Kilometer). Der Weg ist extrem beliebt, pro Jahr befahren ihn rund 350 000 Radler. Drahtesel für diese Unternehmung kann man sich in Padstow beim Padstow Cycle Hire leihen.

Infos und Adressen

INFORMATION

Tourist Information Center. Red Brick Building, North Quay, Tel. 01841/53 34 49, www.padstow-cornwall.co.uk

AKTIVITÄTEN

Padstow Cycle Hire. South Quay, Tel. 01841/53 35 33, www.padstowcyclehire.com

Rick Stein hat hier ein Gourmetimperium aufgebaut.

ESSEN UND TRINKEN

Custard. Ein Gegenstück zu Steins Gourmetversuchungen und erfreulich bodenständig ist das »Custard«, das wunderbares Essen serviert und mit einer spitzenmäßig restaurierten Jukebox aufwartet. The Strand, Padstow, Tel. 01841/53 25 65, www.custarddiner.com

Margot's Bistro. Sehr kleines Bistro, dessen Einrichtung in Beige und Blau gehalten ist. Hier bekommt man beinahe ebenso schwer einen Tisch wie bei Rick Stein. Versuchen sollte man es trotzdem, denn die Jakobsmuscheln sind ein Traum. 11 Duke Street, Padstow, Tel. 01841/53 34 41, www.margotspadstow.blogspot.com

St. Patroc's Bistro. 4 New Street, Padstow, Tel. 01841/53 27 00.

The Seafood Restaurant. Riverside, Tel. 01841-53 27 00, www.rickstein.com

SEHENSWÜRDIGKEITEN

National Lobster Hatchery. Was passiert mit einem Hummer, wenn er nicht gerade im Kochtopf landet? In diesem Informationszentrum erfährt man das und noch vieles mehr. Wer hätte zum Beispiel gedacht, dass ein Hummer weit über 100 Jahre alt wird und drei Mägen hat? South Quay, Mai bis Mitte September 10–18 Uhr, ansonsten Mo–Sa 10–14 Uhr, www.nationallobsterhatchery

Prideaux Place. Dieses fantastische Herrenhaus hat bereits für zahlreiche Rosamunde-Pilcher-Verfilmungen als Kulisse hergehalten. Besucher können hier eine Führung durch die mit Erbstücken gespickten Zimmer machen sowie den hübschen Garten erkunden. Prideaux Place, Tel. 01841/53 24 11, April bis Oktober So–Do 13.30–16 Uhr, Gelände und Café 12.30–17.30 Uhr, www.prideauxplace.co.uk

ÜBERNACHTEN

St. Edmund's House. Die schönste Unterkunft, der Rick Stein seinen Stempel aufgedrückt hat: Ein Strandhaus mit sechs minimalistischen Zimmern mit Blick auf einen Privatgarten – ein Traum! St. Edmunds Lane, Padstow, Tel. 01841/53 27 00, www.rickstein.com

Das Restaurant Seafood ist Monate vorab ausgebucht.

25 Bodmin
Wild und bizarr

Die günstige Lage im Zentrum von Cornwall machte Bodmin einst zu einer bedeutenden Handelsstadt. Die Stadt war sogar bis in die 1980er-Jahre hinein Hauptstadt der Grafschaft, verlor dann allerdings immer mehr an Bedeutung. Heute ist sie vor allem eine gute Ausgangsposition, um das sagenhafte, gleichnamige Moor zu erkunden oder ein gespenstiges Gefängnis anzusehen.

Bodmin war einst (wie Truro) eine der vier Zinnverarbeitungsstädte und hatte als solche einen gewissen Stellenwert, der noch durch die Handelsbeziehungen und die Lage in der Mitte des Landes gesteigert wurde. Allerdings sind die Zeiten, als es noch wichtige Hauptstadt war, mittlerweile vorbei, denn 1989 musste Bodmin den Titel an Truro abgeben. Grund dafür war hauptsächlich die Ablehnung der Anbindung an die Great Western Railway.

Viele Geschäftsleute verließen daraufhin die Stadt. Trotzdem kann man hier heute immer noch recht gut einkaufen und durch die viktorianisch geprägte Kleinstadt spazieren. Von Interesse in Bodmins Innenstadt ist auf jeden Fall die Kirche St. Petroc, die gleichzeitig größte Pfarrkirche und größte mittelalterliche Kirche Cornwalls ist. Sie wurde 1472 erbaut. In ihrem Inneren befindet sich ein schön verziertes Taufbecken aus dem 12. Jahrhundert, auf dem Engelsköpfe, ein Lebensbaum und Allegorien rund um Gut und Böse zu sehen sind. Des Weiteren sind zwei deutsche Tafelbilder aus der Zeit um 1500 sowie das marmorne Grabmal des Priors Thomas Vivian aus dem 16. Jahrhundert zu besichtigen. Auch die Gebeine des Namensgebers der Kirche befinden sich, aufbewahrt in einem Kästchen aus Elfenbein, immer noch hier.

Mitte: Lanhydrock ist ein bezauberndes englisches Anwesen.
Unten: Die Hauptstraße von Bodmin kann ganz schön überlaufen sein.

Ein Gefängnis mit Gruselfaktor

Sicherlich gibt es Schöneres als ein ehemaliges Gefängnis zu besichtigen. Das Bodmin Jail ist allerdings wirklich interessant. Das Gebäude stammt aus dem 18. Jahrhundert und befindet sich in der Berrycombe Road.

Zu der bewegten Geschichte des Hauses gehören unter anderem Hinrichtungen, die bis 1862 öffentlich durchgeführt werden durften, und die Unterbringung der Kronjuwelen während des Ersten Weltkriegs. Angeblich schwirren hier viele ruhelose Geister ehemaliger Insassen durch die Gemäuer, was die teilweise schon verfallene Hinrichtungsstätte noch um einen Deut gruseliger macht. Dem Bodmin Jail hat die Stadt auch folgenden Spruch zu verdanken: »Nach Bodmin wird man entweder gesteckt oder gebracht.«

Die kleine Version von Dartmoor

Auch wenn es die Kornen nicht gerne hören: Das Bodmin Moor sieht wie die etwas kleinere Version des großen »Bruders« in Devon aus. Das 260 Quadratkilometer große Hochmoor verfügt über ein milderes Klima als die Küstenstädte und ist relativ einfach mit dem eigenen Fahrzeug zu erkunden.

AUTORENTIPP!

ENGLISCHER WEIN AUS CORNWALL

In dem milden Klima des Camel Valley könnte es doch möglich sein, Wein anzubauen. Das haben sicherlich schon viele gedacht. Das Team vom Camel Valley Vineyard hat diesen Gedanken in die Tat umgesetzt und ist mittlerweile eines der führenden Weingüter Englands. Familie Lindo fährt mit ihren Weißweinen regelmäßig Preise ein. Die Führungen sind interessant, und geben einen guten Eindruck davon, was es heißt, Weinbauer in Cornwall zu sein.

Camel Valley Vineyard.
Little Denby, Nanstallon, Öffnungszeiten: April bis Oktober Mo–Sa 10–17 Uhr, Führungen: April bis September Mo–Fr 14.30 Uhr, große Führung und Verkostung: April bis Oktober 17 Uhr, Tel. 01208/779 59, www.camelvalley.com

Lanhydrock ist das größte Herrenhaus Cornwalls: Zu seiner Glanzzeit arbeiteten hier 80 Bedienstete.

Oben: Das Kinderzimmer im Herrenhaus.
Mitte: Hier dinierten die einstigen Besitzer des Schlosses.
Unten: Im Wohnzimmer fühlt man sich gleich selbst wie ein englischer Lord.

Es liegt im Zentrum Cornwalls und wird, im Gegensatz zu den Küstenorten, wenig besucht. Die Landschaft hier ist geprägt von baumlosem, gelb bis grau getöntem Heideland. Was die Landschaft so bizarr macht, sind die sogenannten *tors*, wie die aufeinandergetürmten Granitfelsen genannt werden. Der größte und beeindruckendste dieser Art ist der Cheeswring bei Minions. Die aufeinandergestapelt wirkenden Felsen sind die wohl dubioseste Formation, die man im Bodmin-Moor und vielleicht sogar in ganz England findet. Eigenartigerweise ist der Cheesewring so gestapelt, dass die kleinsten Felsen unten sind und so das gesamte Gewicht der massiven Teile über ihnen tragen müssen. Bis heute kommt diese Felsansammlung komplett ohne Stütze aus – unbedingt anschauen!

Traumhafter Ausblick

Einen guten Ausblick über das Moor hat man vom Rough Tor aus, einer Felsgruppe nahe des Brown Willy, der mit 419 Metern eine der höchsten Erhebungen der Region ist. An den Hurlers-Steinkreisen erkennt man, dass das Moor schon in der Bronzezeit besiedelt war. Jahrhundertelang galt Bodmin als gefährlich, denn hier hielten sich die »Irrlichter« auf. So wurden wandernde Vagabunden genannt, die sich in einem alten Gasthaus im Bodmin-Moor trafen. Das war wohl eine der Inspirationen zu Daphne du Mauriers Roman *Jamaica Inn*. Sie beschrieb das Moor folgendermaßen: »Es war eine schweigsame, verlassene Gegend, aber gewaltig und von Menschenhand unberührt. Auf den hohen Felsblöcken standen aneinander gelehnt die Steinplatten als seltsame Formen und Gestalten, wuchtige Schildwachen. Einige sahen aus wie riesige Möbel, große, lange Steine standen wie zurückgelehnt und schienen wunderlich zu schwanken, als überließen sie sich dem Wind.«

Infos und Adressen

ESSEN UND TRINKEN

Blisland. Günstig und gut isst man im rustikalen »Blisland«. Bei passendem Wetter kann man das Pub-Food und eines der mindestens sieben Biere sogar draußen genießen. Blisland, Tel. 01208/85 07 39, www.bodminmoor.co.uk/blislandinn

SEHENSWÜRDIGKEITEN

Bolventor. Das alte Gasthaus in der Nähe von Bolventor inspirierte Daphne du Maurier zu ihrem Roman *Jamaica Inn*. Die ehemalige Post-kutschenstation ist noch heute ein Restaurant. Tel. 01566/862 50, www.jamaicainn.co.uk

Dozmary Pool. Gleich gegenüber des »Jamaica Inn« geht ein Pfad zum Dozmary Pool, dem nach-gesagt wird, dass sich hier das Schwert Excalibur von König Artus befinden soll. Am See kann man viele Wasservögel beobachten.

Lanhydrock House. Fünf Kilometer südlich des Ortes Bodmin liegt die über 300 Hektar große Parklandschaft von Landhydrock House. Hier bekommt man einen guten Eindruck davon, wie einst ein viktorianischer Haushalt geführt wurde. Tel. 01208/26 59 50, www.national trust.org.uk/lanhydrock

ÜBERNACHTEN

South Penquite Farm. Ein sehr beliebter Camping-platz, der oft als Ausgangspunkt für Besichtigun-gen des Bodmin-Moors genutzt wird. Hier wird auf Nachhaltigkeit Wert gelegt: Die Dusche wird mit Solarkraft beheizt, und in den Toiletten wird Regen-wasser verwendet. Blisland, Tel. 01208/85 04 91, www.southpenquite.co.uk

Trevenna. Sehr »stylische« Unterkunft für die Tatsache, dass im Moor sonst, was Unterkünfte anbelangt, eher die Zeit stillzustehen scheint. Die kleinen Steinhäuser sind für Selbstversorger ausgestattet, verfügen also über eine schöne Küche mit allem Drum und Dran. Das Farmhouse nebenan bietet aber auch Abendessen an. St. Neot, Tel. 07872/64 77 30, www.trevenna.co.uk

Tourist Information Centre. Shire House, Mount Folly Square, Bodmin, Tel. 01208/76 6 16. www.bodminlive.com, www.visitbodminmoor.co.uk

Das Jamaica Inn wurde durch den gleichnamigen Roman von Daphne du Maurier berühmt.

26 Bude
Klippen und Strände en masse

Bude kann man als guten Ausgangspunkt für die Erkundung Cornwalls nutzen, denn es liegt im äußersten Nordosten der Grafschaft. Die Umgebung der kleinen Stadt erfüllt genau die Erwartungen von Cornwall-Reisenden: Bis zu hundert Meter hohe Klippen werden durch kilometerlange weiße Sandstrände vom tosenden Meer getrennt. Bude repräsentiert das, wofür hauptsächlich die Nordküste steht: Weite und abgeschiedene Buchten, bei denen allerdings immer der Wind den Badespaß trübt.

Bude zieht Surfer, Familien, Golfspieler und alle anderen aktiven Urlauber an. Den Wellenreitern kommt der oft aggressive Wind in der Gegend gelegen. Er sorgt dafür, dass sich die Wellen oft so hoch auftürmen, dass Bude zeitweise sogar als »Bondi Großbritanniens« gehandelt wird. Familien finden das Städtchen vor allem deshalb attraktiv, weil es hier ein Gezeitenschwimmbad gibt, in dem man bedenkenlos baden kann. Es wird zwar mit Meerwasser gespeist, ist aber trotzdem vor gefährlichen Strömungen und anderen Tücken des Meeres geschützt. Bude im äußersten Norden Cornwalls ist aus vielen Gründen sowohl für Tagesausflügler und Strandhungrige als auch für Golfspieler attraktiv. Für Letztere wurde ein riesiger Golfplatz errichtet, der quasi den ganzen Ort in zwei Hälften teilt.

Der glücklose Budekanal

Im frühen 19. Jahrhundert ließ die Stadtverwaltung von Bude einen Kanal bauen, der die Wege der Schiffe verkürzen sollte, damit die Stadt den Anschluss an die Industrialisierung schafft. Doch der wirtschaftliche Aufschwung der Stadt durch den

Der Compass Point nahe Bude wurde hier 1880 errichtet.

Bude

Kanal währte nicht lange. Schon bald gewann die Eisenbahn im Land an Bedeutung, und die Hoffnungen, die der Kanal geweckt hatte, waren dahin. Heute ist das künstlich angelegte Gewässer Heimat für Eisvögel, Libellen und Otter – ein wahres Paradies für Naturfreunde.

Eine Auswahl an Stränden

Bei den vielen Stränden, die rund um Bude liegen, verliert man leicht die Übersicht. Gleich neben dem in den 1930er-Jahren gebauten »Bude Sea Pool« befindet sich der Summerleaze, ein Strand, der alle klassischen Klischees erfüllt, aber oft auch überfüllt ist. Für Surfer ist der Crooklets interessant, da es hier einen guten »Swell« gibt. Etwas nördlich von Bude kann man die weniger besuchten Kiesstrände Northcott Mouth, Duckpool und Sandymouth besuchen. Vor allem Duckpool ist eine Augenweide mit stimmungsvollen, schroffen Klippen und dem beeindruckenden Steeple Point mit schöner Aussicht. Auch im Süden gibt es schöne Strände. Die Widemouth Bay eignet sich perfekt für einen Badetag mit der Familie. Am etwas raueren Millook (drei weitere Kilometer südlich) werden Hobbyornithologen an den zahlreichen Vogelarten ihre helle Freude haben. Doch das alles wird übertrotten vom weitere 20 Kilometer südlich liegenden Strand The Strangles. Dort erlebt man Cornwall mit Klippen, Sandstrand und donnernder Brandung hautnah und pur! Hier liegt auch die höchste Klippe der Grafschaft. Mit 223 Metern Höhe überragt die passend benannte »High Cliff« alle anderen Klippen. Wahrscheinlich bewogen diese atemberaubenden und beeindruckenden Orte den Dichter John Betjeman dazu, diesen Küstenstreifen zu seinem absoluten Favoriten zu erklären. Zweifler können auf der A39, dem Atlantic Highway, eine Spritztour machen und sich von den Postkartenmotiven überzeugen lassen.

Infos und Adressen

ESSEN UND TRINKEN

Life's a Beach. Ein typisches Strandcafé mit der üblichen Auswahl an Baguettes, Burgern und Bruschetta. Summerleaze Beach, Bude, Tel. 01288/35 52 22, www.lifesa beach.info

The Castle Restaurant. Ein Restaurant, wie es mehrere in Bude geben könnte: Hier stimmt einfach alles. Es ist atmosphärisch und doch nicht steif, die Portionen haben genau die richtige Größe, und die Länge der Speisekarte ist auch perfekt. The Wharf, Bude, Tel. 01288/35 05 43, www.thecastlerestaurantbude.co.uk

ÜBERNACHTEN

Beach Hut. Wer sich eine romantische Zeit zu zweit wünscht, für den ist die »Beach Hut« an der abgeschiedenen Widemouth Bay genau das Richtige. Eine Woche kostet für zwei Personen 1500 Pfund. In diesem Preis sind allerdings die Sterne, das Meer und ein wunderschönes, kleines Strandhaus aus den 1920er-Jahren ganz für sich allein, enthalten. Widemouth Bay, Tel. 01637/88 19 42, www.uniquehomestays.com

Elements Hotel and Bistro. Das ganze Hotel hat einen einheitlich modernen, bunten Stil, der sehr lässig wirkt. Alles ist auf Surfer und Strandvergnügen ausgerichtet, es gibt zum Beispiel einen Raum, in dem man seine Neoprenanzüge trocknen kann oder auch eine »Garage« für Surfboards. Marine Drive, Bude, Tel. 01288/35 23 86, www.elements-life.co.uk

Bude Visitor Centre. The Crescent Car Park, Bude, Tel. 01288/35 42 40, www.visitbude.info

27 Tintagel
Die Heimat von König Artus

Das eigentlich verschlafene Städtchen ist heute ein wahrer Touristenmagnet – und all das nur, weil eine Figur, deren Existenz nicht sicher belegt ist, hier geboren sein soll. Artus-Fans und Freunden der Ritter der Tafelrunde ist diese Unsicherheit einerlei: Sie pilgern zur Geburtsstätte ihres Helden und schwelgen dort in Erinnerungen an dessen Abenteuer und gute Taten. Sehenswert sind aber nicht nur die Ruinen von Tintagel, sondern auch die Dörfer in der Umgebung.

Eigentlich ist Tintagel mit seinen 1800 Einwohnern ein ganz normales Dorf an Cornwalls Nordküste. Es tut sich nicht einmal durch besondere Schönheit oder speziellen Liebreiz hervor, und wäre wohl kaum berühmt, läge es nicht nahe bei einem der Top-Ten-Touristenziele Cornwalls. Die Ruinen der Burg Tintagel, die übrigens die bekannteste Burgruine ganz Englands ist, war angeblich einst das Zuhause von König Artus. Heute kann der ganze Ort von ihm und seinem überlebensgroßen Geist, der stets über dem Dorf schwebt, gut leben. Es war ein geschickter Marketingcoup der Einwohner von Trevena, ihr Dorf im Jahr 1900 in Tintagel umzubenennen. Seither kommen ganze Besucherscharen nicht nur zur Ruine, sondern auch ins Dorf. Dort gibt es vom Schwert bis zur Miniaturrüstung alles rund um König Artus zu kaufen. Die einzige echte Sehenswürdigkeit, die das ansonsten unspektakuläre Dorf zu bieten hat, ist das Old Post Office in der Ortsmitte. Im 14. Jahrhundert wurde es als kornisches Langhaus mit Schieferdach errichtet und war lange Zeit im Besitz eines Freibauern, bevor es im 19. Jahrhundert zum Postamt umgewandelt wurde.

Wurde hier König Artus geboren?

Früher Tourismus

Zu viktorianischer Zeit wurde Tennysons *Idylls of the King* viel gelesen. Darin wurde wieder einmal die Sage rund um König Artus aufgerollt. Fasziniert vom sagenhaften König entwickelte sich im 19. Jahrhundert der Besucherstrom in Richtung Tintagel. Damals hatte das Dorf weder einen Anschluss an das Bahnsystem noch ein Telegrafenamt und lebte vom Fischfang, der Landwirtschaft und einem Steinbruch. Schnell aber kristallisierte sich heraus, dass der Tourismus hier der sinnvollste Wirtschaftszweig sein würde. Spätestens mit der Eröffnung der Bahnlinie nach Camelford im Jahr 1893 florierte der Fremdenverkehr. Kurz darauf, im Jahr 1897, wurde das King Arthur Castle Hotel fertiggestellt, das noch mehr Leute anlockte. Wer die Burgruine heute sieht, wird sich nicht wundern, dass sie so sagenumwoben ist: Sie steht wirklich an einem Ort, der romantischer nicht sein könnte. Teilweise auf einer Halbinsel erbaut, blickt sie an zwei Seiten direkt auf das tosende Meer hinab. Eine ganz besondere Wirkung hat die Burg in der Nacht, wenn sie gespenstisch beleuchtet wird.

Die Ruine und ihre Geschichte

Es gibt Belege dafür, dass hier schon zu Zeiten der Römer eine Siedlung war. Die Burg, deren Reste man heute sieht, wurde allerdings vermutlich erst im 13. Jahrhundert erbaut. Unter den Überresten fanden Archäologen aber Belege für einen Vorgängerbau. Dieser soll 1145 für den Grafen Reginald von Cornwall errichtet worden sein. Damals bestand das Bauwerk nur aus einer rechteckigen Halle. Erst im 14. Jahrhundert ließ Richard von Cornwall die Burg erweitern. Was König Artus betrifft, kann nicht bewiesen werden, dass er jemals hier war, beziehungsweise überhaupt gelebt hat. Der Benediktinermönch Geoffrey de Monmouth berichtet

Der Tintagel Waterfall ist durch eine kurze Wanderung zu erreichen.

Oben: Rund um Tintagel liegen Felder und die typischen Klippen.
Mitte: Die Küste rund um Tintagel ist besonders rau und schroff.
Unten: Tintagel Castle ist ein mystischer Ort.

in seiner *Historia regum Britanniae*, dass Artus im 5. oder 6. Jahrhundert als Sohn von Ygerne und dem Bretonenkönig Uther Pendragon geboren wurde. Und das soll genau hier, in der Burg zu Tintagel geschehen sein. Er kam zu einer Zeit zur Welt, in der die Jüten, Pikten und Sachsen die keltischen Briten immer wieder überfielen. Die Bewohner waren diesen Übergriffen hilflos ausgeliefert, und nur eine Gruppe von Männern unter Ambrosius Aurelianus setzte sich gegen die Eindringlinge zur Wehr.

Sein großer Auftritt

Als Aurelianus in einer Schlacht ums Leben kam, trat der junge Artus auf den Plan. Seine Geschichte beginnt genau hier. Er wurde angeblich zum Vermittler zwischen Christen und Kelten und soll die Eindringlinge verjagt haben, um den Bauern in seiner Heimat eine friedvolle Existenz zu sichern. Der Rest ist gemeinhin bekannt: Zu seiner legendären Tafelrunde gehörten der Sage nach 24 edle Ritter, die das Volk beschützten. Sie trafen sich in Camelot, einem Ort, der leider bis zum heutigen Tag noch nicht entdeckt wurde.

MAL EHRLICH

NICHT HIER BLEIBEN

Wie schon im Text erwähnt, hat das Dorf Tintagel kaum etwas zu bieten bis auf sein Postamt, die Burgruine und zahlreiche Touristenshops mit überhöhten Preisen sowie Menschenmassen, die den Ort bei Tagesanbruch fluten. Wer sich also die Ruine ansehen möchte, kommt entweder frühmorgens oder abends, schaut sich die Ruine an, geht vielleicht ein bisschen auf den Klippen spazieren und sieht dann zu, dass er weiterkommt. Denn es gibt so viel mehr in Cornwall zu entdecken als dieses rein auf den Tourismus ausgerichtete Dörfchen!

Infos und Adressen

INFORMATION

Tourist Information Centre. Bossiny Road, Tintagel, Tel. 01840/77 90 84, www.visitboscastleand tintagel.com

ESSEN UND TRINKEN

Uncle Jack's Cabin. Wer Lust auf eine ganz traditionelle Portion Fish & Chips hat, der holt sie sich am besten hier. Bossiney Road, Tel. 01840/ 77 07 79.

Charlie's Café Restaurant & Deli. Die sehr einfache Einrichtung aus Holz unterstreicht die Philosophie des Cafés, in dem alles schlicht und natürlich ist. Das Essen ist exzellent, und man hat eine große Auswahl an vegetarischen Gerichten: hausgemachte Veggie-Burger, Linsensuppe oder Butter-Pudding. Bossiny Road, Tel. 01840/77 95 00, www.online-deli.co.uk

The Strand Café. Scones in Herzform? Hier im Strandcafé nichts Außergewöhnliches! In der freundlichen Atmosphäre fühlt man sich gleich wie zu Hause. Gern wird man zum Stammgast, vor allem weil der Service so freundlich und aufmerksam ist. Trebarwith Strand, Tel. 01840/77 94 82, www.thestrandcafe.co.uk

ÜBERNACHTEN

Pendrin Guest House. In diesem viktorianischen Haus mit Blick über das Meer und auf das Dorf Tintagel lässt es sich relativ günstig übernachten. Eingerichtet ist das Haus wie es für urige B&Bs üblich ist: Etwas bunt zusammengewürfelte Muster, dafür aber sauber. Das Frühstück ist sehr reichhaltig. Atlantic Road, Tel. 01840/77 05 60, www.pendrintintagel.co.uk

Cornishman Inn. Sehr angenehmes, freundliches und relativ modern eingerichtetes B&B mit zuvorkommendem Servicepersonal und gutem Essen. Kurz gesagt: Hier ist man gut aufgehoben, wenn man in Tintagel bleiben möchte. Fore Street Tintagel, Tel. 01840/77 02 38, www.cornishmaninn.com

Rund um Tintagel finden sich uralte Häuser, die heute teilweise Bed and Breakfasts sind.

DEVON

28 Plymouth
Geschichte am laufenden Band

Alle waren sie hier: Sir Francis Drake, James Cook, die Pilgerväter und die Spanische Armada. Die Geschichte von Plymouth ist eng mit der Seefahrt, Piraterie und Kriegsgeschichte Englands verbunden. Leider wurden im Zweiten Weltkrieg große Teile der Stadt zerstört – was aber nicht bedeutet, dass man auf Plymouth verzichten sollte: Die interessantesten Sehenswürdigkeiten sind nach wie vor erhalten.

Den Wachen an der Küste wird wohl das Herz in die Hose gerutscht sein, als sie die scheinbar unbesiegbare Spanische Armada am Horizont vor Plymouth auftauchen sahen. Man schrieb das Jahr 1588, und Francis Drake, der sich sein »Sir« erst später bei der Königin verdiente, war gerade mitten in einer Partie Bowling am Plymouth Hoe, als man ihm meldete, dass der Feind quasi direkt vor der Tür stehe. Kurzerhand unterbrach er das Turnier, machte die königliche Flotte mobil und setzte den Feinden so zu, dass die Kommandeure der wenigen danach noch seetüchtigen spanischen Schiffe beschlossen, den Rückzug anzutreten. So hatte Plymouth Anteil daran, dass England zur Seemacht aufstieg.

Seefahrtsgeschichte

Doch auch die friedliche Seefahrt wurde hier geprägt: Francis Drake startete von Plymouth zu seiner Weltumsegelung. Dafür wurde er von Königin Elisabeth I. in den Ritterstand erhoben. Außerdem reiste Sir Walter Raleigh 1585 von hier los, um die Kolonie Virginia zu gründen. Und Plymouth war das letzte Fleckchen Heimaterde, das die Pilgerväter berührten, bevor sie sich 1620 mit der berühmten

Vorangehende Doppelseite: Totnes mit den berühmten Überresten seines Schlosses. **Mitte:** Park und Riesenrad auf The Hoe mit einem Blumenbeet zu Ehren der Royal British Legion. **Unten:** Blick vom Barbican auf den gegenüberliegenden Hafen.

»Mayflower« auf den Weg nach Amerika begaben. Als wäre das noch nicht genug Beitrag zum Britischen Empire, brach auch James Cook von hier aus nach New South Wales auf, um Australien zu einem Teil Britanniens zu machen.

Aufstieg und Zerstörung

Noch heute ist die Seefahrt ein wichtiger Teil von Plymouth, da allein die Marinewerft aus dem Jahr 1690 rund 24 000 Arbeitsplätze schafft. Sie ist mittlerweile die größte in der EU. So entwickelte sich aus dem einstigen Fischerdorf Sutton der größte Ballungsraum in Devon und Cornwall. Jeder fünfte Einwohner der Grafschaften ist in Plymouth zu Hause. Dieser Reichtum und die Bedeutung der Stadt wurden früher durch prächtige Kaufmannshäuser repräsentiert. Allerdings fügten die Deutschen dem Erscheinungsbild der Stadt schweren Schaden zu, als sie im März und April 1941 ganz Plymouth in Schutt und Asche legten, Grund dafür war der größte englische Marinestützpunkt, der sich hier befand. Dabei wurden auch 1000 Zivilisten getötet. Die nach Southampton zweitwichtigste Hafenstadt an der englischen Küste wurde dem Erdboden gleichgemacht und die glanzvolle Vergangenheit, oder zumindest das, was man davon noch hätte sehen können, verschwand für immer. Heute findet der Besucher in der Stadtmitte von Plymouth rasterförmig angelegte Straßen und einige gescheiterte architektonische Wagnisse. Der Bauboom am River Tamar war zwar kühn gedacht, hinterließ aber kaum mehr als eine gesichtslose Neustadt.

Sehenswürdigkeiten

So findet man die Sehenswürdigkeiten heute sehr kompakt im Stadtteil The Barbican, der in der elisabethanischen Zeit errichtet wurde und damals

AUTORENTIPP!

GROSSE FEIERLICHKEITEN UND SCHÖNE SONNENTAGE

Wo könnte man besondere Tage in Plymouth besser verbringen als auf dem Plymouth Hoe? Sowohl zur Bonfire Night (5. November) als auch zu Silvester ist die Anhöhe zum Bersten voll mit Menschen in Feierlaune. Und wenn im Frühjahr das Wetter besser wird, versammeln sich hier Jung und Alt. Alle möglichen Freizeitaktivitäten werden auf dieser grünen Landzunge ausgeübt – mit wunderbarem Panoramablick über die Hügellandschaften bis zum glitzernden Becken des Plymouth Sound. Drachensteigen, Fußballspielen, Spazierengehen und nicht zuletzt Bowlen sind hier sehr beliebte Sportarten. Also: Unbedingt vorbeischauen!

HELLE LEUCHTE

Schon mal einen Leuchtturm von innen gesehen? Nein? Dann nichts wie hin zum Smeaton's Tower, der sich mitten in der Grünanlage des Hoe befindet. Vor den 1880er-Jahren stand er eigentlich noch auf dem Eddystone Reef, etwa 20 Kilometer vor der Küste. Allerdings wurde er dann Stein für Stein abgebaut und nach Plymouth versetzt. Eine Wendeltreppe führt 93 Stufen hinauf, dann steht man in dem runden Zimmer, das einst das Reich des Leuchtturmwärters war. Von der Aussichtsplattform sieht man bis nach Dartmoor.

The Hoe, Tel. 01752/30 47 74, Öffnungszeiten: April bis Oktober Di–Sa 10–12 Uhr und 13–16 Uhr, November bis März Di–Sa 10–12 Uhr und 13–15 Uhr.

noch Sutton Harbour hieß. Er ist der einzige Teil, der vom alten Gesicht Plymouths erhalten blieb. Genauso wie die meisten der 252 800 Bewohner der Stadt, halten sich auch die Besucher am liebsten im »Barbican« oder am Plymouth Hoe auf. Im ältesten Teil der Stadt kann man sich das Merchant's House ansehen, ein hübsches altes Fachwerkhaus aus dem 17. Jahrhundert, das das Gesicht der Stadt zeigt, wie es früher ausgesehen haben muss. Im Inneren ist ein kleines, interessantes Stadtmuseum untergebracht, das die Geschichte gut dokumentiert. Auch das Elizabethan House ist ein sehr schönes Gebäude und wurde bereits im 16. Jahrhundert errichtet. Im Inneren befindet sich noch die originale Einrichtung mit Möbeln und Teppichen. Ein bisschen weiter Richtung Meer findet man die Mayflower Steps, die durch eine Steinplatte im alten Hafen markiert sind: Hier stiegen die Pilgerväter in ihr Ruderboot, das sie zur »Mayflower« brachte.

Plymouth Gin Distillery

In der Plymouth Gin Distillery geben die informativen Führungen durch die erste Gin-Destillerie der Welt einen guten Einblick in die Herstellung des hochprozentigen Klassikers. Hier wurde im Jahr 1793 zum allerersten Mal Gin gebrannt. Auf der anderen Seite des Plymouth Sound befindet sich das National Marine Aquarium, das eines der schönsten Großbritanniens ist. Hier gleiten Wasserschildkröten, Muränen, Haie und die knallbunten Fische des Korallenriffs lautlos an einem vorbei. Den Betreibern ist der Artenschutz sehr wichtig. Deswegen gibt es ein eigenes Becken, in dem die im Haus selbst gezüchteten Korallen und Seepferdchen gezeigt werden. Ein perfekter Ort, um einen regnerischen Tag zu verbringen, durch die Nähe zu den Tieren und die kurzweilige Präsentation eignet sich das Aquarium gut für einen Besuch mit Kindern.

Kunst, Gin und Soldaten

A **Touristeninformation** – Hier kan man sich mit Stadtplänen und Prospekten eindecken kann.

B **Elizabethan Mural**– Weiter geht's zum Elizabethan Mural, das im The Barbican steht, dem einzigen historisch noch erhaltenen Viertel der Stadt. Hier hat Robert Lenkiewiczs (1941–2002), ein Sohn von Plymouth, an der Ecke der Parade ein Wandbild geschaffen. Das »elisabethanische Wandgemälde« ist sein größtes Kunstwerk.

C **Barbican Pannier Market** – Am Barbican Pannier Market verewigte Lenkiewiczs das Last Judgement, das längst ein Wahrzeichen der Stadt ist.

D **Plymouth Gin Distillery** – Weiter geht es zur Plymouth Gin Distillery, der weltweit ältesten ihrer Art. Seit 1793 wird hier »Plymouth Gin« hergestellt.

E **Plymouth Hoe** – Wie einst Sir Francis Drake in der Legende um den Angriff der Spanischen Armada, kann man auch heute noch auf dem Plymouth Hoe bowlen.

F **Drake's Statue** – Der historische Ort, an dem Sir Francis Drake bowlte, befand sich vermutlich genau dort, wo heute seine Statue steht.

G **Royal Citadel** – Am östlichen Ende des Hoe befindet sich die Royal Citadel aus dem 17. Jahrhundert, in der Hunderte Soldaten untergebracht sind.

H **Mayflower Steps** – Zurück im historischen Viertel markieren die Mayflower Steps den Ort, wo die Pilgerväter im Jahr 1620 ihre alte Heimat in Richtung Amerika verließen. Die genaue Stelle ist durch einen Halbkreis sowie durch eine amerikanische und eine britische Flagge gekennzeichnet.

I **National Marine Aquarium** – Plymouth nennt eines der schönsten Aquarien von England sein Eigen.

Rund um Plymouth

Das Schöne an Plymouth ist, dass man nicht nur in der Stadt selbst genug Zerstreuung findet, sondern dass auch die Umgebung viel Sehenswertes zu bieten hat. Man kann beispielsweise zum Mount Edgcumbe hinaus fahren, von dem aus man das gesamte Ufer des Tamar bis nach Plymouth überblickt. Hier ist außerdem der einzigartige Garten zu erwähnen, in dem man zwischen Kaskaden, Tempeln und uralten Eichen spazieren gehen kann. Das Haus selbst ist ein eindrucksvolles altes Herrenhaus, das stets gepflegt wurde und dementsprechend gut erhalten ist. Es wurde um das Jahr 1500 erbaut und beheimatete die Earls von Mount Edgcumbe.

Des Weiteren kann man zum Antony House fahren, zu dem man am besten mit der Autofähre kommt, die in Richtung Torpoint verkehrt; nach acht Kilometern in westlicher Richtung ist man schon dort. Das aus silbergrauem Stein erbaute und mit Stilmöbeln eingerichtete Haus befindet sich bereits seit über 600 Jahren im Besitz der Familie Carew. Im Inneren kann man Portäts von den Künstlern Reynolds oder van Dyck aus dem frühen 18. Jahrhundert bewundern. Auch ein Spaziergang im Park zahlt sich aus: Das 40 Hektar große Areal bietet Lebensraum für erstaunliche 300 Kamelienarten und ist damit ein wahres Paradies für Gartenfreunde. Ein weiterer Pluspunkt dieses Gartens: Wenn das Wetter einmal nicht so schön ist und die Grafschaft sich vielleicht gar in ein Nebelkleid hüllt, dann ist ein Streifzug durch diese Ländereien besonders stimmungsvoll und authentisch – bei einer solchen typisch englischen Romantikstimmung fühlt man sich garantiert, als wäre man direkt in einen Roman von Jane Austen versetzt worden.

AUTORENTIPP!

WIE EIN ENGLISCHER LORD

Wer sich im Urlaub einmal wie der englische Adel fühlen möchte, der kann im Saltram House absteigen. Das vom National Trust verwaltete Gebäude unweit von Plymouth bietet einen guten Einblick in das Leben auf einem Landgut. Im Garten gibt es eine Orangerie und viele romantische Ecken.

Allerdings muss man nicht hier übernachten, um sich dem englischen Landleben hinzugeben: Auch ein Tagesausflug vermittelt schon etwas vom unglaublichen Charme dieses Hauses.

Saltram House.
Plymton, Plymouth, geöffnet von 10–16 Uhr, Tel. 01752/33 35 03, www.nationaltrust.org.uk/saltram

Oben: Blick vom Hoe auf die berühmte Hafeneinfahrt von Plymouth.
Linke Seite oben: Picknick vor der Zitadelle auf The Hoe.
Linke Seite unten: The Three Crowns im Barbican ist eine Institution.

Infos und Adressen

INFORMATION

Tourist Information Centre. Plymouth Mayflower 3–5, The Barbican, Tel. 01752/30 63 30, www.visitplymouth.co.uk

ESSEN UND TRINKEN

Artillery Tower. Ein wirklich schönes Erlebnis ist es, direkt am Wasser zu sitzen und auf die Bucht und auf Drake's Island zu schauen. Die Besitzer Peter und Debbie Constable legen Wert darauf, dass die Grundzutaten für alle Gerichte aus der Region kommen und führen deren Herkunft auch auf der Karte an. Früher diente das Gebäude aus dem 16. Jahrhundert übrigens der Artillerie, die die Bucht von hier aus bewachte. Firestone Bay, Tel. 01752/25 76 10, www.artillerytower.co.uk

Alte Lokomotiven sind in Südwestengland keine Seltenheit.

Cap'n Jaspers. Alles hat mit einer alten, winzigen Hütte am Fischmarkt begonnen. Mittlerweile ist der berühmte Schnellimbiss auf den Whitehouse Pier gezogen. Die XXL-Portionen haben sie aber mitgenommen. So kann man hier riesige Hotdogs und ultimativ große Burger essen. Whitehouse Pier, Tel. 01752/26 24 44, www.capnjaspers.co.uk

Tanners. Das Prysten House, das älteste Gebäude der Stadt, ist ein Steinhaus aus dem Jahr 1498. Hier werden regionale Zutaten zu Köstlichkeiten wie Fisch mit Krabbensauce oder einem Devon-Edelschimmelkäse-Brötchen verarbeitet. Was hier vor allem positiv zu erwähnen ist: Auf Nahrungsmittelunverträglichkeiten wie Zöliakie oder Laktoseintoleranz wird sofort und individuell eingegangen. Firewell Street, Tel. 01752/25 20 01, www.tannersrestaurant.com

Seafood and Pasta Bar. Nettes und beliebtes Fischlokal am Hafen. 10 Quay Road, Barbican, Tel. 01752/26 07 17

Die Mayflower Steps erinnern an die Pilger, die hier England verließen, um nach Amerika zu gehen.

Noodle Lounge. Eine Seefahrerstadt verströmt auch immer Internationalität. Dieses Lokal versteckt sich zwar etwas im zweiten Stock, aber die Fahrt mit dem Aufzug zlohnt sich: perfekte Küche, gute Weinauswahl, klasse Service und asiatische Küche. Sowohl Fleischfreunde als auch Vegetarier finden hier eine reichliche Auswahl von Gerichten, und das freundliche Servicepersonal ist auch gerne dazu bereit, zu beraten. Second Floor, 13 Southside Street, Tel. 01752/6 6677.

SEHENSWÜRDIGKEITEN

Antony House. Torpoint, Tel. 01752/81 21 91, www.nationaltrust.org.uk/antony

Elizabethan House. 32 New Street, Öffnungszeiten: Juni bis Oktober Di–Sa 10–17 Uhr.

National Marine Aquarium. Rope Walk, Öffnungszeiten: April bis Oktober 10–18 Uhr, Tel. 01752/22 00 84, www.national-aquarium.co.uk

Mount Edgecumbe. Cremyll, Torpoint, April bis September So–Do 11–16.30 Uhr, www.mount edgecumbe.gov.uk

Plymouth Gin Distillery. 60 Southside Street, Tel. 01752/66 52 92, Führungen: tgl. 11.30 Uhr, 12.30 Uhr, 14.30 Uhr, 15.30 Uhr, www.plymouth gin.com

Stadtmuseum. 33 St. Andrews Street, Öffnungszeiten: April bis Oktober 10–17 Uhr.

ÜBERNACHTEN

Drake's Wharf. Drei wunderschöne Luxusappartements, die sicherlich nicht enttäuschen. Die Bruchsteinwände harmonieren herrlich mit den Eichen- und Walnussholzböden. Bäder und Küchen sind nach dem neuesten Stand eingerichtet, und der Ausblick ist sowieso ein Traum. 100 Pfund pro Nacht muss man aber hinlegen. Royal William Yard, Tel. 01803/78 24 61, www.plymouth apartment.com

The Barbican ist die Amüsiermeile in Plymouth.

The Grosvenor Plymouth. In einer ruhigen Seitenstraße gelegen und trotzdem mitten im Zentrum. Die Zimmer sind allesamt etwas klein, aber fein – bis auf das Familienzimmer, das wirklich klein ausfällt, kann man hier getrost alles buchen. Tolles Personal, gutes Fühstück und die Nähe zur Stadt und zum Meer machen es zu einer guten Wahl. 7–9 Elliot Street, The Hoe, Tel. 01752/26 04 11, www.grosvenor-plymouth.com

Im Saltram House wurde 1995 der Film *Sinn und Sinnlichkeit* verfilmt, eine Geschichte von Jane Austen.

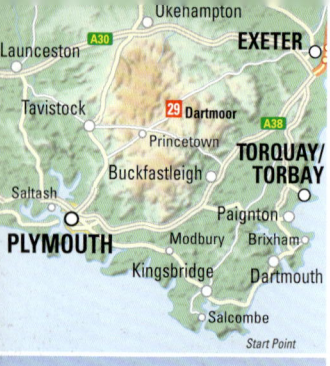

29 Dartmoor
Mystisches Moor

Fast wie eine Tour auf einem anderen Planeten mutet eine Fahrt oder Wanderung durch das beeindruckende Dartmoor an. Seit Jahrhunderten zieht die mystische Stimmung dieser sagenumwobenen Gegend Künstler und Schriftsteller in ihren Bann. Dartmoor könnte facettenreicher nicht sein: Liebliche Hügel mit grasenden Schafen werden von schroffen Felsen unterbrochen, kleine reetgedeckte Häuser stehen inmitten einer Mondlandschaft.

Seit Jahrhunderten beflügelt das Dartmoor die Fantasie seiner Besucher, egal ob es sich um Sir Conan Doyle (1859–1930) handelt, der hier seinen *Hund von Baskerville* spielen lässt, oder um Agatha Christie (1890–1976). Sie zog sich ins Hotel Moorland zurück, um die letzten Seiten ihres Romans *Das fehlende Glied der Kette* zu schreiben, nachdem sie tagsüber im Moor spazieren gegangen war. Auch Ted Hughes zog hierher, nachdem sich seine Frau Sylvia Plath im Jahr 1963 das Leben genommen hatte. Der Dichter fasste seine Eindrücke vom Moor in seinen Werken *Moortown Diary* und *River* zusammen. Und auch Alfred Hitchcock und Edgar Wallace wurden vom Moor und vor allem von dem düsteren Gefängnis in Princetown inspiriert. Nicht zuletzt die Tatsache, dass hier seit 4000 Jahren Menschen ihre Spuren hinterlassen haben, beweist, dass Dartmoor eine Anziehungskraft hat wie kaum ein anderer Ort.

Die Beschaffenheit

Das Moor beginnt im Norden bei Bovey Tracey, endet im Süden bei Tavistock und im Osten bei Ivybridge. Das Farbspektrum der Landschaft reicht

Mitte: Steht man auf diesem Stein, liegt einem ganz Dartmoor zu Füßen.
Unten: In der Lydford Gorge findet man die für Dartmoor typischen Farne.

von Honiggelb über Hellgrün bis hin zu Grau und Beige. Als Landmarken sieht man bizarr gekrümmte Bäume, klare Bäche und die *tors*, kahle Granitspitzen, die vor etwa 290 Millionen Jahren als flüssiges Magma an die Oberfläche gedrückt wurden und erstarrten. Seither hatte die Erosion freien Lauf, sie zu formen. Seit 1951 ist das etwa 1000 Quadratkilometer große Dartmoor ein Nationalpark. Aufgrund der vielen Regentage (218 im Jahr) und der landwirtschaftlich kaum nutzbaren Böden ist es auch eines der einsamsten Naturschutzgebiete Europas. Durch das unfreundliche Wetter, das hier nur allzu oft herrscht, lastet auf dem Moor meist eine düstere Stimmung.

Nährboden für Gruselgeschichten

So entstand hier ein idealer Nährboden für Legenden und Gruselgeschichten. Wenn sich die charakteristischen Nebelschleier über das Moor legen und die Schatten beginnen, hin und her zu huschen, dann kann man dies durchaus nachvollziehen. Die einsame, geheimnisvolle und gelegentlich auch gefährlich anmutende Region eignet sich bestens für Ausflüge mit dem Auto, Fahrrad oder Pferd sowie für Fußwanderungen. Wer Glück hat, erlebt Dartmoor an einem sonnigen Tag. Dann entfaltet sich die ungebändigte Schönheit des Moores: Die Spitzen der Hügel beginnen zu leuchten und das Heidekraut glüht regelrecht. Die Ursprünglichkeit der Region wird durch die vielen frei herumlaufenden Nutztiere unterstrichen: Schafe, Rinder und Ponys kreuzen den Weg des Wanderers. Allerdings sollte man keines der Tiere füttern, auch wenn sie noch so freundlich und zutraulich sind.

Geschichte und Sehenswertes

Zuerst besiedelten Jäger und Sammler das Dartmoor. Sie hinterließen Artefakte wie Werkzeuge

Die Gestalt der Bäume zeugt von der Kraft des Windes.

Einer der berühmten *tors* in Dartmoor.

aus Feuerstein. Ihnen folgten in der Jungsteinzeit Menschen, die hier sesshaft wurden. In Spinster's Rock kann man noch ein Felsengrab aus der Zeit dieser frühen Siedler besichtigen. Während der Bronzezeit errichteten die Bewohner Dartmoors Steinkreise wie Scorhill Circle bei Gidleigh. Um das Jahr 1000 herum veränderte sich das Klima und die Sümpfe breiteten sich immer weiter aus. Die Einwohner wurden gezwungen, an den Rand des Hochmoores zu ziehen. Solch eine Siedlung findet man zum Beispiel noch in Hound Tor.

Leben im Moor

Wer sich über das Leben in Dartmoor informieren möchte, kann dies 14 Kilometer nördlich von Okehampton tun. Hier befindet sich das Museum of Dartmoor Life, das die Veränderungen dokumentiert, die die Bewohner Dartmoors in den letzten 100 Jahren erlebt haben. Bei Lydford gibt es eine normannische Burgruine. Hier war bis zum Jahr 1800 das Zinngericht samt Gefängnis untergebracht. Wer Zinn gestohlen hatte, dem wurde als Strafe flüssiges Metall in den Mund gegossen. Bei Lydford Gorge rauscht der Fluss Lyd durch eine 2,5 Kilometer lange Schlucht und stürzt am White-Lady-Wasserfall in einer 27 Meter hohen Kaskade in die Tiefe.

Autotour durch Dartmoor

Die Tour führt quer durch Dartmoor und dauert etwa einen Tag. Man legt insgesamt 32 Kilometer zurück. In den kleinen Orten gibt es einige Pubs und Cafés, die einen Halt lohnen.

Ⓐ Tavistock – Start der Tour ist in Tavistock; hier wurde der Pirat und Seefahrer Francis Drake geboren. Von hier aus folgt man der B3357 Richtung Princetown. Dabei sieht man einige imposante *tors*.

Ⓑ Merrivale – Bei Merrivale kann man das Auto eine Weile stehen lassen, um einen kurzen Spaziergang durch die Steinreihen beziehungsweise -kreise zu machen.

Ⓒ Dartmoor Prison Heritage Centre – Beim nächsten Stopp kann man sich in Ruhe über das berühmte Gefängnis informieren.

Ⓓ HM Prison Dartmoor – Das Furcht einflößende, gruselige Gefängnis sollte man gesehen haben.

Ⓔ Princetown – Danach erreicht man Princetown, das leider seit dem Jahr 1809 im dunklen Schatten des Gefängnisses steht.

Ⓕ Two Bridges – Von Princetown aus geht es zum Ort Two Bridges, wo sich die zwei Hauptstraßen von Dartmoor kreuzen. Man folgt der Beschilderung nach Moretonhampstead und legt bei Postbridge den nächsten Halt an. Dort ist eine Brücke über den River Dart zu sehen, die schon 700 Jahre alt ist.

Ⓖ Warren House Inn – Auf dem Weg nach Lettaford kann man im Warren House Inn rasten.

Ⓗ Lettaford – Das nette kleine Dorf punktet mit seinen alten Steinhäusern.

Ⓘ Chagford – Von Lettaford geht es dann durch winzige, enge Gassen zum Ende des Ausflugs, auf den Dorfplatz von Chagford.

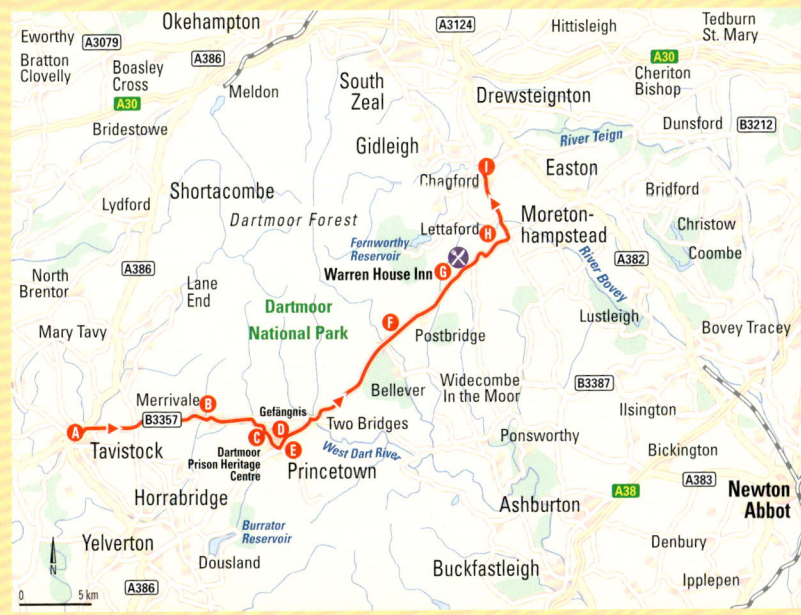

Im kleinen Tavistock kann man den berühmtesten Sohn der Stadt als Statue bewundern: Hier wurde 1540 Sir Francis Drake geboren, der später der englischen Marine als Admiral diente und sogar die Spanische Armada in die Flucht schlug.

Englands ältestes Gefängnis

Unweit davon steht das berühmteste Gefängnis Englands: das HM Prison Dartmoor in Princetown. Es wurde 1850 erbaut, um zu lebenslanger Haft verurteilte Kriminelle einzusperren. Im Informationsbüro kann man sich über die Strafanstalt informieren. Besonders toll ist Widecombe in the Moor. Der Name des Ortes, in dem es nur 200 Haushalte gibt, leitet sich ab von »Withy-combe« (Weidental). Hier steht eine niedliche Pfarrkirche, die auch als »Moorkathedrale« bekannt ist. Sie wurde im 14. Jahrhundert von Zinnarbeitern gestiftet, hat eine eher spärliche Innenausstattung und spiegelt das Leben der Minenarbeiter wider. Zudem ist die Stadt für die Widecombe Fair bekannt; dieser Jahrmarkt hat es sogar in das Volkslied *Old Uncle Tom Cobley an All* geschafft.

Oben: Die uralte Postbridge kann auch heute noch überquert werden–auf eigene Gefahr.
Mitte: Dartmoor ist berühmt für die vielen wilden Ponys.
Unten: Der Dartmoor River könnte mystischer nicht sein.

MAL EHRLICH

ÜBERALL, NUR NICHT DORT

Dartmoor ist ein wunderschöner Ort für Wanderungen. Allerdings sollte man den nördlichsten Teil auf jeden Fall meiden. In der Range Danger Area befindet sich ein militärisches Sperrgebiet. Es ist durch rot-weiße Markierungen am Boden und zusätzlich durch Schilder gekennzeichnet. Dieser Teil ist Übungsgelände für das britische Militär. Es wird dementsprechend auch scharf geschossen. Falls es nicht anders geht und man das Gebiet trotzdem durchwandern möchte, sollte man sich in jedem Fall über die *Weekly Firing Timetables* informieren, die in den Pubs, Herbergen und Polizeistationen aushängen.

Infos und Adressen

INFORMATION
Dartmoor National Park Authority, Parke, Bovey Tracey, Newton Abbot, Tel. 01626/83 20 93, www.dartmoor-npa.gov.uk

ESSEN UND TRINKEN
Gidleigh Park. Gutes Essen im Moor? Ja, das geht! Und zwar bei Michael Caine, der hier ein Mekka für Feinschmecker aufgebaut hat. Der Michelin würdigt seine Küche in einem wunderschönen Fachwerkanwesen mit einem Stern. Ein Abendessen mit drei Gängen kostet zwar 99 Pfund, dafür bleibt der Genuss aber sicherlich unvergesslich. Chagford, Tel. 01647/43 23 67, www.gidleigh.co.uk

The Forest Inn. Eine gelungene Kombination aus Restaurant, Bar und Bed and Breakfast. Hier kommen vorzugsweise frische Zutaten auf den Tisch, wobei es vor allem für Vegetarier eine große Auswahl gibt: Das Spektrum reicht von Spinat- und Pilzlasagne bis zum vegetarischen Chili. Hexworthy, Tel. 01364/63 12 11, www.theforest-inn.co.uk

SEHENSWÜRDIGKEITEN
Museum of Dartmoor Life. 3 West Street, Öffnungszeiten: Ostern bis Oktober Mo–Sa 10.15–16.30 Uhr, www.museumof dartmoorlife.eclipse.co.uk

Eine Autotour durch Dartmoor bietet sich an, wenn man nur wenig Zeit hat.

Die Grundstücksgrenze wird in Dartmoor mit Steinen eingezeichnet.

ÜBERNACHTEN
Dartmoor Inn. Sehr stilvoll eingerichtetes Inn, das allein Historienhasser abschrecken wird. Der Rest der Menschheit freut sich über helle, pastellfarbene Zimmer mit romantischen Betten und schönem Ambiente. Dafür zahlt man gerne 60 Pfund pro Person. Lydford, Tel. 01822/82 02 21, www.dartmoorinn.com

Fox & Hounds Hotel. Wahre Tausendsassas sind die Besitzer des Familienbetriebes Fox and Hounds Hotel. Sie vermieten nicht nur Zimmer und bieten Verpflegung, sondern betreiben auch noch einen Campingplatz. Lydford, Tel. 01822/82 02 06, www.foxandhoundshotel.com

Bovey Castle Hotel. Ein äußerst stilvolles Hotel, das seine fünf Sterne nicht umsonst trägt. Für die Gäste gibt es ein behagliches Kaminzimmer und einen schönen Spa-Bereich mit Pool, um abzuschalten. Von der Terrasse hat man einen tollen Blick auf das Moor und den Golfplatz, der hier quasi zum riesigen Parkgelände um das Hotel gehört. Als neuartige Freizeitgestaltung kann man hier auf Tontauben schießen oder auch Falken fliegen lassen. North Bovey, Dartmoor, Tel. 8444/4 74 00 77, www.boveycastle.com

30 Dartmouth
Devons schönste Hafenstadt

Leuchtend bunte Boote, die im Hafen dümpeln, ein halbmondförmiger Kai und sich an die Felsen schmiegende, dezent pastellfarbige Häuser: Dartmouth ist ein Bild von einer Hafenstadt. Die Einwohner der Stadt blicken auf eine glorreiche Schifffahrtsgeschichte zurück. Dartmouth sah Persönlichkeiten wie Richard Löwenherz oder Eduard III. hier ihre Schiffe besteigen, um zu heroischen Taten aufzubrechen. Heute zieht das fotogene Dorf hauptsächlich die Segelschickeria an.

Wenn man nach Dartmouth kommt, wird einem schnell klar, warum die Stadt für viele die schönste Hafenstadt Devons ist: Die Masten der Jachten wippen über dem dunkelblauen Meer, und das Dorf mit seinen pastellfarbenen Häusern gruppiert sich um den halbmondförmigen Kai. Was schon Daniel Defoe im Jahr 1720 sagte, »Dartmouth kann 500 Segelschiffe jedweder Größe aufnehmen«, bewahrheitet sich vor allem in den Sommermonaten immer wieder aufs Neue. Dann beherbergt der Hafen mehrere Hundert Schiffe. Heute gesellen sich zu den bunten Fischerbooten jedoch nicht mehr so wie einst Kriegsschiffe und Kaufmanskoggen, sondern vor allem gepflegte Segelboote.

Mitte: Malerische Szenerie in Dartmouth.
Unten: An Sommertagen sollte man ein Picknick an der Kaimauer machen.

Diesen vielen Besuchern verdankt die Stadt, wo sich der Fluss Dart zum Meer hin noch einmal verengt, dass sie eine der prosperierendsten der Gegend ist. Der Fluss, der auch Dartmouth seinen Namen verleiht, entspringt in Dartmoor und ist ab Totnes schiffbar. Eine Schiffsreise von Dartmouth nach Totnes ist ein Erlebnis, da die Flora und Fauna rund um den Fluss Dart besonders schön sind.

Maritime Geschichte

In Dartmouth ist alles eng mit dem Meer verknüpft. Demzufolge ist klar, dass alle einschneidenden Ereignisse der Weltgeschichte, die hier ihren Anfang nahmen, mit dem Meer und der Schifffahrt zu tun haben: Die Römer waren die Ersten, die das Potenzial Dartmouths an der Flussmündung erfassten, woraufhin sie einen Hafen errichteten. Im Mittelalter, im Jahr 1190, begann Richard Löwenherz hier seine Reise ins Heilige Land, um seinen dritten Kreuzzug durchzuführen. Eduard III. versammelte hier 1347 die englische Flotte, um die Belagerung von Calais durchzuführen, und im Jahr 1588 brachen die Briten von hier auf, um die Spanische Armada zu besiegen. Eine letzte große Rolle spielte Dartmouth während des Zweiten Weltkrieges, als rund 480 amerikanische Schiffe vom Warfleet Creek aus in die Normandie aufbrachen, um dem Kriegsgeschehen eine neue Wendung zu geben. Seit 1905 bildet das Britannia Royal Navy College in Dartmouth Offiziere aus. Es ist die Pflicht aller männlichen Mitglieder der königlichen Familie, diese Kaderschmiede der Kriegsmarine zu durchlaufen. Noch immer prägen die Uniformen der Royal Navy das Stadtbild von Dartmouth.

Ein Spaziergang

Wer Fachwerkhäuser mag, kommt hier voll auf seine Kosten, denn in den verwinkelten Gassen der Stadt stehen einige der schönsten dieser Gebäude in ganz England. Besonders sehenswert ist der Butterwalk, eine malerische Häuserzeile mit Kolonnaden. Direkt am Butterwalk befindet sich auch das Dartmouth Museum, in dem sich viele interessante nautische Fundstücke finden: Schiffsmodelle, Drucke und Landkarten vermitteln einen guten Einblick, welche Navigationshilfen man früher benutzte. Durch die ganze Stadt ziehen sich

AUSFLUG NACH DITTISHAM
Ein paar Kilometer flussaufwärts befindet sich das schmucke Städtchen Dittisham. Einst war es bekannt für seine großzügig angelegten Obstplantagen, von denen die Dittisham-Zwetschge stammte, die im ganzen Land beliebt war und meist Ende Juli geerntet wurde.
Heute sind nur noch ein paar dieser Obstanlagen übrig, dafür ist Dittisham jetzt bei jenen Reichen und Schönen beliebt, die sich hier ein Haus leisten können. Ein Spaziergang durch die Stadt, die »Ditsum« ausgesprochen wird, ist äußerst romantisch und kann an sonnigen Tagen zu den schönsten Unternehmungen zählen, die man in Devon machen kann.

Auf der Dart Valley Line fährt eine nostalgische Lokomotive.

außerdem hübsch verzierte Ladenfassaden. Man kann in den Charme der Architektur des 17. Jahrhunderts eintauchen. Die interessantesten Geschäfte befinden sich in der Smith Street, und die schönste Kirche der Stadt ist die im normannischen Stil errichtete St. Petrox Church. Ihr Ursprung reicht bis ins 6. Jahrhundert zurück. Gleich bei der Touristeninformation in der Mayor's Avenue findet man eines der prägendsten Stücke der industriellen Revolution: Die vom Schmied Thomas Newcomen (1663–1729) erfundene Dampfmaschine wurde hier wieder aufgebaut. Er entwickelte dieses Modell rund 70 Jahre vor James Watt.

Dartmouth Castle

Um die Mündung des Dart zu überwachen, wurde im 15. Jahrhundert etwas südlich der Stadt auf einem Felsvorsprung das Dartmouth Castle errichtet. Zwei Fakten gleich voraus: Zum einen besaß diese Wehranlage die ersten Schießscharten für Artillerieeinsätze, und zum anderen konnte man von hier aus eine Kette zum Kingswear Castle am Ostufer spannen und so den Hafen schließen.

MAL EHRLICH

PARKKATASTROPHE

Parken ist beinahe nirgendwo so schwer wie in Dartmouth zwischen April und September. Darum ist es am besten, man fährt erst gar nicht in die Stadt hinein, sondern stellt sein Auto schon auf dem Park & Ride-Parkplatz auf der A3122 in der Nähe des Dartmouth Leisure Centres ab. Von dort aus fahren alle 10 bis 20 Minuten Busse in die Stadt. Eine weitere Möglichkeit, den fürchterlichen Verkehrs- und Parkzuständen zu entgehen, ist, von Totnes aus mit dem River Link per Boot anzureisen.

Oben: Das Dartmouth Castle wacht über den Fluss Dart.
Mitte: In Dartmouth sieht man noch Fachwerkshäuser aus dem Mittelalter.
Unten: Das Royal Castle Hotel ist das erste Haus am Platz.

Infos und Adressen

INFORMATION

Dartmouth Tourism Services, Mayor's Avenue, The Engine House, Dartmouth, Tel. 01803/ 83 42 24, www.discoverdartmouth.com

ESSEN UND TRINKEN

Crab Shell. Für einen Imbiss zwischendurch ist man in der »Crab Shell« bestens beraten. Wie der Name schon sagt, kommt hier fast ausschließlich Meeresgetier zwischen Brotscheiben auf den Tisch. Vieles davon war schon im Räucherofen, einiges ist aber auch ganz frisch. 1 Raleigh Street, Tel. 01803/83 90 36.

Jan & Freddies Brasserie. Der Name lässt es vielleicht nicht vermuten, doch dies ist eines der besten Restaurant der Gegend – ein Muss für Gourmets. 10 Fairfax Place, Dartmouth, Tel. 01803/ 83 24 91, www.janandfreddiesbrasserie.co.uk

SEHENSWÜRDIGKEITEN

Dartmouth Museum. Duke Street, Dartmouth. Öffnungszeiten: April bis Oktober Mo–Sa 10–16 Uhr, November bis März Mo–Sa 12–15 Uhr, www.dartmouthmuseum.org

Museum im Dartmouth Castle. Castle Road, Dartmouth. Öffnungszeiten: April bis Oktober tgl. 10–17 Uhr, November bis März Sa 10–13 Uhr und 14–16 Uhr, www.thedartmouthcastle.co.uk

ÜBERNACHTEN

Townstal Farm House. Relativ günstig kommt man in diesem uralten Farmhaus etwa einen Kilometer außerhalb der Stadt unter. Auf den Zimmern gibt es Teekocher, zahlreiche Teesorten und jeweils einen Fernseher. Morgens wird ein riesiges English Breakfast serviert, das einen bis zum Abendessen stärkt. Townstal Road, Tel. 01803/83 23 00, www.townstalfarmhouse.com

Kingswear Castle. Wenn man mit Freunden oder einer großen Familie unterwegs ist, bietet sich das Kingswear Castle an, um von hier aus Devon zu erkunden. Es handelt sich um ein mittelalterliches, vom Landmark Trust renoviertes Schloss, das nun Urlaubern zur Verfügung steht. Es wurde wunderschön hergerichtet, befindet sich direkt am Meer und lässt alle romantischen Träume vom Mittelalter in Erfüllung gehen. Kingswear, Tel. 01628/82 59 25, www.landmarktrust.org.uk

Am schönsten erkundet man Dartmouth mit dem Boot.

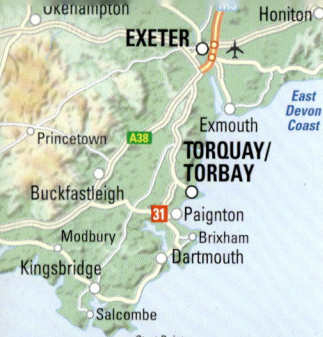

31 Paignton
Torquays ruhige Schwester

Fährt man von Torquay in Richtung Süden, kommt man unweigerlich nach Paignton, denn der spätberufene Badeort ist quasi mit dem Stadtgebiet Torquays zusammengewachsen. Weiter südlich wartet Brixham mit weiteren Stränden und schönen Aussichtspunkten. Wer es gerne ruhiger hat, kann sich statt in Torquay in einem dieser beiden unauffälligeren, aber nicht minder schönen Orte einquartieren.

Als Badeort wurde Paignton erst nach dem Zweiten Weltkrieg entdeckt. Davor war es hauptsächlich Fischerdorf. Einen Hafen hat Paignton seit dem Jahr 1840 und einen Bahnhof seit Mitte des 19. Jahrhunderts. Seit einigen Jahrzehnten ist es als »Sandburgen-Resort« bekannt, das sich vor allem für Urlaub mit Kindern eignet. Die breiten Sandstrände wie die Paignton Sands mit ihrem feinen, roten Sand und der weitläufigen Promenade dahinter machen die Stadt zum perfekten Urlaubsort.

Sehenswertes

Paignton weist vor allem ein architektonisches Highlight auf: Das Oldway Mansion, das einmal dem amerikanischen Nähmaschinenmogul Isaac M. Singer gehörte. Sein ehemaliges Wohnhaus zählt mittlerweile mehr als 100 Räume, denn Singers Sohn veränderte es nach einem hochgegriffenen Vorbild: dem Schloss von Versailles. Gleich bei den Paignton Sands befindet sich auch der 1879 erbaute Paignton Pier. Dort geht es eher nostalgisch zu: Bei Vergnügungen wie Autoscooter, Trampolinspringen oder Minigolf wird es garantiert nicht langweilig. So können hier sowohl Kinder als auch Erwachsene einen wunderschönen Tag am Meer verbringen.

Mitte: Das Oldway Mansion in Paignton ist besonders beeindruckend.
Unten: Der Totnes Steam Train entführt einen in eine längst vergangene Zeit.

Die Strände rund um Paignton

Paignton Sands ist der Stadtstrand, der dem Besucher einfach alles bietet: Von ruhigem Gewässer, das sich bestens zum Planschen eignet, über feinen Sand, bis hin zur langen Promenade, an der alle paar Meter Zeitungskioske, Cafés oder kleine Imbissbuden stehen. Auf der Höhe des Redcliffe Hotels heißt der Strand, der bei Ebbe mühelos von Paignton Sands erreichbar ist, dann Preston Sands. Im etwas südlicheren South Sands sorgen die Strandhütten, Liegestühle und Tretboote, die man hier leihen kann, für gemütliches Flair. Noch ein Stück weiter südlich, Richtung Brixham, befindet sich der Broadsands Beach, der mit der begehrten Blauen Flagge als Strand in hervorragendem Zustand ausgezeichnet wurde. Dort hat man auf dem breiten, roten Sand viel Platz, um Sandburgen zu bauen. In der teilweise sehr geschützten Bucht braucht man auch keine Bedenken beim Schwimmen mit Kindern zu haben.

Spannender Zoo

Das gleiche Team, das für Living Coasts (s. S. 187) verantwortlich ist, hatte auch bei der Konzeption des Paignton-Zoo seine Hände im Spiel. Auf insgesamt 32 Hektar imitieren die Gehege die verschiedensten Lebensräume, von der trockenen Savanne bis hin zum tropischen Regenwald. Besonders gut gelungen sind das Löwengehege, das nur von Glaswänden umgeben ist, der einladende Lemurenwald und die Orang-Utan-Insel.

Doch es gibt auch eine Savanne, einen Wald, einen tropischen Urwald und eine Wüste, in der sich die Tiere (fast) wie zuhause fühlen. Für den Besucher ergibt der Paignton Zoo ein wunderschönes homogenes Bild mit Tieren in einer Landschaft, die ihrer natürlichen Umgebung sehr ähnlich ist.

AUTORENTIPP!

DIE POSTFOSSILE STADT

Bis zum Jahr 2030 will es die ein paar Kilometer im Landesinneren liegende Stadt Totnes geschafft haben, von fossilen Energien unabhängig zu sein. Im Moment laufen schon einige Projekte, die darauf abzielen, den Konsum auf ausschließlich lokale Produkte zu beschränken, um die Wirtschaft vor Ort zu stärken und erneuerbare Energien einzusetzen. (Mehr dazu unter www.totnes.transition.network.org) Sogar eine eigene Währung, das Totnes Pound wurde eingeführt. Die Stadt hat schon heute einen relativ hohen Anteil an Alternativen und Hippies und eine dementsprechend ausgeprägte vegetarische und vegane Szene. Ein Besuch lohnt sich aber nicht nur wegen der alternativen Ideen und Lebensweisen, da sich hier seit dem 16. Jahrhundert architektonisch nicht viel verändert hat. Über der Stadt thront nach wie vor die Ruine einer normannischen Burg und der elisabethanische Butterwalk mit seinen Arkaden hat einen ganz besonderen Charme.

Tourist Information Centre,
Town Mill, Coronation Road, Totnes,
Tel. 01803/86 57 71,
www.totnesinformation.co.uk

Totnes ist besonders hübsch, wenn es von der Sonne geküsst wird.

Charmantes Brixham

Hier ist die Fischerei noch in vollem Gange. Mit 270 Schiffen fährt hier täglich eine große Flotte hinaus aufs Meer. Brixham hat sich seine alten Muster bewahrt und präsentiert sich dem Besucher gerne als emsiger Fischereihafen. Am besten taucht man in das Geschehen ein, wenn man um sechs Uhr früh bei der Fischauktion dabei ist. Die Ungeschminktheit und Echtheit, mit der hier gearbeitet wird, erfreut besonders Alternativtouristen und natürlich Hobbyfotografen, die sich am Fischmarkt so richtig austoben können.. In den Ufercafés kann man gemeinsam mit den Fischern frühstücken.

Fischreiche Speisekarte

Dass Brixham einer der ertragreichsten Fischereihäfen Devons ist, spiegelt sich natürlich auch auf den Speisekarten wider: Seezunge, Steinbutt, Seeteufel, Scholle, Rotbarbe, Calamares, Loup de Mer, Makrele, Kabeljau und andere Arten bereichern die Menüs und Speisekarten der Stadt. Für Schiffs- und Piratenfans hat Brixham zwei ganz besondere Dinge in petto: Das Museumsschiff »Golden Hint« ist ein Nachbau der Fregatte, mit der Sir Francis Drake 1577 die Welt umsegelte, und am Donnerstag ist dort auch noch Piratentag, an dem alle verkleidet sind. Faschingsstimmung vorprogrammiert!

Oben: Das Paignton Pier zeugt von einer langen touristischen Vergangenheit.
Mitte: Nichts ist typischer für Paignton als diese weiß-blauen Strandhütten.
Unten: Für Zerstreuung sorgt der Minigolfplatz am Pier.

Infos und Adressen

ESSEN UND TRINKEN

Old Singer Tea Shop. Voll mit Singer-Nähmaschinen und ähnlichen Memorabilien ist dieser altmodische Teeladen, in dem man von Cream Tea über üppige Torten bis zu Ofenkartoffeln und herzhaften Suppen eine gute Auswahl an traditionellen englischen Speisen bekommt. 41 Torquay Road, Tel. 01803/66 66 35, www.theoldsingerteashop.co.uk.

Occombe Farm Shop & Café. Eine Mischung aus Bio-Laden mit vielen regionalen Produkten, Bäckerei und Verkaufsstand sowie Café, ist dieser Laden sowohl bei Besuchern als auch bei Einheimischen sehr beliebt und stets gut besucht. Das Café befindet sich im ersten Stock und bietet hervorragendes Frühstück sowie leckere Snacks an. Preston Down Road, Tel. 01803/52 00 22, www.occombe.org.uk

Church House Inn. In einem Gebäude aus dem 14. Jahrhundert wird heute groß aufgekocht. Mit Butternusskürbissuppe inklusive Zimtsahne und Lammschulter auf marokkanisch gewürzter Sauce kann man sich hier auf ein Feinschmeckermahl einstellen. Village Road, Marldon, Tel. 01803/ 55 82 79, www.churchhousemarlodn.com

SEHENSWÜRDIGKEITEN

Paignton Zoo. Totnes Road, Öffnungszeiten: 10–17 Uhr, Tel. 01803/69 75 00, www.paigntonzoo.org.uk

Paignton hat einen ausgedehnten Strand.

Totnes mit seinen typischen Schornsteinen.

ÜBERNACHTEN

Redcliffe Hotel. Ein wunderschönes Hotel direkt am Meer. Das Haus wurde Mitte des 19. Jahrhunderts erbaut und 1904 in ein Hotel umgewandelt. Wer es altmodisch-elegant mag, ist hier richtig. Das relativ große Hotel bringt in seinen 68 Räumen zahlreiche Gäste unter. Trotzdem fühlt man sich hier vom Personal immer persönlich und speziell behandelt. Marine Drive, Tel. 01803/52 63 97, www.redcliffehotel.co.uk

Roundham Lodge Hotel. Alleine schon die Gastgeber ähneln perfekt unserem Bild eines englischen Gentleman und einer Lady. Hilfsbereit, nett, zuvorkommend, ohne aber aufdringlich zu wirken, heißen sie einen in ihrem Haus willkommen. Das Haus selbst wurde im 19. Jahrhundert erbaut und ist nahe am Zentrum gelegen. Die Zimmer haben teilweise Blick aufs Meer und sind großzügig und sauber. In der Lounge gibt es Tee und Kekse zur freien Entnahme, das Frühstück wird stets frisch zubereitet. Roundham Road, Paignton, Tel. 01803/55 84 85, www.roundhamlodge.co.uk

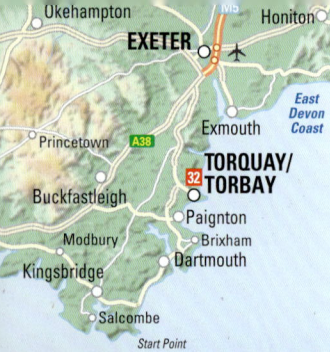

32 Torquay
Die Perle der englischen Riviera

Torquay ist die Perfektion eines Urlaubsortes: Palmen, Bootsstege, rostrote Klippen und das ewig glitzernde Meer erinnern mehr an Südfrankreich als an das verregnete England. Eine zusätzliche interessante Komponente ist, dass hier Agatha Christie gelebt und beinahe alle ihre Krimis geschrieben hat. So können Krimi- und Christie-Fans in Torquay und Umgebung viele wichtige Orte aus ihren Werken oder ihrem Leben wiederfinden.

Torquay hat etwas mit Rom gemeinsam: Es wurde ebenso auf sieben Hügeln erbaut. Die Stadt zählt 62 000 Einwohner und erstreckt sich über den nördlichen Rand der Torbay. Allein deren Beschreibung macht die Umgebung von Torquay schon zum perfekten Urlaubsziel: Die 35 Kilometer lange Küste ist gesäumt von rötlichen Klippen und Sandstränden.

Hinzu kommen immer wieder von Palmen gesäumte Uferpromenaden und eine Vegetation, die man normalerweise nur rund ums Mittelmeer erwarten würde. Somit kann man hier hautnah ein traditionsreiches englisches Seebad erleben, dessen Charme jedoch leider schon etwas verblasst ist.

Sprachschüler überall

In den Sommermonaten ist Torquay beliebtes Reiseziel für Schülergruppen und Sprachschüler. Sie stürzen sich vor allem auf die zahlreich vorhandenen Spielautomaten an der Promenade. Ein beliebter Treffpunkt ist auch der Strand direkt in der Stadt, an dem man auf die typischen weißen Strandhäuschen trifft, die mit ihren bunten Türen echt englisches Badeflair verbreiten.

Mitte: Die Sandsteinklippen rund um Torquay wirken komplett anders als ihre grauen »Brüder« in Cornwall.
Unten: Palmen und Hyazinthen erzeugen südliches Flair an der Küste Englands.

184

Bei Agatha, Archie und Co.

Ⓐ Touristeninformation – Der Rundgang startet im Herzen Torquays an der Touristeninformation.

Ⓑ Pavilion – Weiter geht's zum Pavilion, wo einst Agatha Christie ihren ersten Mann Archie kennenlernte.

Ⓒ Princess Pier – Der Princess Pier ist nach wie vor ein beeindruckender Ort. Hierher zog es die junge Agatha Christie oft zum Rollschuhfahren. Der Pier wurde 1890 designt und vier Jahre später mit der Stahlverzierung ausgestattet.

Ⓓ Grand Hotel – Im Grand Hotel, ganz in der Nähe des Bahnhofs, verbrachte Agatha Christie ihre Flitterwochen mit Archie.

Ⓔ English Riviera Center – Schwimmbad, Fitnesscenter und Restaurant gefällig? Im English Riviera Center bekommt man das alles und noch viel mehr geboten. Hier wird das Konzept Freizeit wirklich gelebt!

Ⓕ Torquay Museum – Das Torquay Museum beherbergt ein Sammelsurium von Mumien, Belegen der alten Lebensweise in Devon und natürlich vielen Exponaten, die etwas mit Agatha Christie zu tun haben.

Ⓖ Living Coasts – Der maritime Zoo direkt am Hafen von Torquay ist das Zuhause von Pinguinen, Seelöwen und natürlich vielen verschiedenen Fischen und sogar Seepferdchen.

Ⓗ Hotel Imperial – Ein weiterer interessanter Ort für Christie-Fans ist dieses Hotel, das Agatha Christie als Vorbild für *Das Haus an der Düne* diente. (Im Roman heißt es allerdings Majestic Hotel.) Bevor man es »nur« von außen besichtigt, sollte man sich den Luxus eines mehrgängigen Menüs oder gar einer Übernachtung hier gönnen. Von der Terrasse aus hat man einen schönen Ausblick über die ganze Torbay. Empfehlenswert ist auch die Familiensuite.

Ein positiver Effekt des Krieges

Im Grunde genommen hat Torquay seinen jetzigen Charakter den Napoleonischen Kriegen zu verdanken: Als Frankreich und England sich bekriegten, begannen die meereshungrigen Briten, nach Torquay statt nach Frankreich in den Urlaub zu fahren. Dies begründete Torquays Ruf als Seebad. Seit dem 18. Jahrhundert ist die Stadt ein beliebtes Domizil für Sommerfrische und Kur. Dieser frühen »Eroberung« durch reiche Engländer hat Torquay die Villen zu verdanken, die wie Dominosteine auf seinen sieben Hügeln aufgereiht sind. Auch der Dichter Alfred Tennyson bezeichnete die Stadt als »liebreizendsten Küstenort in England«.

Sehenswertes

Im Jahr 1196, als Torquay noch sehr weit davon entfernt war, ein schmuckes Strandbad zu sein, wurde hier eine Prämonstratenserabtei errichtet. Da Heinrich VII. (1457–1509) allerdings alle Klöster schloss, wurde auch dieses Kloster zur Ruine.

Oben: Am Pavillon in Torquay lernte Agatha Christie ihren Mann Archie kennen.
Unten: Die Pubszene in Torquay ist groß.

Torquay

Mittlerweile hat man einen Teil davon wieder aufgebaut. Heute nutzt eine Kunstgalerie das Gebäude. Der große Garten mitsamt Gewächshaus befindet sich gleich hinter den Tennisplätzen des Abbey Parks. Weiteres zur Geschichte Torquays erfährt man im Torquay Museum. Unter anderem sieht man hier archäologische und naturhistorische Funde aus Kent's Cavern oder Werkzeuge und Gebrauchsgegenstände aus dem ländlichen Leben in Devon. Wem das Museum allerdings nicht genug ist, der kann direkt zur Kent's Cavern fahren. Die Höhle liegt rund zwei Kilometer außerhalb Torquays und war bereits in prähistorischen Zeiten bewohnt. Auf den Wänden kann man Szenen mit Menschen erkennen, die vor einem Lagerfeuer sitzen. Ansonsten ist sie ein schönes Exemplar einer Tropfsteinhöhle. Eine nette Attraktion ist auch das Babbacombe Model Village. Hier wurde eine kleine Welt für sich aufgebaut, mit Tausenden von Miniaturhäusern und sogar einem Schloss. Doch die Macher beschränkten sich im 1963 eröffneten Park nicht nur auf die Gebäude, sondern belebten sie auch mit kleinen Figuren. Sehenswert ist vor allem der voll animierte Zirkus. Selbst wenn es regnet, kann man in einem 4D-Kino mit angeschlossenem Cafe etwas erleben. Vor allem, wenn man mit Kindern reist, sollte man die Living Coasts auf keinen Fall auslassen. Hier kann man auf den schön nachgebauten Strandlandschaften lebendige Tiere wie Pinguine oder Seelöwen beobachten.

Strände in der Umgebung

Als Besucher Torquays hat man die Qual der Wahl, zumindest, wenn man baden möchte. Denn rund um die Stadt befinden sich ganze 20 Strände, zwischen denen man sich entscheiden muss! Kein Wunder, dass gerade Torquay schon so früh zum beliebten Seebad wurde. Während sich Urlauber meistens am Torre Abbey Sands aufhalten, neigen

AUTORENTIPP!

TORQUAY AUF AGATHAS SPUREN

Viele Besucher entscheiden sich für Torquay, weil hier Agatha Christie lebte und schrieb. Diese Fans werden auf keinen Fall enttäuscht, denn die Autorin, deren Bücher gleich nach der Bibel und William Shakespeares Werken auf der ewigen Bestsellerliste stehen, wurde in Torquay geboren und verbrachte hier den größten Teil ihres Lebens.

Sie hinterließ viele Spuren, die mit dem Agatha Christie Trail zu einem schönen Stadtrundgang verbunden wurden. Der Pavillon gleich im Stadtzentrum war der Ort, an dem sie ihren ersten Mann Archie kennenlernte. Die beiden verbrachten ihre Flitterwochen im Grand Hotel, das auch zu Fuß vom Stadtzentrum aus zu erreichen ist. Außerdem war sie oft mit ihren Rollschuhen am Princess Pier unterwegs!

Agatha Christie in ihrem Haus in Greenway.

AUTORENTIPP!

EIN AUSFLUG NACH GREENWAY

Vom Princess Pier fährt eine Fähre nach Greenway. Dort kann man das wunderschöne, vom National Trust gepflegte ehemalige Anwesen von Agatha Christie besichtigen. Nicht nur Christie-Fans werden es interessant finden, zu sehen, wo die große Schriftstellerin zu frühstücken pflegte sowie ihre Sommer und Weihnachtsfeste verbrachte. Das Gebäude ist umgeben von einem 30 Hektar großen Park und birgt im Inneren viele Erinnerungen an den Einrichtungsstil der 50er.Jahre.

Greenway House. Greenway Road, Galmpton, nahe Brixham, Tel. 01803/84 23 82. www.nationaltrust.org.uk/greenway

Im Hafen von Torquay ankern stets viele Segelboote – bei Sonnenschein ein malerisches Bild.

die Einheimischen eher zum Babbacombe, der mit seinen 73 Meter hohen Felsen einfach atemberaubend schön ist. Dorthin kommt man am leichtesten mit einer Seilbahn aus den 1920er-Jahren. Schon allein die Fahrt ist ein Abenteuer! In der direkten Umgebung liegen noch der Meadfoot Beach, ein langer Kiesel- und Sandstrand, sowie Hollicombe Beach, der wohl der ruhigste von allen ist. Weiters kann man auch nach Salcombe fahren, um dort zu baden. Der Ort befindet sich zwischen Bolt Head und Prawle Point und ist vor allem für Wassersportler aller Art interessant. Hier kann man surfen, segeln und insbesondere Wracktauchen. Denn 1936 ist hier die »Herzogin Cäcilie« versunken. Ein weiteres Highlight des Ortes ist »Overbeck's Museum & Garden« (Sharpitor, Salcombe, Mitte März bis Oktober 11–17 Uhr, www.nationaltrust. org.uk/overbecks). Dort gibt es eine fantastische Vegetation zu sehen: Yuccapalmen, Magnolien und Agaven wachsen hier, als wären sie in ihrer »natürlichen Heimat«. Zusätzlich hat man einen tollen Blick auf die Bucht.

Infos und Adressen

INFORMATION

Torquay Tourist Office, Vaughan Pde,
Tel. 01803/21 12 11, www.theenglishriviera.co.uk

ESSEN UND TRINKEN

Elephant Restaurant & Brasserie. Das Restaurant bietet für alle etwas. Im Untergeschoss kann man das normale, aber dennoch köstliche Menü essen, das stets aus lokalen Zutaten wie dem Cornish Yarg oder wilden Pilzen zubereitet wird. Im Obergeschoss kocht Simon Hulstone für alle, die die Vorzüge eines Michelin-Sterns schätzen. Das sechsgängige Degustationsmenü kostet noch unter 50 Pfund. 3–4 Beacon Terrace, Tel. 01803/20 00 44, www.elephantrestaurant.co.uk

Nourish Café & Deli. Die Lösung für praktisch alle Probleme. Hier gibt es von süßen Cupcakes bis hin zum Sonntagsbraten alles, was das Herz begehrt. Zu Mittag vertreiben (auch vegetarische) Pies den schnellen Hunger. Fore Street, St. Marychurch, Tel. 01803/31 13 14, www.nourish-cafe-deli.co.uk

Number 7 Fish Bistro. Der Familienbetrieb hat sich dem frischen Fisch verschrieben. Wirklich genau im richtigen Moment vom Grill genommen, ist hier wahrlich jede Fischart ein wahrer Genuss. 7 Beacon Terrace, Tel. 01803/29 50 55, www.no7-fish.com

Torquay bietet nicht nur seinen zahlreichen Sprachschülern Einkaufsmöglichkeiten.

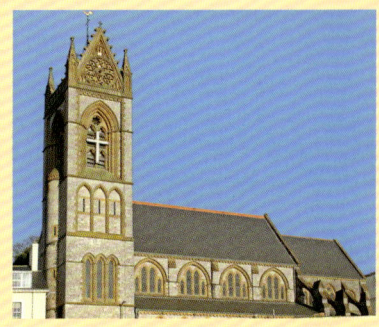

Die St. John's Church ist das größte Gotteshaus in Torquay.

SEHENSWÜRDIGKEITEN

Babbacombe Model Village. Hampton Avenue, Babbacombe, Tel. 01803/31 53 15, www.babbacombemodelvillage.co.uk

Kent's Cavern. Ilsham Road, Öffnungszeiten: 10.30–16 Uhr, www.kents-cavern.co.uk

Living Coasts. Torquay Harbourside, Beacon Quay, Tel. 01803/20 24 74, www.livingcoasts.org.uk

Torquay Museum. 529 Babbacombe Road, Öffnungszeiten: Ostern bis Oktober Mo–Sa 10–16.45 Uhr, So 13.30–16.45 Uhr, November bis Ostern Mo–Fr 10–16.45 Uhr, www.torquay museum.org

ÜBERNACHTEN

Cary Arms. Könnte man einen Urlaub in Devon schöner gestalten als im Cary Arms? Wahrscheinlich nicht! Dieses Boutique-Hotel ist eine romantisches Hide-Away wie es im Buche steht. Wunderschöne, perfekt aufeinander abgestimmte Möbel machen jedes Zimmer zu etwas Besonderem. Dafür kann man pro Person allerdings auch 100 Pfund für ein Zimmer mit Frühstück auf den Tisch legen. Beach Road, Babbacombe, Tel. 01803/32 71 10, www.caryarms.co.uk

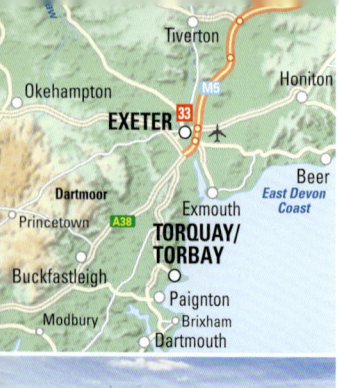

33 Exeter
Das geistliche und geistige Zentrum

Mit 110 000 Einwohnern ist Exeter eine der größten Städte Südwestenglands und bringt tatsächlich die Vorteile einer Großstadt mit sich: Exeter verfügt über eine angesehene Universität, viele Einkaufsmöglichkeiten, eine Vielzahl von Restaurants und Cafés sowie eine Kathedrale als beeindruckendes Wahrzeichen.

Exeter ist sowohl Verwaltungs-, Industrie- als auch Einkaufs- und Kulturzentrum Dorsets. Dank der Universität konnte Devons Hauptstadt neben dem historischen Baukern auch ein jugendliches Flair mit vielen Pubs und Livemusik entwickeln. Um Exeter zu erkunden, sollte man es in vier Viertel einteilen: das Kathedralenviertel, das Burgviertel, die High Street und die Quayside. So behält man den Überblick, denn an manchen Ecken kann Exeter durchaus schon Großstadtcharakter haben.

Das Kathedralenviertel

Wie der Name schon sagt, dominiert die 1257 bis 1369 erbaute St. Peter's Cathedral das mittelalterliche Viertel. Bevor die Kathedrale gebaut wurde, stand hier seit 690 ein Kloster. Das untere Segment der Westfassade sticht an dem sandsteinfarbenen Gebäude am meisten heraus.

Mitte: Das historische Herz von Exeter ist etwas Besonderes.
Unten: Die Exeter Cathedral ist die größte des Südwestens.

Zwischen Rosenfenster und Portalzone befinden sich hier drei Figurenreihen, die das himmlische Jerusalem darstellen. Die Figuren waren einst farbig und zeigen die Könige, über denen die Apostel und Propheten zu sehen sind. Beim Betreten der Kathedrale fällt sofort auf, dass das Kirchenschiff außergewöhnlich lang ist (angeblich

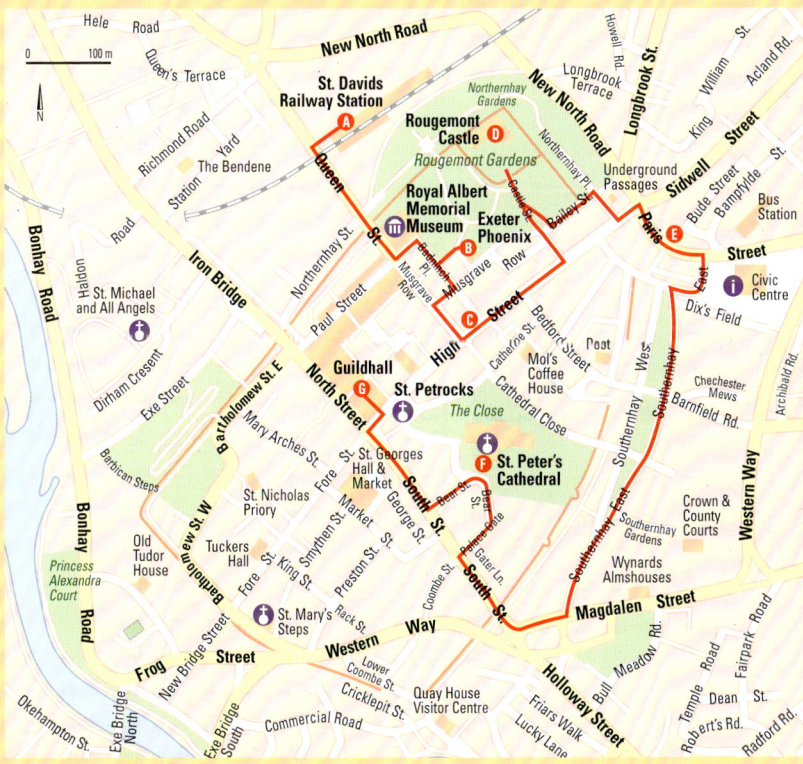

Ober- und unterirdische Entdeckungen

Ⓐ St. David's – Am Bahnhof St. David's kommen sowohl Züge aus London (Paddington) als auch aus dem südlich gelegenen Penzance an – ein guter Ausgangspunkt, um Exeter zu erkunden.

Ⓑ Exeter Phoenix – Das Exeter Phoenix ist der richtige Ort für Kunstbegeisterte. Hier finden stets Wechselausstellungen von Künstlern aus nah und fern statt. Das ganze Zentrum umfasst vier Galerien und eine Café-Bar; www.exeterphoenix.org.uk

Ⓒ High Street – Spaziert man auf der High Street Richtung Burgruine, kommt man an Fachwerkhäusern vorbei. Diese wurden zu Tudor-Zeiten errichtet, als Exeter noch Zentrum der Wollindustrie war.

Ⓓ Exeter Castle – Die Burg aus dem 11. Jahrhundert ist nur noch eine Ruine. Sie wurde von Wilhelm dem Eroberer nach 18-tägiger Belagerung 1068 gebaut.

Ⓔ Kanalisation – Der dritte Mann? So weit sind wir zwar nicht, aber ein Gang durch die Kanalisation hat seine Highlights, denn im mittelalterlichen Tunnelsystem erzählen humorvolle Führer die Geschichte der Stadt aus einer anderen Perspektive.

Ⓕ Exeter Cathedral – Die Kathedrale von Exeter ist eine der Hauptsehenswürdigkeiten der Stadt.

Ⓖ Guildhall – Die mittelalterliche Guildhall ist das älteste noch benutzte Rathaus Englands.

sogar das längste der Welt). Das Mittelschiff wird zudem noch von einem filigranen Rippengewölbe überspannt. Ein wahres Kunstwerk ist die Minstrel Gallery, eine Empore aus dem 14. Jahrhundert, auf der man Engel mit Musikinstrumenten sieht. Der Chor wurde 1315 errichtet und hat insgesamt 50 Miserikordien, die mit Drolerien geschmückt sind, wie zum Beispiel einem Elefanten mit den Beinen einer Kuh oder einem König im Siedekessel. Beachtenswert ist auch der Thron des Bischofs: Er ist 18 Meter hoch und mit Schnitzereien verziert. Kein einziger Nagel wurde hier verwendet, zusammengehalten wird er allein von Zapfen und Nuten. Zu besichtigen ist auch die Bibliothek, die stolz ihren Exeter-Codex aus dem 10. Jahrhundert mit altenglischen Gedichten zeigt. Rund um die Kathedrale befindet sich der Cathedral Place, wo mitten zwischen den alten Gebäuden das Leben pulsiert.

An schönen Tagen treffen hier picknickende Studenten auf junge Mütter und Touristen auf ältere Herrschaften beim Spaziergang. Die schönen, mit Holzbalken verzierten Gebäude laden zum Flanieren, Betrachten und Fotografieren ein. Auch Mol's Coffee House aus dem Jahr 1598 befindet sich direkt am Cathedral Close.

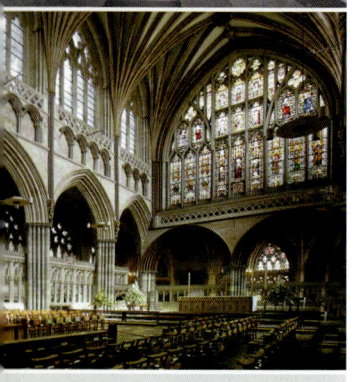

Oben: Rund um die Kathedrale in Exeter wurde ein Park angelegt. **Mitte:** Das Deckengewölbe der St. Peter Kathedrale Exeter ist ein architektonisches Meisterwerk. **Unten:** Die Glasfenster der St. Peter Kathedrale wurden bis ins kleinste Detail ausgearbeitet.

MAL EHRLICH

ACHTUNG VERKEHR!

Dass das kosmopolitische Flair sich auch negativ niederschlagen kann, fällt einem spätestens dann auf, wenn man sich entweder auf Parkplatzsuche oder im Stau in der Innenstadt befindet. Exeter ist bereits so groß, dass es eine Rushhour hat, leider aber so alt, dass die Stadtstrukturen dieser nicht gewachsen sind. Somit empfiehlt es sich, zur Hauptverkehrszeit auf die öffentlichen Verkehrsmittel umzusteigen oder am besten gleich zu Fuß zu gehen.

Burgviertel und High Street

Direkt an der High Street findet man die Überreste des einstigen Rougemont Castles, früher
Bollwerk und wichtiges Glied in der Verteidigungs-
maschinerie der Stadt. Sehenswert sind auch die
Rougemont Gardens, in denen man das älteste
normannische Pförtnerhaus besichtigen kann.
Des Weiteren sind die Northernhay Gardens zu
erwähnen, in denen noch große Teile der ehemaligen Stadtmauer stehen. Die High Street ist die
Fußgänger- und Einkaufsstraße von Exeter. Hier
dürfen nur Busse, aber keine Privatautos verkehren.
Große Ketten wie Boots, Marks & Spencer, Lush
und Gap haben hier genauso ihre Filialen wie kleine
unabhängige Geschäfte. Schön ist die Guildhall,
die schon seit über 600 Jahren den Bürgermeister
und sein Gefolge beherbergt. Das Gebäude stammt
aus dem 14. Jahrhundert und wurde 1468 bis 1469
umgestaltet. Bewundernswert ist die aufwendig
geschnitzte Eichentür.

Das West Quarter

Am südwestlichen Ende der High Street beginnt
die Fore Street, die direkt im Herzen des West
Quarter liegt. Die Geschäfte hier sind hauptsächlich »Independent Shops« und bieten einfach alles,
von der Surfausrüstung bis hin zu Spielsachen.
Donnerstags verwandelt sich die Fore Street in einen
Markt. Dann kann man hier von 9 bis 14 Uhr Obst,
Gemüse und andere Produkte aus der Region er-
werben.

Eine Parallelstraße zur Fore Street ist die Smythen
Street, die vor allem im Bereich des Stepcote Hill
sehenswert ist. Dort befindet sich auch die Kirche
St. Mary Steps aus dem 15. Jahrhundert, deren
Hauptattraktion eine Uhr aus dem 17. Jahrhundert
ist. Die Geschichte dazu ist schnell erzählt: Der

Exeter steht nicht still. Die neue
Einkaufspassage beweist dies
eindrucksvoll.

In Südengland gehören die Boote
zum täglichen Leben.

Müller Matthew arbeitete in einer Mühle, die unweit der Kirche lag. Er war angeblich so pünktlich,
dass man die Uhr nach ihm stellen konnte. So
errichtete man hier nach seinem Tod eine Uhr,
die seinen »Job« übernehmen sollte. Heute nickt
er seither zu jeder vollen Stunde mit dem Kopf.

Die Quayside

Wer einen schönen Tag zur Stadtbesichtigung erwischt, sollte sich den belebten Exeter Quay keinesfalls entgehen lassen. An sonnigen Tagen tummelt
sich hier die halbe Stadt zwischen all den kuriosen
Läden, Restaurants, Bars und Antiquitätenmärkten.
Die Anlegestelle zeugt noch von Exeters Vergangenheit als ein Zentrum der Wollverarbeitung;
damals wurde die Ware von hier aus verschifft.
Sehenswert sind auch das Zollhaus aus dem
17. Jahrhundert mit seinen roten Ziegeln und
das Wharfinger House, in dem einst der Mann resi-
dierte, der die Anlegegebühren der Schiffe eintrieb.
Zudem ist hier das Quay House Visitor Centre.

Infos und Adressen

INFORMATIONEN

Tourist Information Center. Civic Center, Dix's Field, Exeter, Tel. 01392/66 57 00, www.exeter. gov.uk/visiting

Quay House Visitor Centre. 46 The Quay, Tel. 01392/27 16 11, Öffnungszeiten: April bis Oktober tgl. 10–17 Uhr, www.exeter.gov.uk/quayhouse

ESSEN UND TRINKEN

Jack in the Green Inn. Das von außen sehr traditionell aussehende ehemalige Pub liegt etwa sieben Kilometer außerhalb von Exeter. Heute ist hier der Koch Matthew Mason am Werk und achtet mit viel Kreativität darauf, dass hier nur das Beste des Südwesten auf den Tisch kommt. Sein Essen ist ein Gedicht, die Preise akzeptabel. Rockbeare, Tel. 01404/82 22 40, www.jackinthegreen.uk.com

Lily's. Ein relativ neues, modernes, schönes Restaurant, mit dem man eigentlich nichts falsch

In Exeter kann man einige alten Fachwerkshäuser entdecken.

Bei der Kathedrale sieht man teilweise noch Reste der alten Stadtmauer.

machen kann. 153 Fore Street, Tel. 01392/27 86 41, www.lilysrestaurantexeter.co.uk

ÜBERNACHTEN

St. Olaves Hotel. Große, helle Zimmer vermitteln das Gefühl, hier gut untergebracht zu sein. Das georgianische Stadthaus steht noch dazu direkt im Zentrum der Stadt. Auch das Restaurant ist einen Versuch wert. Von hier aus hat man einen guten Blick in den Garten. Mary Arches Street, Tel. 01392/21 77 36, www.st.olaves.co.uk

Townhouse. Erst kürzlich renoviert, bietet dieses Hotel neun Räume mit jeweils viel Platz. Jedes der Zimmer ist nach einer fiktiven Berühmtheit benannt. So kann man entweder im Raum »Dorian Gray« oder in einem Zimmer namens »Money Penny« wohnen. Ein ruhiger Garten, die Nähe zum Zentrum und kostenlos Internet runden das Angebot ab. 55 St. David's Hill, Tel. 01392/49 49 94, www.townhouseexeter.co.uk

Park View Hotel. Hier kann man für rund 30 Pfund mit Frühstück übernachten, aber die Zimmer sind auch entsprechend unmodern. Wen das nicht stört, den erwarten hier Gastfreundschaft und ein gutes Frühstück. 8 Howell Road, Tel. 01392/27 17 72, www.parkviewexeter.co.uk

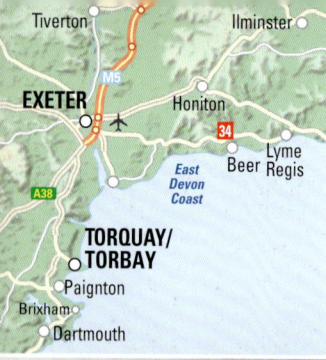

34 Beer
Das Postkartendorf

Entgegen der ersten Vermutung ist das Örtchen Beer weder für eine Brauerei noch für ein besonders gutes Pub bekannt: Das Dörfchen sollte man hauptsächlich wegen seiner beeindruckenden Lage tief in einer Felsbucht und wegen seines Charmes als uraltem Fischerdorf besuchen. Beer ist gleichzeitig Postkartenidylle und echter, intakter Fischerhafen. Es überzeugt seine Besucher mit Schönheit und Ehrlichkeit.

»Unten in Devon, unten in Devon/ Gibt's ein Dorf am Meer/ Es ist der Himmel auf Erden/ Und die Engel nennen's Beer«, besingt eine örtliche Weise den Charme des kleinen Ortes. Eine Vielzahl von Fischerbooten, die am Kieselstrand ruhen, und Hummerkörbe in allen Farben des Regenbogens, oberhalb ein Ort, den die Jahrhunderte scheinbar nicht verändert haben. Direkt am Strand befindet sich die Hütte des Fischhändlers, wo man den Fang des Tages bekommt. Ein Traum sind die Taschenkrebse, die man direkt am Strand genießen kann. Ganz speziell ist die Stimmung im August, wenn Beer Regatta feiert, denn zu diesem Termin kommen alle in der Welt verstreuten ehemaligen Einwohner Beers zurück in ihre Heimatstadt und feiern mit ihren Familien und Freunden ein großes Fest. Doch was Beer so einzigartig macht und von anderen Orten in der Region unterscheidet, sind die Felsen, die den Ort umgeben. Die bis zu 130 Meter hohen Klippen sind glatt und schneeweiß. Dadurch stehen sie im krassen Kontrast zu den rostroten Sand- und Tonsteinklippen, die den Rest Devons prägen. Diese geologische Besonderheit bildete sich vor etwa 70 Millionen Jahren heraus und ist um einiges jünger als der Rest der Klippen Devons, die vor 250 bis 200 Millionen Jahren entstanden.

Mitte: Seaton kann durchaus auch stürmisch erscheinen.
Unten: Uralte Pubs findet man mit viel Glück auf den Landstraßen Devons.

Schneeweißer Stein

Die Verarbeitung des Steins kann man in den Beer Quarry Caves bestens nachvollziehen. Wie man dort erfährt, wurde der Stein für zahlreiche (weltbekannte) Gebäude verwendet, etwa den Tower von London oder das Schloss in Windsor. Schon zu Zeiten der Römer, die damit begannen, das Stollensystem anzulegen, wurden hier Steine abgebaut. Mit einem Helm ausgestattet staunt man nicht schlecht, wenn man die bereits 2000 Jahre alten Schürfspuren und das ausgeklügelte Gangsystem besichtigt.

Von Fischern und Fischen

In Beer hat man die Wahl: Einerseits kann man die Fischer dabei beobachten, wie sie mit ihren Booten anlegen. Das ist in Beer durchaus ein Schauspiel, denn die Fischer fahren zuerst mit dem Boot bis zum Kieselstrand, wo sie dieses an ein Seil hängen. Dann wird das Boot über Holzbalken Stück für Stück bis über die Hochwassermarke gezogen. Andererseits hat es auch seinen Reiz, sich selbst auf Fischfang zu begeben: Die Namen der Boote, die man auf der Suche nach Makrelen begleiten kann, stehen gleich neben dem Dortmuseum angeschrieben. Dann geht es am Strand von Beer los. Von dort aus tuckert man zu den besten Fischgründen rund um Beer.

Klippenwanderung

Wer gutes Wetter erwischt, kann sich auf eine schöne, einstündige Wanderung nach Branscombe begeben. Der Weg führt mit Meerblick immer die Klippen entlang in den kleinen Ort mit reetgedeckten Cottages und einem fast immer leeren Strand. In östlicher Richtung von Beer wandert man drei Kilometer – ebenfalls über den Küstenpfad – nach Seaton.

Infos und Adressen

Beer Regatta. www.beer-regatta.co.uk

ESSEN UND TRINKEN

Steamers. Perfekt für einen Besuch mit Kindern eignet sich das Steamers, das in der alten Dorfbäckerei untergebracht ist. Für die lieben Kleinen gibt es eigene Stühle, Menüs, Wickeltische, Bücher und Spielzeug. Außerdem wird auch beim Essen auf die Vorlieben der Kids eingegangen. Für Erwachsene gibt es frische Meeresfrüchte, mediterrane Risottos oder sautierte Kalbsleber. New Cut, Tel. 01297/229 22, www.steamersrestaurant.co.uk

Barrel O'Beer. »Je näher, desto besser« ist wohl das Motto der Betreiber dieses Pubs. Fast alles wird aus der direkten Umgebung bezogen und dabei wird zusätzlich noch auf biologische Herstellung geachtet. Englische Pub-Klassiker bekommt man hier genauso wie schön arrangierte Gourmetküche. Dazu hat man eine wirklich große Auswahl an Bier, Cider und Wein. Fore Street, Tel. 01297/200 99, www.barrelobeer.co.uk

SEHENSWÜRDIGKEITEN

Beer Quarry Caves. Quarry Lane, Tel. 01297/68 02 82, Öffnungszeiten: Ostern bis September 10–17 Uhr, Oktober 11–16 Uhr, www.beerquarrycaves.fsnet.co.uk

ÜBERNACHTEN

Coombe View Farm. Auf dieser großzügig angelegten Farm, auf der Enten, Hühner, Schweine und Ponys leben, kann man neben einem Stellplatz für den eigenen Campingwagen auch noch feststehende Wohnwagen mieten. Der Bauernhof eignet sich speziell für einen Urlaub mit Kindern, da sie hier eine Menge Platz haben und es ein Fußballfeld und einen kleinen Spielplatz für sie gibt. Branscombe, Tel. 01297/68 02 18, www.branscombe-camping.co.uk

Bay View Guesthouse. Der South West Coast Path startet hier direkt vor der Haustür. Und als wäre das nicht schon motivierend genug, bekommt man hier auch noch für nur 60 Pfund pro Zimmer ein großartiges Frühstück mit Waffeln und Ahornsirup anstatt des üblichen English Breakfast. Ein wundervoller Ausblick und die in der hübschen Einrichtung ganz bewusst eingesetzten maritimen Farben setzen all diesen Vorzügen des Bay View Guesthouse die Krone auf. Sea Front, Fore Street, Tel. 01297/204 89, www.bayviewbeer.com

Great Seaside B & B. Ein idyllisches Bed and Breakfast, das in einem alten, steinernen Haus untergebracht ist. Branscombe, Beer, Tel. 01297/68 04 70, www.greatseaside.co.uk

Linke Seite: Beer hat eine Reihe umwucherter, wunderschön romantischer Cottages zu bieten.
Oben: Englischer Strandgenuss – an manchen Tagen kann es sogar hier bis zu 30 Grad haben!

35 Clovelly
Das Museumsdorf

Wer sehen will, wie Fischerdörfer in Devon früher ausgesehen haben, für den ist Clovelly absolutes Pflichtprogramm: Für historisch interessierte Besucher und Fans der ursprünglichen Lebensweise ist dieses völlig autofreie 400-Seelen-Dorf an der Nordküste Devons ein Höhepunkt. Komplett mit Kopfsteinpflaster versehen, bietet es neben der romantischen Atmosphäre zwei Kapellen, einige Restaurants und außergewöhnlich viele Souvenirläden.

Es gibt tatsächlich noch Dörfer in Devon, in denen das Leben stehen geblieben zu sein scheint. Eines davon ist sicherlich Clovelly mit seinen weiß getünchten Häusern aus dem 16. Jahrhundert, die allesamt so aussehen, als würden sie sich mit ganzer Kraft an die Klippen schmiegen.

Autofreie Zone

Das Dorf ist autofreie Zone und kann daher nur zu Fuß besichtigt werden. Wer hier übernachtet, kommt aber in den Genuss, sein Gepäck per Esel oder Schlitten zur Unterkunft gebracht zu bekommen. Da das gesamte Dorf in Privatbesitz ist, muss man hier sogar Eintritt zahlen (Erw. 6 Pfund, Kinder 4 Pfund). Dann kann man das kleine Fischerdörfchen mit all seinen alten Häusern, Gartenmauern und kopfsteingepflasterten Sträßchen allerdings erkunden, solange man will.

Sehenswert ist das Fisherman's Cottage (High Street), dessen Räume wie in einem typischen Dorfhaus in den 1930er-Jahren eingerichtet sind. Auch der Wasserfall am Ende des Strandes, hinter dem es eine versteckte Höhle gibt, lohnt einen Besuch.

Mitte: Um Clovelly zu besuchen, muss man sogar Eintritt zahlen.
Unten: Etwa 800 Meter geht man vom Parkplatz ins Zentrum von Clovelly.

Ausflug nach Barnstaple

Während in Clovelly die Zeit stehen geblieben zu sein scheint, blüht das nahe gelegene Barnstaple immer mehr auf. Das Handels- und Verwaltungszentrum Norddevons ist die größte und zugleich auch bedeutendste Stadt der Region. Das heißt aber bei Weitem nicht, dass die 24 500 Einwohner zählende Gemeinde Großstadtflair hat. Der Dorfcharakter wird hier gehegt und gepflegt, genauso wie die vielen Tausend Blumen, die Barnstaple 1996 den Titel »Schönste Blumenstadt Europas« einbrachten. Und wahrlich: Auf einem Streifzug durch den Ort sieht man an jeder Ecke die faszinierendsten Blumenmischungen. Barnstaple liegt eingebettet in eine Landschaft aus wilden Klippen, Heide und Hochmoor. Natur pur! Der perfekte Ausgangspunkt zum Wandern, Radfahren oder für andere sportliche Aktivitäten. Das Leben in dieser Stadt kann man hautnah erfahren, wenn man freitags den Viehmarkt oder freitags und samstags den Bauernmarkt besucht, zu dem alle Landwirte der Region kommen. Das bunte Treiben zeigt, wie erdig und echt hier alles trotz Tourismus noch ist.

Mittelalterliche Brücke

Das markanteste Kennzeichen der Stadt ist zweifellos die mittelalterliche Long Bridge über den River Taw. Sie überspannt den Fluss mit 16 Bögen und wurde, trotz mehrmaliger Korrekturen, seit der Errichtung beinahe im Originalzustand belassen. Die Brücke zeigt auch, welche Bedeutung die Stadt schon lange hat. Sie wurde von den Angelsachsen gegründet und im Jahr 930 von König Athelstan zur königlichen Stadt erhoben. Das erklärt auch, warum hier bereits vor der ersten Jahrtausendwende Münzen geprägt wurden. Der Wohlstand Barnstaples beruht auf dem Woll- und Tuchhandel sowie dem Schiffsbau. Das Zentrum dieser Aktivi-

In Clovelly sind auch die Straßen noch sehr urtümlich.

täten lag vor allem am Queen Anne's Walk, dem ehemaligen Kai. Doch wie an so vielen anderen Orten in Südwestengland verlandete der Fluss zunehmend und die Agrarwirtschaft trat in den Vordergrund. Das frühere Ortszentrum lag übrigens – für alle historisch Interessierten, die es gerne ablaufen würden – zwischen der St. Peter's Church und der Long Bridge. Beide Gebäude stammen aus dem Mittelalter.

Spaziergang durch die Stadt

Einen schönen Zugang zur Stadt bietet der Heritage Trail, dessen Begleitheft man im Tourismusbüro bekommt. Wenn man ihm folgt, kann man die Geschichte der Stadt am besten nachvollziehen. Der Ausgangspunkt und zentrale Platz ist The Square. Von hier aus kommt man direkt zum Pannier Market, Englands größtem überdachten Markt. Dort findet man freitags und samstags landwirtschaftliche Produkte, an anderen Wochentagen Kunstgewerbe, Textilien und Nippes. Seinen Namen hat der Markt übrigens von den Tragekörben der Händler.

St. Peter Church

Die St. Peter Church wurde 1318 geweiht. Im Inneren der Kirche kann man sich die Bildnisse bekannter Kaufleute ansehen. Gleich daneben steht die im 14. Jahrhundert errichtete Kapelle der Heiligen Anna. Das Gebäude diente lange Zeit als Schule. Die berühmte Long Bridge wurde 1273 errichtet, 1539 um drei Bögen verlängert und auch im 18. Jahrhundert noch einmal erweitert.

Szenen aus der Stadtgeschichte sieht man vor dem Eingang des Heritage Centre, das sich hinter den Kolonnaden des Queen Anne's Walks befindet. Es heißt Millennium Mosaic.

Oben: Der alte Fischerhafen in Clovelly wird auch heute noch genutzt.
Unten: Vom Hafen geht's gleich steil bergauf in den Ort.

Infos und Adressen

INFORMATION

Touristeninformation. Tel. 01237/43 17 81.
www.clovelly.co.uk

ESSEN UND TRINKEN

Boston Tea Party. Sehr heimeliges Café, das mit Backsteinwänden und Holzverkleidungen einen eigenen, urigen Charme hat. Hier gibt es guten (Fairtrade-)Kaffee und Speisen, die zu 80 Prozent in der Region produziert werden. 21-22 Tuly Street, Barnstaple, Tel. 01271/32 90 70, www.boston teaparty.co.uk

Fremington Quay Café. Dieses Café wurde in einem der alten Bahnhöfe des Tarka Trails eröffnet. Sehr gut ist der Holundersaft mit selbst gemachten Scones. Aber auch Bio-Speck und Fischsandwiches sind köstlich. Bickington, Barnstaple, Tel. 01271/ 37 87 83, www.fremingtonquaycafe.co.uk

»The Imperial« in Barnstaple: ein gediegenes Hotel.

Von der Kaimauer überblickt man Clovelly.

Owl Vegan Café. Bestens für vegan lebende Menschen ausgerichtet ist dieses Café, in dem man Gerichte wie Rühr-Tofu auf Toast oder gebackene Linsen bekommt. 1 Maiden Street, bei Boutport Street, Barnstaple, Tel. 01271/37 12 22.

ÜBERNACHTEN

East Dyke Farmhouse. Das vom Preis-Leistungs-Verhältnis beste B&B rund um Clovelly. Die Zimmer sind groß genug und das Frühstück ist reichhaltig. East Dyke Farm, Higher Clovelly, Bideford, Tel. 01237/43 12 16, www.bedbreakfastclovelly.co.uk

The Imperial. Elegante Adresse im herzen von Barnstaple mit Blick über den Fluss. Die Preise beginnen bei 59 Pfund pro Nacht, Frühstück und 5-Gänge-Menü inklusive. Taw Vale Parade, Barnstaple, Tel. 01271 345861, www.brend-hotels.co.uk/ theimperial

Beachborough Country House. Hier ist man der Natur sehr nah. Rund um dieses Bed and Breakfast gibt es Hühner und andere tierische Farmbewohner, die ein üppiges Frühstück garantieren. Die Zimmer mit Kaminen und altmodischen Fenstern versetzen den Gast in eine andere Zeit. Kostenpunkt: 35 bis 40 Pfund pro Person. Kentisbury, Tel. 01271/88 24 87, www.beachboroughcountry-house.co.uk

SOMERSET, BATH, BRISTOL

36 Lynton und Minehead
Naturparadiese in Exmoor

Die Zwillingsdörfer Lynton und Lynmouth sind beliebte Urlaubsorte. Sie sind schon an sich wunderschön, befinden sich direkt am nördlichen Ende des Exmoor-National-parks und haben den zusätzlichen Vorteil, dass sowohl der Tarka Trail als auch der South West Coast Path durch sie hindurch-führen. Letzterer beginnt übrigens in Minehead, dem größten Ort in Exmoor. Naturliebhaber wähnen sich in dieser Gegend denn auch im Paradies ...

Lynton und Lynmouth liegen unvergleichlich schön, Lynton auf einem bewaldeten Hügel und Lynmouth direkt am Meer. Da sie mit der Eisen-bahnverbindung nach Barnstaple, die im Jahr 1898 eröffnet wurde, immer mehr Besucher an-lockten, sind sie perfekt auf einen Sommer voller Urlauber ausgerichtet. Sie verfügen über jede Menge kleiner Geschäfte, Pubs und Restaurants. Leider wurde ein großer Teil der Doppelstadt bei einer großen Flut im Jahr 1952 zerstört. Einige Gebäude haben aber überlebt, etwa die Town Hall. Sie wurde am 15. August 1900 eröffnet und war ursprünglich eine Stiftung des »Tit Bits«-Gründers Sir George Newnes. Folgt man dem Weg vorbei an der Town Hall, kommt man an den Ort, wo zwi-schen den Jahren 1890 und 1911 das Hollerday House des Verlegers Newnes stand.

Wo sich früher ganze 21 Schlafzimmer und ein wunderschönes Anwesen befanden, sieht man heute nur noch ein paar Steine der Grundmauern, da das Anwesen im Zweiten Weltkrieg zerstört wurde. Allerdings genießt man von hier eine wun-derschöne Aussicht. Zusätzlich gibt es einen »ge-heimen Garten« auf dem Gelände des ehemaligen

Vorangehende Doppelseite:
Bath ist im Ganzen ein architektonisches Meisterwerk.
Oben: Lynmouth hat seinen
ureigenen Charme bewahrt.

Tennisplatzes. Auch die Church of St. Mary's mit ihrem Turm aus dem 13. Jahrhundert lohnt eine Besichtigung. Von ihrem Vorhof hat man einen herrlichen Meerblick. Die Vorzüge von Lynton genossen übrigens schon die Schriftsteller C. S. Lewis, Percy Bysshe Shelley, William Wordsworth, Samuel Coleridge sowie Henry James.

Die Klippenbahn

Die Verbindungsbahn zwischen dem Küstenort Lynmouth und dem 500 Meter über Seehöhe gelegenen Lynton erbaute ein Schüler Isambard Brunels. Sie wird noch heute mit Wasserkraft angetrieben. Eine Fahrt mit dieser Bahn lohnt vor allem für Familien, da Kinder von dieser alten viktorianischen Konstruktion stets fasziniert sind. Das Schöne an dieser historischen Bahn ist, dass sie allein vom Wasser angetrieben wird, was weder die Umwelt verschmutzt, noch großartige Kosten verursacht. Das macht die Cliff Railway Lynton zu einer der umweltfreundlichsten Touristenattraktionen in ganz England – und das schon seit über 120 Jahren. Die Bahn ermöglicht es außerdem, die zwei sehr unterschiedlichen Dörfer an einem Tag zu besichtigen, ohne die schmalen Straßen benutzen zu müssen. Lynmouth ist mit seinem Zugang zum Meer eine typische Küstenstadt mit Promenade, Strand und Fischerimage. Lynton hingegen ist voller viktorianischer Villen, die noch aus der Blütezeit als Touristenstadt des späten 19. Jahrhunderts stammen.

Start in Minehead

Mit der Eröffnung der Eisenbahnverbindung am 16. Juli 1874 kamen die viktorianischen Touristen auch an die Küste. Minehead wurde auf die touristische Landkarte gesetzt. Auch wenn der Ort seine besten Zeiten schon hinter sich hat, für einen

Minehead ist ein super Ausgangspunkt um die Gegend zu erkunden.

Oben: In Lynmouth reiht sich ein Pub an das nächste.
Mitte: Der Ort ist sehr gepflegt.
Unten: Hier kann man mitten im Ort Golf spielen.
Rechte Seite: Die Lynmouth Railway verbindet die beiden Stadtteile miteinander.

schönen Badeurlaub mit der Familie eignet sich die Bridgewater Bay, an deren westlichem Ende sich Minehead befindet, allemal. Schon früh wurden hier die Weichen für den Tourismus gestellt. Die Infrastruktur vor Ort ist perfekt für Besucher geeignet. Eine tolle Sache ist das Minehead Eye, ein ganz modernes Freizeitzentrum. Dort wird von Skateboardkursen über Yoga, Spielkonsolen und BMX-Stunden bis hin zum Internetcafé so viel angeboten, dass Regentage nicht langweilig werden müssen. Da es auch eine Kinderbetreuung gibt, kann man den Nachwuchs ruhig hier lassen, um sich alleine auf eine Wanderung zu begeben. Für Unterhaltung am Abend sorgt das Regal Theatre. Das Programm reicht von Komödien über Dramen bis hin zu Filmvorführungen.

Spaziergang durch Minehead

Minehead wurde bereits 1087 das erste Mal als Stadt im *Domesday Book* erwähnt. Die heute 10 000 Einwohner zählende Stadt am Bristol Channel ist im Vergleich zu anderen Orten in Exmoor sehr grell. Bei einem Großbrand 1791 brannten fast alle Häuser ab und das alte Zentrum wurde zerstört, nur zwei Steinhäuser haben diese Katastrophe überstanden. Dennoch hat die moderne Stadt durchaus noch einen netten Ortskern, denn um die Kirche herum haben sich einige alte, reetgedeckte Häuser erhalten. Ansonsten präsentiert sich der Ort wie ein typisches viktorianisches Seebad. Zwischen dem Ort und dem Meer liegt ein Kiesstrand.

Wanderungen und Zugfahrten

Minehead ist der Ausgangspunkt des berühmten South West Coast Path, der rund um die gesamte Küste Südwestenglands bis nach Poole führt. Mehr als 1000 Kilometer lang ist der schmale Pfad,

der mal komplett überwuchert ist und mal völlig offen liegt. Er führt direkt an der Küste Cornwalls entlang, vorbei an beeindruckenden Klippen, wunderschönen Stränden und atemberaubenden Ausblicken auf das Meer. Jede Küstenstadt in Cornwall, Devon und teilweise auch in Dorset und Somerset ist Teil des South West Coast Path, der zu Recht als einer der schönsten Wanderwege der Welt gilt. Er stammt aus der Zeit, als die Zollwärter den Schmugglern auf die Schliche kommen wollten. Sie versuchten, ihnen über die kürzeren Landverbindungen den Weg abzuschneiden. Auch die West Somerset Railway macht in Minehead Station. Die 1976 für Touristen eröffnete ehemalige Nebenlinie der Bahn befördert um die 200 000 Besucher im Jahr und fährt mit historischen Dampflokomotiven durch die schöne Natur Somersets. Sie inspirierte sogar Cecil Frances Alexander, ihres Zeichens Poetin und Hymnenschreiberin, ihr bekanntestes Werk *All Things Bright and Beautiful* zu schreiben.

Zurück in die Vergangenheit

Auf der etwa 30 Kilometer langen Fahrt fühlt man sich in die Vergangenheit zurückversetzt. In nostalgischer Stimmung fährt man durch kleine Dörfchen wie Watchet oder Washford. Den Blick hat man dabei stets auf die schöne, abwechslungsreiche Landschaft mit üppiger Vegetation gerichtet, die in der Ferne von den Quantock Hills begrenzt wird.

Oben: Beim Spaziergang kann man einige viktorianische Juwelen ausmachen.
Mitte: Das Valley of the Rocks ist einer der beeindruckensten Küstenstreifen des Südwestens.
Unten: Der Fluß Lyn gab dem Ort seinen Namen.

Infos und Adressen

INFORMATION

Lynton Tourist Information Office. Town Hall, Lee Road, Lynton, Tel. 01598/75 22 25. www.lynton-lynmouth-tourism.co.uk

West Somerset Visitor Centre. Warren Road, Minehead, Tel. 01643/70 37 04. www.minehead.co.uk, www.stayinminehead.co.uk, www.visit-exmoor.co.uk

AKTIVITÄTEN

Minehead Eye. Mart Road, Minehead, Tel. 01643/70 31 55. www.mineheadeye.co.uk

ESSEN UND TRINKEN

The Oak Room. Kleines Restaurant mit einer soliden Auswahl an Tapas und günstiger, internationaler Küche. Lee Road, Lynton, Tel. 01598/75 38 38.

Lynton Cottage Restaurant. Gehobenere Küche zu einem vernünftigen Preis. Wenn man Glück hat, erwischt man einen Tisch mit wunderschöner Aussicht auf die Bucht von Lynmouth. North Walk, Tel. 01598/75 23 42. www.lynton-cottage.co.uk

The Smugglers Inn. Ganz wie in einem typischen Pub bestellt man hier am Tresen, bekommt aber neben einer herkömmlichen Auswahl an Pub-Klassikern auch ausgezeichnete Meeresfrüchte. Besonders gut sind die Muscheln in Weinsauce mit Kartoffeln. Dazu kann man sich aus der großen Bierauswahl das passende Getränk aussuchen. Blue Anchor, Minehead, Tel. 01984/64 03 85. www.diningroom.take2chefs.co.uk

Sashes Restaurant. Für manche ist das Sashes das beste Restaurant in Somerset. Dafür gibt es einige gute Gründe: Die freundliche Atmosphäre, die regionalen Zutaten, die für die Gerichte verwendet werden, und vor allem die Gastgeber Joyce und John. Da möchte man möglichst bald wiederkommen. 11a Quay Street, Minehead, Tel. 0164/370 98 90. www.sashesgoodfood.co.uk

SEHENSWÜRDIGKEITEN

Cliff Railway Lynton. Talstation: The Esplanade Lynmouth. Bergstation: Lee Road, Lynton. Tel. 01598/75 34 86, Öffnungszeiten: Ostern bis November 8.45–19 Uhr. www.cliffrailwaylynton.co.uk

Regal Theatre. The Avenue, Tel. 01643/70 64 30. www.regaltheatre.co.uk

ÜBERNACHTEN

The Seawood Hotel. Ein rosarotes Haus mit allerliebst eingerichteten Zimmern, in denen man sich vorkommt, als wohne man in einem großen Puppenhaus. Jeder Raum ist individuell und mit viel Liebe zum Detail gestaltet, sodass man sich sofort in ihn verliebt und ihn am liebsten nie mehr verlassen möchte. North Walk, Lynton, Tel. 01598/75 22 72. www.seawoodhotel.co.uk

Castle Hill Guest House. Die Zimmer sind zwar nicht die modernsten, allerdings sind sie sauber, und das Ambiente fügt sich gut zu einem großen Ganzen zusammen. Nicht zuletzt sind die beiden Besitzer Emma und Alistair sehr freundlich und informieren die Gäste gern über die besten Lokale und Touristenattraktionen. Man hat das Gefühl, für sein Geld wirklich einiges zu bekommen. Lynton, Tel. 01598/752 22 91. www.castlehill.biz

Longmead House. Ein gepflegtes Haus und ein schöner Garten heißen einen in Lynton willkommen. Es liegt nicht zuletzt an den Gastgebern Alan und Caroline, dass der Aufenthalt unvergesslich wird. 9 Longmead, Lynton, Tel. 01598/75 25 23. www.longmeadhouse.co.uk

The Langbury. Hier kann man günstig und gut übernachten. Die Zimmer sind zwar etwas altmodisch, aber sehr gemütlich. Dafür verfügen sie über einen Teekocher und wenn man Glück hat, bekommt man auch frische Kekse aufs Zimmer. Blue Anchor Bay, Minehead, Tel. 01643/82 13 75 www.langbury.co.uk

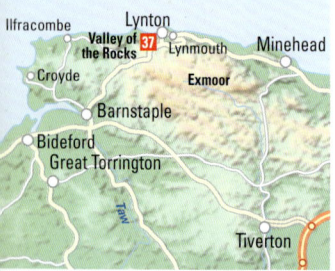

37 Valley of Rocks
Über steile Klippen und durch raue Natur

Eine abwechslungsreiche Wanderung bietet sich durch das Valley of Rocks an: Etwa 1,6 Kilometer westlich von Lynton befinden sich rund um ein ausgetrocknetes Flussbett bizarre Felsformationen. Doch nicht schon immer war hier alles trocken und felsig. Welche Kraft das Wasser im Jahr 1952 gehabt haben muss, als es halb Lynmouth mit sich riss, wird klar, wenn man sich die Glen Lyn Gorge ansieht, an der die Wanderung vorbeiführt.

Vom Parkplatz führt ein Fußweg (»Lynton & Lynmouth via Hollerday Hill«) ins Grüne. Über einen Hügel gelangt man auf den Küstenweg, auf dem man links bis Castle Rock geht. Für kurze Zeit wandert man die Straße entlang, doch schon nach etwa 140 Metern zweigt rechts wieder der Küstenweg ab. Auf der Toll Road geht es dann Richtung Lee Abbey Retreat Centre und durch ein Tor weiter bergauf zum Wald. Hier geht man nach kurzer Zeit links die steilere Abzweigung bergab.

Man biegt rechts auf einen Feldweg ab, kommt bald an der Six Acre Farm vorbei und dann auf einen kleinen Bridleway. Hinter dem Tor am Campingplatz geht es links auf die Straße. Kurz darauf nimmt man die rechte Abzweigung Richtung Dean und Lynton, in Dean folgt man am Ende der Straße der A39 bis nach Barbrook. An der Kreuzung – links geht es nach Lynton – hält man sich rechts und geht Richtung Lynmouth. In Lynbridge überquert man hinter dem Ye Olde Cottage Inn den West Lyn und geht weiter zum Watersmeet Estate. Hier leiten Schilder den Wanderer ins Naturschutz-

Mitte: Der Wanderweg am »Valley of Rocks« eröffnet neue Perspektiven.
Unten: Beim Wandern kann man durchaus auch auf Bergziegen treffen.

Valley of Rocks

gebiet. In Serpentinen führt ein Pfad den Berg hinauf bis zu einem Aussichtspunkt, wo der Weitwanderweg Two Moors Way beginnt. Immer weiter geradeaus geht es bis The Cleaves. Hier wendet man sich nach links Richtung Hillsford Bridge, eine weitere Abzweigung führt nach links wieder Richtung Watersmeet, und man verlässt den Two Moors Way.

Hinunter ins Valley

Weiter geradeaus bergab passieren wir am Myrtle Berry North Camp Überreste aus der Eisenzeit. Unten angelangt überqueren wir die A39, um auf den Fußweg gegenüber zu gelangen. Flussabwärts verläuft ein Pfad wieder bergauf, von ihm zweigt ein kleiner Weg ab, der am Fluss entlang und an einem kleinen Wasserfall vorbeiführt. Kurz vor Lynmouth überquert man den Fluss und geht in der Stadt bis zur Lynton and Lynmouth Cliff Railway. Wo der Pfad auf eine kleine Straße trifft, hält man sich rechts und geht weiter geradeaus am North Cliff Hotel vorbei, bis man wieder auf den Coast Path trifft.

Infos und Adressen

WANDERUNG
Streckenlänge: 19,3 Kilometer
Dauer: 2–3 Std.
Start/Ziel: Parkplatz bei Lynton.

INFORMATION
Lynmouth Tourist Information Centre. Lyndale Car Park, Lynmouth, EX35 6EX, Tel. 01598/75 25 09. NPCLynmouth@exmoor-national park.gov.uk

ÜBERNACHTEN
North Cliff Hotel. Das gemütlich-ländliche Hotel bietet einwandfreien Service und bringt seine Gäste in freundlichen, hellen Zimmern unter. Das Frühstück ist ein Genuss. Lynton, North Devon, EX35 6HJ, Tel. 01598/75 23 57, www.northcliff hotel.co.uk

ESSEN UND TRINKEN
The Oak Room. Teestube und Café. Lee Road, Lynton Lynmouth, EX35 6HW, Tel. 01598/75 38 38.

38 Exmoor
Somersets Paradies

Verwunschene Buchten, winzige Hafendörfer, urwaldartige Schluchten, klare Flüsse, dicht bewaldete Hügel und steile Klippen: Das und noch vieles mehr findet man in Exmoor. Der Nationalpark eignet sich hervorragend zum Wandern oder Radfahren. Oft hat man Glück und sieht einen der tierischen Bewohner der naturbelassenen Gegend, denn hier tummeln sich nicht nur grasende Schafe und kleine Exmoor-Ponys, sondern auch Bussarde und Rotwild.

Auf einer Fläche von 686 Quadratkilometer erstreckt sich der Exmoor National Park zwischen Combe Martin im Westen und Cleeve Abbey im Osten. Im Süden wird er von Dulverton und im Norden vom Meer begrenzt. Innerhalb des Nationalparks gibt es viele Sehenswürdigkeiten und wunderschöne Plätze, die man sich, wenn man schon hier ist, keinesfalls entgehen lassen sollte. Spätestens 1954 wurde erkannt, dass dieses Fleckchen Erde wunderschön ist und unbedingt geschützt werden muss. So wurde der Nationalpark gegründet. Auf einer Wanderung trifft man stets auf Heide, Ginster, Heidelbeeren und manchmal sogar auf Grabhügel und andere Hinterlassenschaften aus der Besiedlung in der Bronzezeit.

Königliches Jagdrevier

Da Exmoor stark bewaldet ist und hier viel Rotwild lebt, wurde die Gegend schon im 16. Jahrhundert zum königlichen Jagdrevier erklärt. Später verpachtete die Königsfamilie große Teile an örtliche Bauern, die aus den Moorflächen urbare Felder und Äcker machten.

Mitte: Das Valley of Rocks trägt seinen Namen nicht von ungefähr: Dieser Stein wird scheinbar auch nur durch Zauberhand über der Klippe gehalten.
Unten: Blühendes Heidekraut und gelber Stechginster in der Moorheide von Exmoor.

Erkundungstouren

Weil Exmoor so hinreißend ist, gibt es nicht nur einen, sondern gleich vier Anbieter, die Safaris durch dieses Naturparadies anbieten. Dabei wird man an die richtigen Stellen geführt, um die Hirsche zu beobachten. Man kann durchaus Zaungast sein, wenn röhrende Hirschböcke um die Gunst einer Hirschkuh kämpfen. Möchte man wirklich in das Naturerlebnis Exmoor-Nationalpark eintauchen, sollte man es nicht auf eigene Faust versuchen, denn dann wird man oft enttäuscht. Die Einheimischen können einen an die richtigen Plätze führen. Ein halber Tag mit Führung kostet etwa 30 Pfund und kann gebucht werden bei Red Stag Safari, Exmoor Safari, Discovery Safaris oder Barle Valley Safaris. Wem das zu »wild« ist, der besucht am besten eines der Tierzentren, in denen man dann garantiert fündig wird.

Exmoor Pony Centre

Die stämmigen Ponys besucht man im Exmoor Pony Centre. Diese Rasse wurde ursprünglich als Lasttier gezüchtet und ist trotz der eher kleinen Erscheinung sehr widerstandsfähig. Für 40 Pfund pro Person kann man hier einen zweistündigen Ausritt ins schöne Exmoor buchen. Neben der Funktion, Unterhaltung für die Besucher des Moors zu bieten, ist das Pony Centre beziehungsweise der Moorland Mousie Trust hauptsächlich für die Pflege und Erhaltung der Ponys da. Noch vor etwa zehn Jahren, bevor diese Institution geschaffen wurde, wurden die »überschüssigen« Ponys, die niemand von den Farmern kaufen wollte, zu Fleisch verarbeitet. Jetzt haben diese Fohlen eine sichere Zukunft.

Wenn man die gefiederte Population von Exmoor besser kennenlernen möchte, schafft das Exmoor

Ein romantisches Cottage in Selworthy mitten im Exmoor.

PLASTIKMUSEUM

Schrullig-schräg präsentiert sich das Bakelitmuseum in Williton, das in ganz England die größte Sammlung an Gegenständen aus Bakelit besitzt. Dieses Material, auch als Polyoxybenzylmethylenglycolanhydrid bekannt, war einer der frühesten Kunststoffe. Aus diesem Material wurde eine Vielzahl von Gebrauchsgegenständen hergestellt, die alle in diesem Museum versammelt zu sein scheinen. Hier findet man Toaster, künstliche Zähne, Staubsauger, Eierbecher, Brieföffner und Radios, aber auch besonders ausgefallene Objekte, etwa einen Bakelit-Sarg.

Bakelite Museum. Williton,
Tel. 01984/63 21 33.
www.bakelitemuseum.co.uk

Oft kommt man auf den Straßen nur sehr langsam voran.

Owl & Hawk Centre Abhilfe. Dort findet täglich um 14 Uhr eine Flugvorführung und um 11.45 Uhr eine spezielle Eulenvorführung statt.

Dunster Castle

Wer im Exmoor unterwegs ist, erkennt schnell, dass es hier viel mehr zu sehen gibt, als ursprünglich erwartet. Eines dieser »Aha-Erlebnisse« hat man, wenn man vor dem Dunster Castle steht. Hoch oben auf einem mit Bäumen bewachsenen Hügel steht die 1868 bis 1872 umgebaute Burg, die bereits seit normannischer Zeit hier thront. Die Familie Lutterel lebte hier für mehr als 600 Jahre. Der älteste Gebäudeteil stammt aus dem 13. Jahrhundert. Im Inneren sieht man Tudormöbel und Stuck aus dem 17. Jahrhundert sowie eine riesige Treppe. Einen fabelhaften Blick auf die Küste von Exmoor genießt der Besucher von den Terrassengärten aus. Geisterjäger aufgepasst: Glaubt man den Geschichten, soll Dunster eine der spukigsten Burgen Englands sein.

Weitere Sehenswürdigkeiten

Neben der Burg gibt es noch ein liebliches Dörfchen mit dem Namen Dunster. Dort sind vor allem das kleine Haus des ehemaligen Yarn Markets (Wollmarkt) sehenswert sowie die backsteinfarbene Kirche St. George's Church und der mittelalterliche Taubenschlag, wo früher Tauben zum Verspeisen an der Burgtafel gezüchtet wurden. Interessant ist auch eine voll funktionstüchtige Wassermühle (Mill Lane). Sehenswert ist außerdem der Dunkery Beacon als höchster Punkt von Exmoor (519 m). Ihn kann man von mehreren Orten aus besteigen. Die klassische Route aber beginnt bei Wheddon Cross, wo man an Heidekraut vorbei den höchsten Punkt von Somerset erklimmt und dabei selbstverständlich einen beeindruckenden Ausblick ge-

Durch die raue Landschaft beim Pinkery Pond

Streckenlänge: 7 km
Dauer: ca. 1,5 Std.
Start/Ziel: Parkplatz Goat Hill Bridge bei der
Pinkery Farm

Diese kurze Wanderung ist etwas für Naturliebhaber. Einen wilderen Platz wird man in ganz Exmoor nicht finden: In diesem Teil des Hochmoors entspringen einige Flüsse wie die Exe, die Barle oder die West Lyn. Für viele ist die Gegend nicht der erste Anlaufpunkt, da es hier tendenziell windiger und auch etwas unfreundlicher und nasser ist als im Rest des Exmoors. Allerdings verbringen andere genau deswegen hier ihren Urlaub.

Bei dieser Wanderung kann man den rauen Charakter des Moors am besten kennenlernen. Ausgangspunkt ist der Parkplatz Goat Hill Bridge, direkt bei der Pinkery Farm; hin kommt man, indem man die B3358 nimmt, bei Simonsbath abfährt und danach immer den Schildern in Richtung Pinkery Farm Exploration Centre folgt. Dort lässt man das Auto beim Schild »No Entry« stehen. (Keine Sorge: Dieses Schild gilt nur für Autos, nicht für Wanderer.)

Von dort aus geht es zu Fuß zum Exploration Centre. Dabei verstärkt sich das Gefühl, mitten in der Wildnis zu sein. Wenn man nach dem Exploration

Center geradeaus weitergeht, kommt man nach Pinkworthy, wo dann auch der Pinkery Pond zu finden ist. Vom Pinkery Pond biegt man in Richtung Nordwesten ab, bis man das Woodbarrow Gate erreicht. Im Norden sieht man von hier aus die weit entfernte Exmoor-Küste.

Hier kehrt man um und geht in Richtung Süden, einem Teil des Tarka Trail folgend bis zum Sloley Standing Stone. Dort wendet man sich dann nach Osten und geht an der Moles Chamber immer weiter Richtung Nordosten. Zu guter Letzt kommt man wieder an der Goat Hill Bridge an.

Wilde Ponys mit Fohlen sind keine seltenen Weggefährten bei Wanderungen in Exmoor.

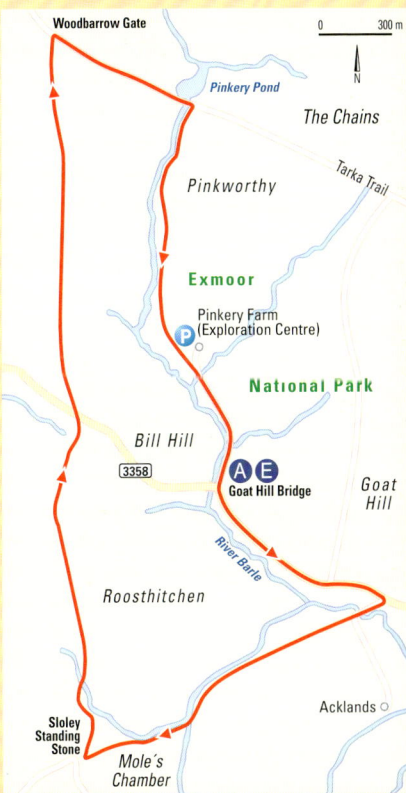

217

nießt. In dieser Gegend sind auch zahlreiche der berühmten Exmoor-Ponys sowie Hirsche heimisch. Legt man die ganze Strecke zurück, sind das insgesamt 26 Kilometer. Gute Wanderschuhe und ausreichend Proviant gehören dabei natürlich zur Grundausstattung.

Die Cleeve Abbey, eine winzige, verfallene Abtei gleich außerhalb von Washford, ist eines der schönsten Beispiele traditioneller Zisterzienserbaukunst im gesamten Südwesten. Die Ausstellung bietet eine gute Übersicht darüber, wie das Leben der Mönche ausgesehen hat, die hier vor 800 Jahren lebten. Obwohl ein großer Teil des Klosters zerstört wurde, gehören die noch erhaltenen Teile wie das Refektorium, das Dormitorium oder das Torhaus zu den Schönsten ihrer Art in England.

Oben: Die Hochebene von Exmoor eröffnet wunderschöne Blicke.
Mitte: Schafe sind die Hauptbewohner des Moors.
Unten: Die Packhorse Bridge in Allerford gibt es schon seit hunderten von Jahren.

MAL EHRLICH

DER SCHÖNERE WEG

Will man nach Porlock fahren, dann sollte man sich schon während der Fahrt darauf einstimmen, dass man gleich in ein schönes Dörfchen fährt. Nimmt man die steile Straße zum Porlock Hill hinauf, ist das nicht der Fall, da diese 25 Prozent Steigung hat. Die bessere Variante ist die Mautstraße (2,50 Pfund/Auto), die auf kurvigem Weg durch Waldgebiete zum Dunster Estate und weiter nach Lynton und Lynmouth führt.

Infos und Adressen

INFORMATIONEN

Porlock Tourist Office. High Street,
Tel. 01643/86 31 50. www.porlock.co.uk

Exmoor National Park Authority.
Fore Street, Dulverton, Tel. 01398/323 84.
www.exmoor-nationalpark.gov.uk

AKTIVITÄTEN

Barle Valley Safaris. Tel. 01643/85 13 86.
www.exmoorwildlifesafaris.co.uk

Discovery Safaris. Tel. 01643/86 30 80.
www.discoverysafaris.com

Exmoor Safari. Tel. 01643/83 12 29.
www.exmoorsafari-co.uk

Exmoor Owl & Hawk Centre. Allerford,
Tel. 01643/86 28 16. www.exmoorfalconry.co.uk

Moorland Mousie Trust/Exmoor Pony Centre.
Ashwick, Tel. 01398/32 30 93, www.moorland
mousietrust.org.uk, www.exmoorponycentre.org.uk

Red Stag Safari. Tel. 01643/84 18 31.
www.redstagsafari.com

SEHENSWÜRDIGKEITEN

Dunster Castle. Dunster bei Minehead, Öffnungszeiten: März bis Oktober Sa–Mi 11–17 Uhr,
November 11–16 Uhr, Tel. 01643/82 13 14.
www.nationaltrust.org.uk/dunstercastle

ESSEN UND TRINKEN

Andrews on the Weir. Lust auf Frühstück, Mittagessen, Abendbrot oder ein Zimmer? In gehobener
(Preis-)Klasse? Dann ist man hier genau richtig!
Der Koch Andrew Dixon achtet penibel darauf, ausschließlich lokale Produkte zu verwenden für seine
Rib eye Steaks mit Pilzen, Tomaten und Zwiebel-
ringen oder den Cottage Pie mit grünen Bohnen.
Mittags wird man für 10 Pfund satt, abends kann
es teurer werden. Porlock Weir, Porlock, Tel.
01643/86 33 00. www.andrewsontheweir.co.uk

Lewis's Tea Rooms. Laut *Daily Telegraph* die
beste Teestube in ganz Exmoor. Warum? Weil die
Kellnerinnen freundlich sind, der Tee kochend
heiß serviert wird und man dazu einfach köstliche
Sandwiches und traumhafte Kuchen bekommt.
13 High Street, Dulverton, Tel. 01398/32 38 50.
www.lewisexmoortearooms.co.uk

Reeve's. Die Preise, aber auch die Klasse der
Gerichte sind hier etwas gehoben. Dafür bekommt
man ehrliche, fantastisch zubereitete Kost aus
regionalen Zutaten. Dazu eine stimmige Atmosphäre
mit Kerzen, dunklen Eichenbalken und schweren
Holztischen. Dunster, Tel. 01643/82 14 14.
www.reevesrestaurantdunster.co.uk

ÜBERNACHTEN

Tarr Farm. Schöne, in Gelb gehaltene Zimmer,
persönliche Betreuung und gute, hausgemachte
Kekse – da fällt die Entscheidung für die Tarr Farm
nicht schwer! Dulverton, Tel. 01643/85 15 07.
www.tarrfarm.co.uk

The Exmoor White Horse Inn. Eine ehemalige
Postkutschenstation, die heute sehr schöne Zimmer
mit historischem Charme anbietet. Exford, Tel.
01643/83 12 29. www.exmoor-whitehorse.co.uk

In Exmoor blüht fast das ganze Jahr etwas.

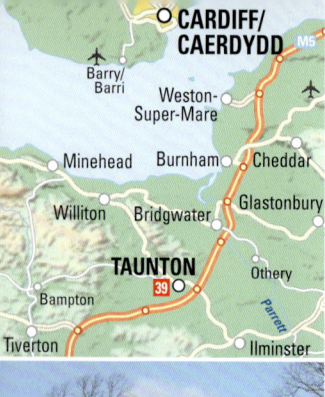

39 Taunton
Das Cider-Zentrum

Das kleine, backsteinfarbene Marktstädt-chen Taunton liegt genau im Herzen von Somerset. Es ist umringt von Obstplantagen und Heimat vieler kleiner Cider-Produzenten, die den Promillepegel in den Pubs der Umgebung steigen lassen. Der Ort eignet sich gut als Ausgangspunkt für Wanderungen und Ausflüge in die Quantock Hills.

Taunton liegt im Landesinneren und ist ein echtes Bauerndorf. Das merkt man allein schon an der landwirtschaftlich geprägten Gegend, in der sich eine Cider-Farm an die nächste reiht. Das für Somerset traditionelle Getränk wird hier produziert und besteht aus vergorenen Äpfeln. Seit die Normannen auf ihren Eroberungszügen im Mittelalter das Rezept vom Kontinent mitbrachten, gehört Cider zur Kultur der hier ansässigen Menschen. Bei der Herstellung werden die Äpfel zu Brei zerquetscht, dann ausgepresst und anschließend vergoren. Nach ein paar Wochen ist der »Scrumpy Cider« fertig. Hauptsächlich produziert man Cider aus Apfelsorten, die mit dem wilden Holzapfel verwandt sind. Allerdings gibt es auch Birnen-Cider, den man unbedingt einmal kosten sollte. Wer den Besuch einer Cider-Farm jetzt kaum noch erwarten kann, sollte den Autorentipp lesen.

Geschichtliches

Taunton liegt nicht nur im Zentrum von Somerset, sondern ist auch Verwaltungs- und Handelsstadt. Sie wurde vom angelsächsischen König Ine gegründet. Im 17. Jahrhundert spielte Taunton während des Monmouths-Aufstands gegen König Jakob II. eine tragische Rolle. Der Aufstand wurde in der Schlacht von Sedgemoor niedergeschlagen, die

Mitte: Das Schloss Taunton hat eine ansprechende Form und eine wirklich ungewöhnliche Farbe.
Unten: Die St Mary Magdalene Church aus dem 15 Jahrhundert mit einem Turm aus dem 19. Jahrhundert.

Anführer in Taunton vor Gericht gestellt und verurteilt. Auf dem Heritage Trail kann man auf historischen Spuren wandeln. Dieser Pfad führt zur Ruine einer normannischen Burg.

Die Blackdown Hills

Die Umgebung Tauntons ist sehr vielfältig: Westlich der Stadt trifft man auf die Blackdown Hills aus Kalkstein. Sie markieren die Grenze zwischen Devon und Somerset. Weithin sichtbar ist das Wellington Monument, ein 53 Meter hoher Obelisk, der zu Ehren des Duke of Wellington errichtet wurde. Hier bieten sich den Besuchern herrliche Aussichten über das Taunton-Tal und hervorragende Wander-, Radfahr- und Reitmöglichkeiten. Mehr Informationen und vor allem Kartenmaterial sind in der Blackdown Hills Hedge Association erhältlich. Östlich von Taunton liegen die Somerset Levels, eine Fläche von 650 Quadratkilometern, die komplett eben ist. Diese Landschaft ist nicht natürlichen Ursprungs. Früher war sie ein feuchtes Moorgebiet. Weil die Bauern in der Region im 13. und 14. Jahrhundert Ackerflächen brauchten, wurde das Land entwässert. Heute ist es eine ebene Fläche, die sich ungefähr auf Meeresspiegelhöhe befindet. Die hiesigen Bauern verrichten ihre Arbeiten fast noch wie im Mittelalter, wenn sie Reet schneiden, Weidenbäume pflanzen oder Torf stechen. Dazu kann man sich im Willows & Wetlands Visitor Centre ein Bild machen. Weil die Gegend so eben ist, eignet sie sich ideal für gemütliche Radtouren. Der River Parret Trail führt mitten durch die Levels. Er beginnt eigentlich in den Hügeln von Dorset und führt bis zum Bristol Channel, allerdings kann man sich hier ein Glanzstück herauspicken und dieses abfahren. Obwohl es sich bei den Levels um Flachland handelt, gab es früher, wie auch in Glastonbury, Hügel, die bei Hochwasser zu Inseln wurden.

Infos und Adressen

INFORMATION

Blackdown Hills Hedge Association. www.blackdownhills-hedge.org.uk, weitere Informationen: www.blackdownhills.co.uk

Taunton Tourist Office. Paul Street, Tel. 01823/33 63 44. www.tauntondeane.gov.uk

Willows & Wetlands Visitor Centre. Stoke St. Gregory, Tel. 01823/49 02 49. www.englishwillowbaskets.co.uk

AKTIVITÄTEN

River Parret Trail. www.riverparrett-trail.org.uk

ESSEN UND TRINKEN

Farmer's Inn. Das Essen und die gemütliche Atmosphäre lassen einen Abend in diesem Pub wie im Flug vergehen. West Hatch, Tel. 01823/48 04 80, www.farmersinn westhatch.co.uk

Pumpkin Delicatessen. Gut und günstig ist dieser Laden im kleinen Wedmore. 1 The Borough Mall, Wedmore, Tel. 01934/71 32 89, www.pumpkinwedmore.co.uk.

ÜBERNACHTEN

The Castle Hotel. Ein luxuriöses Fleckchen ist das Castle Hotel direkt in Taunton. Das Haus hat bereits eine 1000-jährige Geschichte als Herberge hinter sich. Taunton, Tel. 01823/27 26 71. www.the-castle-hotel.com

Farthings Country House Hotel and Restaurant. Mit viel Liebe zum Detail eingerichtetes kleines Hotel, in dem man sich sofort wie zuhause fühlt. Village Road, Hatch Beauchamp, Taunton, Tel. 01823/48 06 64. www.farthingshotel.co.uk

40 Glastonbury
Mythisches Fleckchen

Die wildesten Geschichten ranken sich um den Ort Glastonbury, der für die Menschen anscheinend schon seit Jahrhunderten eine ganz besondere Anziehungskraft hat. Hier soll nicht nur König Artus ruhen, sondern auch der Kelch begraben sein, aus dem Jesus beim letzten Abendmahl trank. Außerdem findet hier das größte Open-Air-Festival Europas statt. Glastonbury ist auf jeden Fall einen Besuch wert.

Glaubt man den Legenden und Mythen, die sich um das Örtchen Glastonbury drehen, dann haben sich hier wirklich schon einige einschneidende Ereignisse zugetragen. Hier soll der Sitz des »Gwyn ap Nudds« gewesen sein, des Herrschers über das Feenreich aus der walisischen Mythologie. »Ynys Witrin«, die gläserne Insel der Kelten, soll sich ebenfalls hier befunden haben, und am Wearyall Hill soll Joseph angeblich das Kreuzigungsblut vergraben haben. Selbst die Artuslegende findet hier Platz zur Entfaltung, denn Glastonbury ist angeblich identisch mit der mythischen Insel Avalon, zu der König Artus mit seiner Gattin Guinevere nach der Schlacht von Camlann segelte.

Legende und Wahrheit

Einige dieser Sagen beruhen sicherlich darauf, dass sich hier ein sehr feuchtes Marschland befand, bevor es im 13. und 14. Jahrhundert zu einer groß angelegten Entwässerung im Dienste der landwirtschaftlichen Nutzung kam. Sobald es etwas mehr regnete, konnte das Hochwasser zur Folge haben. Nur die Hügel ragten heraus, wie Inseln in einem seichten Meer. Dies ist wohl auch der Ursprung der Legende von »Ynys yr Afalon«

Um die Glastonbury Felsen in Somerset schlingt sich oft ein Nebelmeer.

(Avalon), wo der legendäre, von seinem Neffen Mordret lebensgefährlich verletzte Held Artus ruht, bis »sein Land ihn wieder braucht«. Außerdem soll hier Joseph von Arimathia missioniert haben. Er soll den heiligen Gral bei sich gehabt haben, aus dem Jesus Christus und seine Jünger beim letzten Abendmahl angeblich getrunken haben, und mit dem Joseph später das Blut des Gekreuzigten aufgefangen haben soll. Der Legende nach hat er den heiligen Gral hier vergraben. Daraus soll die »Blutquelle« Chalice Well entsprungen sein, eine Quelle mit heißem Wasser, das einen leicht rötlichen Schimmer aufweist. Dass dies einzig auf das viele Eisen im Boden zurückzuführen ist, darf Mythen-Fans natürlich nicht gesagt werden.

Glastonbury Tor

Der 160 Meter hohe Kegelberg wird vom St. Michael's-Turm aus dem 14. Jahrhundert gekrönt. Bereits seit prähistorischer Zeit pilgern die Menschen an diesen Ort. Der Turm war einst Teil einer Klosterkirche, doch nachdem das Kloster aufgelöst und der Abt namens Richard Whiting gehängt, ertränkt und geviertelt wurde, verfiel der Bau. Heute ist der Turm denkmalgeschützt und wird vom National Trust gepflegt.

Für die Besteigung des Hügels braucht man etwa 20 Minuten, wenn man die Hauptstrecke von der Well House Lane nimmt. Als Alternative gibt es auch einen Tor-Bus, der vom Parkplatz Dunstan aus fährt. Sofort ins Auge stechen die sieben Terrassen, deren Herkunft nicht ganz geklärt ist. Einerseits könnten es Viehwege gewesen sein, andererseits aber auch ein Festungswall oder Terrassenfelder. Eine eher unwahrscheinliche Theorie besagt, dass es sich hierbei um ein klassisches Labyrinth handele, das für die Rituale alter Völker wichtig gewesen sei.

DAS ULTRA-FESTIVAL

Das größte Open-Air-Festival Europas ist auf jeden Fall eine Reise wert. Was 1970 im relativ kleinen Rahmen begann (beim Kauf einer Eintrittskarte bekam man eine Flasche Milch dazu), wuchs im Laufe der Jahre immer mehr. Schon beim zweiten Festival spielten Stars wie David Bowie. Heute sieht die Veranstaltung so aus, dass eine Zeltstadt in der Größe einer Kleinstadt entsteht und rund 170 000 Besucher nach Glastonbury kommen, um zwischen den mythisch aufgeladenen Hügeln zu feiern und den Künstlern zu lauschen. Alleine im Jahr 2011 (das nächste Festival findet erst wieder im Jahr 2013 statt) traten Künstler wie U2, Coldplay, Paul Simon oder James Blake auf. Viele weitere Stars aus Folk, Rock, Jazz, Hip-Hop sowie Drum'n'Bass runden das Programm ab. Zusätzlich gibt es Theateraufführungen, Tanz und Comedy. Das Festival findet zumeist am letzten Juniwochenende statt.

Mehr Informationen gibt es unter www.glastonburyfestivals.co.uk

Glastonbury Abbey

Auch bei der ehemaligen Klosterkirche St. Peter and Paul handelt es sich nur noch um Ruinen. Allerdings kann man sich bei der Betrachtung ausmalen, wie groß und mächtig sie einst gewesen sein muss. Im 16. Jahrhundert war das Kirchenschiff 177 Meter lang. Doch die Anlage traf das gleiche Schicksal wie viele andere: Heinrich VIII. ließ sie im Jahr 1539 zerstören. Heute sind nur noch Bruchteile des einstigen Bauwerks erhalten. Erkennen kann man noch die Marienkapelle im spätnormannischen Stil, die Josephskrypta und die Galiläakapelle. Der Schrein der Abtei war im Mittelalter ein wichtiger Wallfahrtsort.

Beweis dafür ist der Fund zweier Skelette, angeblich die von König Artus und seiner Frau. Diese Skelette wurden zwar auf mysteriöse Art und Weise entwendet, doch befindet sich im Chor noch eine Markierung, wo sich der Schrein ursprünglich befand.

Bewegte Geschichte

Zwar gibt es über die Gründung des Klosters keine gesicherten Erkenntnisse, allerdings ist eine Gründung im 6. Jahrhundert am wahrscheinlichsten. Die erste Blütezeit erlebte die Benediktinerabtei dann ab dem Jahr 940, als der Abt Dunstan, der auch Regeln Benedikts in das Kloster einführte, hier verweilte. 1172 befanden sich mit Sicherheit 72 Mönche im Kloster, das allerdings 1184 beinahe komplett zerstört wurde – schuld war ein Großbrand. Neben der Artuslegende gibt es auch die Theorie, dass Jesus als Kind mit Josef von Arimathäa Glastonbury besucht habe. William Blake, der englische Dichter, stiftete diese These noch zusätzlich mit »Jerusalem«, einem seiner patriotischsten Gedichte, an.

Oben: Befindet sich hier das Grab von König Arthur?
Unten: Von der Glastonbury Abbey sind leider nur mehr wenige Fragmente übrig.

Infos und Adressen

INFORMATION

Glastonbury Tourist Office. The Tribunal,
9 High Street, Tel. 01458/83 29 54.
www.glastonburytic.co.uk

ESSEN UND TRINKEN

The who'd a thought it Inn. Sehr freundlicher
Service und ein ziemlich kurioser Gastraum mit
von der Decke hängenden Fahrrädern und roten
Telefonzellen sind die Markenzeichen des schrägen
Pubs. Alles andere als schräg ist das Essen hier –
es ist sogar ganz ausgezeichnet! 17 Northload
Street, Tel. 01458/83 44 60. www.whoda
thoughtit.co.uk

Monkey's Café. Ein bistroartiges Café mit
gutem Essen und heller, freundlicher Einrichtung.
52 High Street, Tel. 01458/83 33 86.

Abbey Tea Rooms. Sehr traditionelle Teestube,
die zwar altmodisch eingerichtet ist, aber guten
Kuchen serviert. Auch wenn man ein Menü bestellt,
kann man sich sicher sein, dass alles ausgezeichnet
schmeckt und noch dazu in so großen Portionen
serviert wird, dass man mitunter dazu tendiert, sich
etwas für später einpacken zu lassen. 16 Magdalene Street, Tel. 01458/83 28 52

Für das Glastonbury Festival reisen Künstler
aus aller Welt in Englands Südwesten.

ÜBERNACHTEN

Millbatch Farm. Die großzügig geschnittenen
Räume bieten viel Platz, dass es sich jeder richtig
gemütlich machen kann, und alles hier ist sehr
sauber. Darüber hinaus ist das Frühstück einfach
fantastisch – am besten nimmt man das English
Breakfast, dann hat man von allem etwas. Empfehlenswert ist diese Unterkunft auch für Familien,
da es ein Zimmer für fünf Personen gibt. 59 St.
Marys Road, Meare, Glastonbury, Tel. 07875/
36 53 99, www.millbatchfarm.co.uk

Parsnips Bed & Breakfast. Bequeme Betten, ein
köstliches Frühstück und saubere Räume. Was will
man mehr von einem B&B? 99 Bere Lane, Glastonbury, Tel. 01458/83 55 99, www.parsnips-
glastonbury.co.uk

Das Glastonbury Festival bringt jedes Jahr
Tausende Besucher nach Glastonbury.

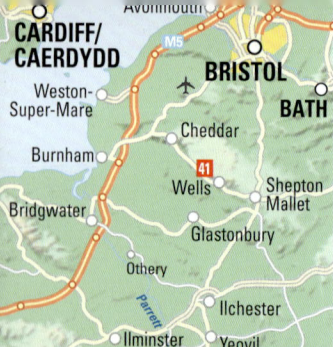

41 Wells
Gotisches Prachtstück

Die kleinste Stadt Englands hat eine Kathedrale mit »Wow-Effekt«. Wells ist eine historische Stadt, die neben diesem architektonischen Meisterwerk mit einigen Museen und einem Bischofspalast aufwarten kann. Außerdem bietet sich Wells als Ausgangspunkt für Ausflüge oder Wanderungen in der Region an, da sowohl Wookey Hole als auch die Mendip Hills nicht weit entfernt liegen.

Wells ist mit nur 9800 Einwohnern offiziell die kleinste Stadt ganz Großbritanniens. In den letzten 500 Jahren hat sich die Bevölkerung nur knapp verdoppelt. Trotzdem – oder gerade deswegen – ist sie eines der erklärten Highlights einer jeden Tour durch Südwestengland. Sie besitzt nicht nur einen wunderschönen Altstadtkern mit Häusern aus dem 15. bis 17. Jahrhundert in der High Street, sondern auch eine beeindruckende Kathedrale, sicher einer der schönsten gotischen Sakralbauten.

Die Kathedrale von Wells

Die St. Andrew's Cathedral ist eine der ersten im gotischen Stil errichteten Kathedralen Englands. Erbaut wurde sie zwischen 1180 und 1421, wobei man zuerst mit dem 126 Meter langen und 20,5 Meter breiten Hauptschiff begann, das noch heute im sogenannten Early English Style erstrahlt. Später kamen die zwei Querschiffe mit normannischen Elementen dazu. Die zweite Bauphase folgte erst 100 Jahre später, als man den Ostteil im hochgotischen Decorated Style vollendete. Dazu gehören die Marienkapelle, das Kapitelhaus, der Vierungsturm und der Retrochor. Als Sahnehäubchen setzte man zwischen 1368 und 1421 noch die

Die Kathedrale von Wells spielt mit dem gotischen Baustil.

zwei Türme auf die Kirche und ergänzte die Westfassade. Von den 400 einst farbigen Figuren der
Skulpturengalerie an der Westfassade sind noch
293 original erhalten. Diese Galerie ist der berühmteste Teil der Anlage, weil hier Adlige, Hono-
ratioren und Heilige detailgetreu nachgebildet
wurden. Eine Besonderheit der Kathedrale von
Wells sind die Scherenbögen, die erst nachträg-
lich im Jahr 1338 eingezogen wurden, um die Last
des Vierungsturms aufzunehmen. Einen genaueren Blick wert sind die mit Figuren verzierten Ka-
pitelle, die den mittelalterlichen Alltag detailgetreu zeigen. Wer genau hinsieht, kann einen
Obstdieb erkennen, der dann auch bestraft wird,
außerdem noch einen Dornauszieher und einen
Mann mit Zahnschmerzen. Die Damenkapelle von
1326 sollte man ebenfalls nicht verpassen.

Die astronomische Uhr, die sich im nördlichen Quer-
schiff befindet, hat allerhand zu tun: Sie schickt
alle 15 Minuten einen Ritter in eine Schlacht, der
dort sein Leben lässt. Zur vollen Stunde sind es
sogar vier Ritter, die gleichzeitig fallen. Dies ist nach
der Uhr von Salisbury die zweitälteste mechani-
sche Uhr in England und stammt aus dem Jahr

SOMERSETS TIEFSTE TIEFEN

Im Norden von Wells hat der Fluss
Axe das Wookey Hole in den Felsen
geschürft. Dort findet man schöne
Kalksteinhöhlen mit Stalagmiten und
Stalaktiten. Um einen der Letzteren
rankt sich eine Legende, da angeblich eine Hexe aus Wookey Hole von
einem Mönch zu Stein verwandelt
wurde. So ganz genau weiß niemand, wie weit sich das Höhlenlaby-
rinth eigentlich in den Fels zieht, da
einige der Kammern vollständig mit
Wasser gefüllt sind. Der tiefste Höh-
lentauchgang, der jemals in England
durchgeführt wurde, fand hier statt
und bewies, dass es hier mindestens
45,5 Meter hinuntergeht. Nebenbei
gibt es noch viele andere touristische Attraktionen in Wookey Hole,
zum Beispiel ein Spiegelkabinett oder
eine edwardianische Spielhalle.

Wookey Hole, Tel. 01749/67 22 43.
www.wookey.co.uk

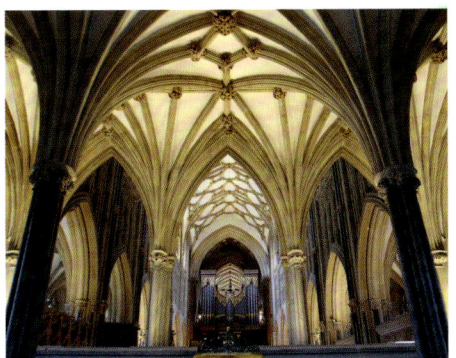

Die Bögen der Kathedrale eröffnen beeindruckende
Perspektiven.

Der kleine Park rund um die Kathedrale lädt zum Verweilen ein.

Oben: Vicars Close ist die älteste Reihenhaussiedlung Großbritanniens und wird seit 1363 durchgehend bewohnt.
Unten: City Arms war einst Gefängnis und ist jetzt ein Restaurant.

1390. Zum Kapitelhaus (1306) kommt man über eine schon sehr in Mitleidenschaft gezogene Treppe. Hinter einem Torhaus trifft man auf Vicar's Close, die älteste Reihenhausanlage ganz Europas. Sie wurde 1348 erbaut und zählt insgesamt 40 Häuser. Noch heute sind diese für Chor- und Domherren reserviert.

Südlich der Kathedrale befinden sich ein schützender Wall sowie ein Graben vor dem zwischen dem 13. und 15. Jahrhundert erbauten Bishop's Palace. Bis heute lebt hier der Bischof, der für Bath und Wells zuständig ist. Hier entspringen auch die Quellen, denen Wells seinen Namen verdankt. Zwar kann man sich im Inneren die originale Great Hall nicht mehr ansehen, da sie im 16. Jahrhundert eingestürzt ist, aber einige gotische Prunkräume und ein Krönungsumhang sind noch zu besichtigen.

Infos und Adressen

INFORMATION

Wells Tourist Office. Market Place, Tel. 01749/67 30 91. www.wells.gov.uk

ESSEN UND TRINKEN

Goodfellows. Everybody's Darling in Wells ist das Goodfellows. Hier gibt es nicht nur traumhafte Meeresfrüchte im Fischrestaurant im oberen Stock, sondern im Erdgeschoss auch eine kontinentale Brasserie mit köstlichen, frischen Backwaren. 5 Sadler Street, Tel. 01749/67 38 66, www.goodfellowswells.co.uk

Cloister Restaurant. Perfekt für eine kleine Pause bei der Besichtigung der Kathedrale: Im Nebentrakt werden im stimmigen Ambiente des Rippengewölbes bis 17 Uhr Snacks, Kaffee und guter Kuchen serviert. Cathedral, West Cloister, Tel. 01749/67 65 43.

SEHENSWÜRDIGKEITEN

St. Andrew's Cathedral. Chain Gate, Cathedral Green, Öffnungszeiten: tgl. 7–18 Uhr, Tel. 01749/67 44 83. www.wellscathedral.org.uk

Bishop's Palace. Öffnungszeiten: Sommer 10.30–18 Uhr, sonst 10.30–16 Uhr, Tel. 01749/67 86 91. www.bishopspalacewells.co.uk

ÜBERNACHTEN

Ancient Gate House. Das Gebäude stammt aus dem Jahr 1473 und hat neun mit Himmelbetten

Im Inneren kann man über die Geschichte der Kathedrale nachlesen.

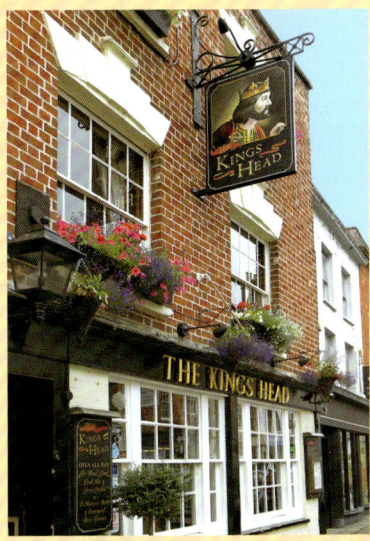

Der Pub »Kings Head« in Wells hat eine Reihe an typischen englischen Gerichten auf der Karte.

und vielen kostbaren Antiquitäten eingerichtete Zimmer. Schön ist auch der Ausblick, denn man schaut direkt auf die Westfassade der Kathedrale. 20 Sadler Street, Tel. 01749/67 20 29. www.ancientgatehouse.co.uk

Canon Grange. Wieder Kathedralenblick, dafür größere Zimmer und ein extravagantes Frühstück mit allem, was man sich erträumt. Cathedral Green, Wells, Tel. 01749/67 18 00. www.canongrange.co.uk

Beryl. Hier lebt man wie der englische Landadel vor rund 100 Jahren. Das Haus ist wunderschön und lässt romantische Träume in Erfüllung gehen. Die Einrichtung ist zwar eigenwillig (Puppenhäuser, viele Standuhren), fügt sich aber gut in das restliche Ambiente ein. Die Familie, die das Haus betreibt, hat ihren ganz eigenen Charme. Hawkers Lane,

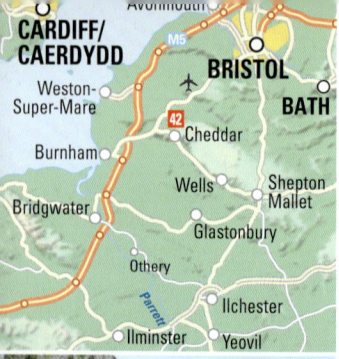

42 Cheddar
Tiefe Löcher und Käse

Cheddar ist für zwei Dinge bekannt: Zum einen kommt der ursprüngliche Cheddarkäse von hier und wird noch immer von Cheddar Gorge produziert, und zum anderen stößt man hier auf die größte Schlucht in ganz England, in der zusätzlich noch das älteste komplette Skelett Großbritanniens gefunden wurde.

Ein bisschen ähnelt Cheddar Gorge dem Grand Canyon, auch wenn sie nicht so tief ist. Ihr Anblick ist dennoch beinahe so beeindruckend wie der des großen, amerikanischen Bruders. Zusätzlich wird sie unter den Naturwundern Britanniens laut einer Umfrage nur noch durch die Dan-yr-Ogof-Höhle in Wales übertroffen. Nur ist hier alles grüner, bewaldet und eben etwas kleiner. Trotzdem sind die Ausmaße enorm: Die größte Schlucht Englands ist drei Kilometer lang und an den extremsten Stellen sogar 138 Meter tief. Am unteren Ende der Klamm wurden im 19. Jahrhundert Stalaktithöhlen wie Gogh's Cave oder Cox Cave entdeckt, die man heute besichtigen kann. Die einzelnen Höhlen und Gänge tragen Namen wie Diamond Chamber oder Aladdin Cove und sind wunderschön ausgeleuchtet. Die Führungen sind gut für Kinder geeignet, allerdings sollte man immer warm genug angezogen sein.

Ältestes Skelett Englands

1903 wurde hier das älteste komplette Skelett Großbritanniens gefunden. Es stammt aus dem Jahr 7150 v. Chr. und wird schlicht Cheddar Man genannt. Es wird heute im Natural History Museum in London ausgestellt, im Dorf Cheddar befindet sich nur eine Nachbildung im Cheddar Man and the Cannibals Museum.

Mitte: Cheddar Gorge – »Little Grand Canyon«
Unten: In der Cheddar Höhle wurde ein uraltes Skelett gefunden.

Wanderung

Aus der Fülle der Wanderungen empfiehlt sich der Pfad zur Jacob's Ladder, der genau auf dem Faltblatt beschrieben ist, das man bekommt, wenn man eine Eintrittskarte für die Cheddar Gorge löst. Am Ende der Tour steigt man die 274 Stufen zum Aussichtsturm hinauf, von dem man einen beeindruckenden Ausblick über das Naturwunder hat. Der Weg beginnt direkt bei den Höhlen und führt stets an den Klippen entlang. Die Strecke ist insgesamt fünf Kilometer lang und bietet einen guten Überblick über die Ausmaße der Anlage.

Das Dorf und sein Käse

Um die Herkunft des Cheddarkäses ranken sich verschiedene Geschichten, von denen die einen mehr und die anderen weniger glaubwürdig erscheinen. Aber einige Fakten sind doch sicher, zum Beispiel, dass das Land rund um das Dorf Cheddar immer schon ein Zentrum von Englands Milchindustrie war und dass hier nachweislich seit dem 15. Jahrhundert Cheddarkäse hergestellt wird. Da es zu dieser Zeit noch keine Kühlschränke gab und es auch am Transportsystem haperte, wussten die Molkereien nicht, was sie mit der überschüssigen Milch machen sollten. Die Lösung war Käse. Man fand heraus, dass Milch viel länger hält, wenn man die Flüssigkeit herauspresst. Diese Methode wurde in der Gegend rund um Cheddar perfektioniert – der einzigartige Cheddar Cheese war geboren. Heute kann man Cheddar an den folgenden Merkmalen erkennen: Er muss aus nicht pasteurisierter Milch gemacht sein, die von Kühen rund um Cheddar stammt. Der Käse wird per Hand gemacht und reift 18 Monate lang in einem Stück Stoff. Dabei bildet er eine Rinde, verändert seine Farbe und entwickelt so seinen Geschmack. Auch einige berühmte Persönlichkeiten machten

Cheddar Gorge kann man auch mit Tourbus erkunden.

Oben: : Die Cheddar-Höhle ist eine der größten Großbritanniens.
Unten: In der Cheddar Gorge wird der berühmte gleichnamige Käse gelagert.

Bekanntschaft mit Käse aus Cheddar: König Heinrich II. kaufte zum Beispiel exakt 4644 Kilo zu einem sagenhaften Gesamtpreis von 10 Pfund 65. Als Charles I. regierte, war die Nachfrage viel größer als das Angebot, sodass man den Käse nur bei Hofe essen konnte – und selbst der Hof musste zahlen, noch bevor der Käse gemacht wurde. Als Scott 1901 erstmals die Antarktis erkundete, nahm er auf seine Expedition fast 1600 Kilo Cheddar mit.

Queen Victoria hatte das Vergnügen, einem Käsestück entgegenzutreten, das ganze 558 Kilo wog und aus der Milch von 700 Kühen gemacht worden war. Der Käse wurde anfangs noch in den Cheddar-Höhlen gelagert, was eine Zeit lang gut ging, bis der starke Geruch Ratten anzog und umdisponiert werden musste. Das traditionelle »Ploughman's Sandwich« enthält übrigens neben Salat und einer Gurke immer auch Cheddar Cheese.

Infos und Adressen

ESSEN UND TRINKEN

Frank's Restaurant. Ambiente pfui, Essen hui, so scheint das Motto hier zu lauten: Das Frank's ist wirklich ein ungeschliffener Diamant in der englischen Restaurantlandschaft. Frank steht in der Küche und seine Frau Sue serviert das Essen in ihrer flinken, aber doch entspannten Art. Auf der Karte stehen Vorspeisen wie Serranoschinken, Hauptspeisen wie ein Tartlet mit Feta und frischen Aprikosen in Weißweinsauce und Desserts wie Chocolate Brownies mit Schokosauce und Eis. The Bays, Cheddar, Tel. 01934/74 27 61, www.franksrestaurant.co.uk

Derrick's Tea Rooms. Die Kellnerinnen sind hier sehr freundlich und helfen gerne Eltern mit Babys oder kleinen Kindern. Die Torten und Kuchen sind allesamt hausgemacht und schmecken köstlich. Hier kann man auch traditionellen Cream Tea bekommen, der zur Abwechslung auch mit Kirschmarmelade angeboten wird. The Cliffs, Cheddar, Tel. 01934/74 22 88, www.derrickstearoom.co.uk

Hunde sind in Cheddar herzlich willkommen.

Die Höhle in Cheddar hat sich zu einem wahrhaftigen Pilgerziel entwickelt.

Riverside Inn. Für Kinder gibt es einen eigenen Spielplatz im Garten und für Erwachsene jede Menge gutes Essen in lichtdurchfluteten Räumen, die mit einfachen Holztischen und Ledersesseln möbliert sind. Wenn möglich, wird hier mit regionalen Zutaten gekocht. Deshalb gibt es auch typisch englische Speisen wie Lamm, Yorkshire-Pudding oder mit Cheddarkäse überbackene Ofenkartoffeln. The Cliffs, Cheddar, Tel. 01934/74 24 52, www.riversidecheddar.co.uk

SEHENSWÜRDIGKEITEN

Cheddar Gorge & Cave. Cheddar, Tel. 01934/74 23 13, www.cheddargorge.co.uk

Cheddar Man and the Cannibals Museum. Cheddar Gorge & Caves. Schulferien, Juli und August 10–17.30, Restliches Jahr: 10.30–17 Uhr, Cheddar, Somerset, Tel. 01934/74 23 43. www.cheddargorge.co.uk

ÜBERNACHTEN

Hillview Farm Bed & Breakfast. Ein sehr freundliches Bed & Breakfast, bei dem das Preis-Leistungs-Verhältnis stimmt. Die Gastgeber sind sehr freundlich und helfen gerne bei der Planung des Tages beziehungsweise wissen sie stets, wo man am besten das Auto parkt um am kostengünstigsten davonzukommen. Ashton, Wedmore, Cheddar, Tel. 01934/71 21 23. www.hillviewfarm.co.uk

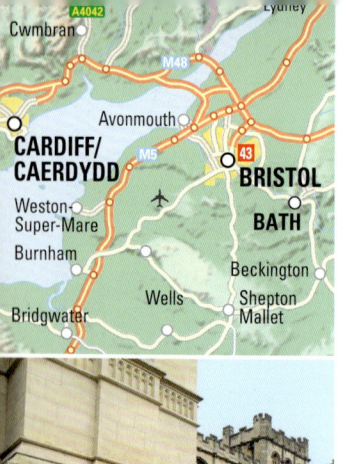

43 Bristol
Die Metropole des Südwestens

Als größte Stadt von Südwestengland bringt Bristol viel Kultur, kosmopolitisches Feeling und Sehenswürdigkeiten mit sich. Heute als Handelsstadt, Industriezentrum und Schiffsbauhochburg bekannt, war hier früher einer der größten Sklavenumschlagplätze der Welt. Die Universität versorgt die Stadt stets mit quicklebendigen, jungen Menschen, die ihre modernen Ideen in der Kunst- und Kulturszene umsetzen.

Wirklich Jahrhunderte?

Bristol zählt heute über 400 000 Einwohner. Jahrhundertelang belebte der Sklavenhandel die Stadt: Billiges Metall und Glas wurden in Afrika gegen Sklaven eingetauscht, die dann nach Nordamerika gebracht wurden, um in der »Neuen Welt« gegen Baumwolle, Zuckerrohr, Tabak und Kaffee getauscht zu werden. Allerdings fand dieser florierende Handel sein Ende, als die Sklaverei im Jahr 1807 verboten wurde. Das führte für in Bristol im

Mitte: In der Universität hier studieren junge Menschen aus aller Welt.
Unten: Auf den Bäumen im Park vor dem Council Building entdeckt man hängende Schuhe.
Rechte Seite: Blick vom 17. Stock des Radisson Hotels auf das Zentrum von Bristol.

MAL EHRLICH
DIE DUNKLEN SEITEN BRISTOLS
Wenn eine Stadt so groß ist wie Bristol, dann muss man nachts auch aufpassen. Nur weil Bristol im romantischen Südwesten liegt, bedeutet das nicht, dass hier alle Menschen freundlich sind. Also sollte man die folgenden »Risikozonen« möglichst meiden – auch für die Wahl eines Hotels: Gloucester Road, St. Paul's, Easton, Montpelier und Cheltenham Road. Dort ist die Straßenkriminalität groß. Wenn man diese Zonen dennoch passieren muss, dann am besten in einem Taxi.

19. Jahrhundert zu einem wirtschaftlichen Niedergang. Später mauserte sich Bristol zum Schiffsbau- und Luftfahrtzentrum. Das wurde der Stadt im Zweiten Weltkrieg bitter heimgezahlt, denn große Teile wurden von deutschen Fliegern zerbombt. Wie in vielen anderen Städten Englands brauchte der Wiederaufbau Jahrzehnte. Heute hat Bristol ein ganz anderes Gesicht mit vielen Neubauten und Betonburgen, die sich unter die alte Bausubstanz mischen. Doch generell herrscht Tatendrang, und gewaltige Investitionen brachten eine Neubelebung des Hafenviertels mit sich.

Der Floating Harbour

Auf einem Spaziergang durch die Stadt ist der Floating Harbour eine der ersten Anlaufstellen. Angelegt wurde er Anfang des 19. Jahrhunderts damit seine Schleusen den Hafen ständig mit Wasser versorgen konnten. Heute ist hier die Kunst- und Kulturszene der Stadt zu Hause. Am Watershed sind Cafés, Kinos und ein Medienzentrum behei-

AUTORENTIPP!

EIN PICKNICK IN DEN DOWNS

Die Parks und Wiesen Clifton Down und Durdham Down werden von den Einheimischen salopp als »The Downs« bezeichnet. Wenn man während der Stadtbesichtigung mal Lust auf etwas Grünes hat, sollte man sich dorthin zurückziehen. Im nordwestlichen Stadtteil Clifton hat man einen schönen Blick auf den Avon und die Hängebrücke. In der Nähe der Brücke befindet sich eine Camera obscura. Dort beginnt der Tunnel zur Giant's Cave, einer Höhle, von der man einen schwindelerregenden Blick über den Fluss hat. Am besten deckt man sich in einem der Supermärkte mit einem Picknick ein und setzt sich dann in die Downs ab, um die Stadt Bristol und alle Eindrücke auf sich wirken zu lassen.

matet, außerdem findet man hier das »Arnolfini Arts Centre« mit zeitgenössischer Kunst sowie die bronzene Statue des Entdeckers John Cabot. Dieser brach 1497 von Bristol aus zur Erforschung Nordamerikas auf. Am einfachsten von A nach B kommt man hier mit Wassertaxis oder zu Fuß. Eine weitere Besonderheit Bristols ist der Sherry: Harvey's Bristol Cream ist die bekannteste Sherry-Marke der Welt.

Die Altstadt

In der hufeisenförmig vom Hafen umschlossenen Altstadt sieht man noch einige alte Häuser, die einen Eindruck davon vermitteln, wie Bristol früher ausgesehen haben muss. In der King Street trifft man auf das 1669 erbaute Wirtshaus Llandoger Trow. Der Name des Hauses stammt von den flachen Lastkähnen, die hier mit walisischer Kohle an Bord vor Anker gingen. In diesem wunderschönen Fachwerkhaus wurde der Grundstein für einen der bekanntesten Romane aller Zeiten gelegt: Hier erfuhr Daniel Defoe (1660–1731) nämlich vom Schicksal des Matrosen Selkirk. Die Geschichten vom Exil auf der Insel inspirierten ihn zu seinem Roman *Robinson Crusoe*. Doch noch ein weiterer Schriftsteller wurde hier mit Schreibstoff versorgt. Robert Louis Stevenson (1850–1894) machte das Pub zum Vorbild für die Kaschemme Admiral Benbow in seinem berühmtesten Buch *Die Schatzinsel*. In der gleichen Straße befindet sich eine weitere Sensation: Das im Jahr 1766 eröffnete Theatre Royal ist das älteste durchgehend bespielte Theater Englands. Heute ist in dem Haus mit klassizistischer Fassade die Bristol Old Vic Company zu Hause. Außerdem befindet sich in der King Street noch die Corn Exchange (Getreidebörse) aus dem Jahr 1743. Sie erhebt sich mit ihren riesigen Pilastern gleich neben dem überdachten Markt.

Oben: Bunte Häuserzeilen säumen den Avon.
Mitte: Im alten Hafen von Bristol findet man urige Lokale.
Unten: Das Radisson Hotel vom River Avon aus gesehen.

Große Fische und Kunst im öffentlichen Raum

A Touristeninformation – Am besten beginnt man den Rundgang bei der Touristeninformation am City Dock.

B Blue Reef Aquarium – Das neue Aquarium direkt am Kai ist perfekt für Regentage. Hier kann man wunderschöne Korallenriffe und eine Vielzahl heimischer und tropischer Fische bestaunen. Und wer sein Ticket online bucht, spart 2 Pfund! Im IMAX-Kino kann man sich ebenfalls von der Unterwasserwelt unterhalten lassen.

C AT Bristol – Das AT-Bristol ist ein Meisterstück des interaktiven Museumskonzeptes. Hier können Kinder (und Erwachsene) wirklich etwas erleben. Vom Pusten einer enormen Seifenblase bis zum Gefühl, inmitten eines Tornados zu stehen, ist hier alles spannend. www.at-bristol.org.uk

D Bristol Cathedral – Der ehemals rein normannische Kirchenbau der Bristol Cathedral wurde bereits 1165 geweiht und ist heute ein Patchwork aus romanischen und gotischen Teilen, die sich allerdings gut zu einem großen Ganzen zusammenfü-

gen. Sehenswert sind die Miserikordien des Chors aus dem Jahr 1520 und die restaurierten Glasmalereien der Marienkapelle.

E Georgian House – Im ehemaligen Haus des Zuckerhändlers John Pinney wird das Jahr 1790 für den Besucher lebendig.

F Love Cheat – Einer der bekanntesten Künstler aus Bristol ist nur unter seinem Pseudonym »Banksy« bekannt: Er schuf einige Street-Art-Werke. Das berühmteste davon ist das »Liebesdreieck«, wo man einen wütenden Ehemann mit seiner Gattin und ihrem nackten Liebhaber sieht.

G Mud Dock – Ein tolles Café an den Docks mit angeschlossener Radwerkstatt, bei der man sich für weitere Ausflüge ein Fahrrad leihen oder wo man einfach nur in aller Ruhe etwas trinken kann.

H Arnolfini Arts Centre – Ein Highlight des Floating Harbour ist das Arnolfini Arts Centre. Inmitten der Cafés, Restaurants und Bars am Watershed präsentiert das Museum zeitgenössische Kunst.

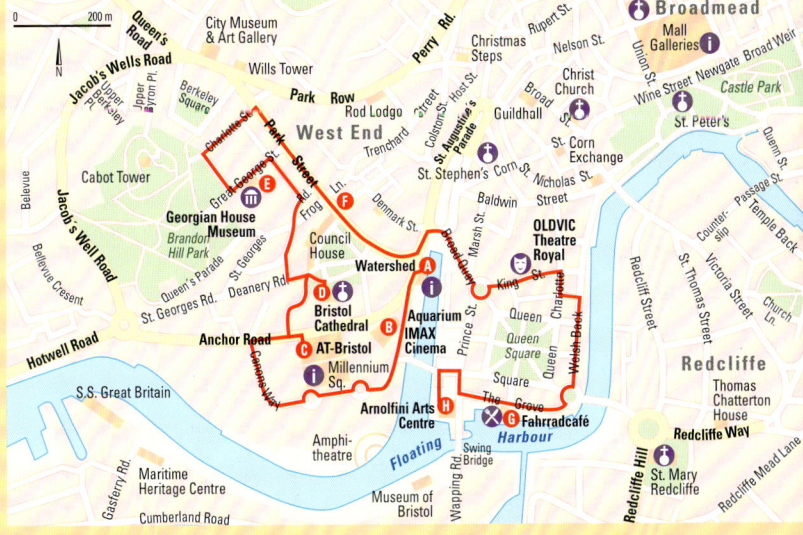

AUTORENTIPP!

SCHLEMMEN MIT GUTEM GEWISSEN

Schöner könnte die Industrie nicht aussehen: In einem alten Hafenspeicher bekommt man heute die besten Gerichte der Stadt. Doch das Essen ist nicht nur (mehrfach) ausgezeichnet, es war auch das erste, das von der Soil Association mit einem Umwelt- und Biolebensmittelzertifikat ausgezeichnet wurde. Hier wird wirklich von Grund auf darauf geachtet, dass, sofern es irgendwie möglich ist, biologische Lebensmittel benutzt werden. Dass hier mit Bedacht gekocht wird, merkt man an den Speisen, von der jede für sich ein Erlebnis ist. Des Weiteren befinden sich im gleichen Gebäude noch ein Feinkostladen, eine Weinbar, eine Bäckerei sowie eine renommierte Kochschule.

Bordeaux Quay. Canon's Way, Tel. 0117/943 12 00, www.bordeaux-quay.co.uk.

Temple Meads Station

Auch wenn man nicht mit dem Zug in Bristol ankommt, lohnt sich ein Besuch im Bahnhofsviertel, denn neben der Temple Meads Station (aka Station Approach) steht die Old Station, ein architektonisches Highlight. Sie wurde 1835 von Isambard Kingdom Brunel erbaut und war ab 1841 die Endstation der Great Western Railway von London nach Südwestengland. Die dreischiffige Halle hat eine Spannweite von 22 Metern und war die größte gusseiserne Konstruktion ihrer Zeit. Heute ist sie schön renoviert und wird vor allem für Veranstaltungen genutzt. Sie ist eines der bekanntesten Gebäude in der Heimatstadt des großen Architekten. Von Brunel stammen außerdem die Entwürfe für eine Brücke über den Avon bei Clifton, für die Tamar Rail Bridge und für drei der beeindruckendsten Schiffe der Welt: die »Great Western« (größtes Dampfschiff seiner Zeit), die »Great Britain« (erster propellergetriebener Transatlantikdampfer) und die »Great Eastern« (mit erstaunlichen 4000 Passagierplätzen). Brunel plante auch für 1600 Kilometer Eisenbahnschienen der South Western Railway und die Umgestaltung der Hafenanlagen von Plymouth, Cardiff und Bristol.

Die Oberstadt

Über die Christmas Steps geht es in die Oberstadt, in der es hübsche Geschäfte gibt. In der Red Lodge von 1590 blickt man in den Alltag eines Kaufmanns in elisabethanischer Zeit. Daneben sind hier der 60 Meter hohe, neogotische Will's Tower von 1925 und der weitläufige grüne Unicampus zu sehen.

Etwa 8 Kilometer nordwestlich liegt das freundliche Dorf Henbury, in dem der bekannte Architekt John Nash 1811 für die Pensionäre des Blaise Castle eine Siedlung aus neun Cottages entwarf.

Infos und Adressen

INFORMATIONEN

Bristol Visitor Information Centre. E Shed, 1 Canons Road, Bristol, Tel. 0870/444 06 54. http://visitbristol.co.uk

ESSEN UND TRINKEN

Seafood Loch Fyne. In einem ehemaligen Kornspeicher verspeist man heute Meeresgetier wie Austern, Hummer und Lachs, die alle aus dem Loch Fyne stammen. Der Fisch weist eine hohe Qualität auf und ist trotzdem vergleichsweise preiswert. 51 Queen Charlotte Street, Tel. 0117/930 71 60, www.lochfyne.com

Goldbrick House. Eine Mischung aus edlem Club mit Ledersofas und schwerem Kamin mit jungem Style. Die Preise sind zwar etwas gehoben, aber nachdem man sich ein paar der einzigartigen Specials bestellt hat, sollte man erstens satt und zweitens auf einer geschmacklichen Weltreise gewesen sein. 69 Park Street, Tel. 0117/945 19 50. www.goldbrickhouse.co.uk

Cowshed. Keinesfalls darf man hier vergessen, im Vorfeld zu reservieren. Wenn man aber daran

Von einem Boot aus kann man die hübschen Häuser am Fluss besonders gut betrachten.

gedacht hat, kann man sich auf ein deftiges Menü mit ordentlichem Fleischanteil freuen. Das Motto der »Cowshed« ist es nämlich, ländlichen Stil in die Stadt zu bringen. Einfach nur gut! 46 Whiteladies Road, Tel. 0117/973 35 50. www.thecowshed bristol.com

SEHENSWÜRDIGKEITEN

Red Lodge. Park Row, Öffnungszeiten: Sa–Mi 10–17 Uhr.

ÜBERNACHTEN

Clifton. Ein günstiges Hotel im ruhigen Vorort Clifton. Die Gäste werden in Zimmern untergebracht, die allesamt modern ausgestattet sind, und man kann ganz bequem im hauseigenen Restaurant Racks essen, wenn man abends nicht mehr in die Stadt fahren möchte. St. Paul's Road, Tel. 0117/973 68 82. www.cliftonhotels.com

Henbury Lodge Hotel. Etwas außerhalb der Stadt empfängt das Henbury Lodge Hotel seine Gäste mit schönen Zimmern, die mit historischen Elementen dekoriert sind und frisch renovierte Bäder haben. Hier passt alles, vom Service übers Frühstück bis hin zu Einrichtung und Preis. Station Road, Henbury, Bristol, Tel. 0117/950 26 15, www.bw-henburylodgehotel.co.uk

In Bristol blüht die Musikszene und zieht Tausende Studenten zu Open-Air Veranstaltungen.

THE LLANDOGER TROW

Das The Llanddoger Trow sieht noch genauso aus, wie vor hundert Jahren: Das
schicke Fachwerkhaus wird von Blumen
quasi »überwuchert«.

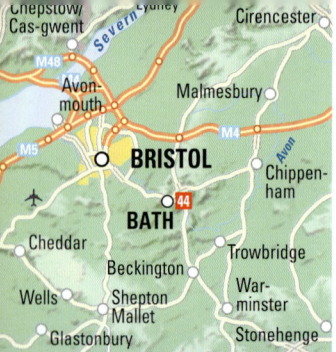

44 Bath
Jane Austens Heimat

Bath ist mittlerweile auch in unseren Breiten so bekannt, dass man es kaum mehr vorstellen muss. Allein die Stichwörter Römische Therme, Jane Austen, The Royal Crescent und The Circus lassen das Herz höherschlagen. Somit kann man einige erlebnisreiche Tage in Bath verbringen oder es auch nur als eine kurze Station auf dem Weg Richtung Südwesten nutzen: Faszinieren wird Bath sicherlich, egal, wie lange oder kurz man hier verweilt.

Wie brachte es Bath nur fertig, mehr als drei Jahrhunderte lang federführend in den Bereichen Architektur, Kultur und Mode zu sein? Die Stadt war immer irgendwie kultivierter, prächtiger und (leider) auch versnobter als der Rest des Landes. Was andere Städte allerdings nicht davon abhielt, Bath zu kopieren, was das Zeug hielt. Heute ist die gesamte Stadt zum UNESCO-Weltkulturerbe ernannt worden, und nicht nur die 85 000 Einwohner können die schönen Fassaden, die kunstvolle Architektur und die Fülle an Museen genießen. Auch die Besucher, die hier tagaus, tagein herkommen, egal ob im Winter oder Sommer: Bath hat immer Saison.

Alternativen für Regentage

Und wenn der Tag einmal unfreundlich sein sollte, gibt es trotzdem jede Menge Möglichkeiten, sich die Zeit zu vertreiben. Angefangen vom Fashion Museum über das Jane Austen Centre, das Building of Bath Museum, das Holburne-Museum mit Kunstausstellungen, das Museum of East Asian Art mit einer Sammlung von über 2000 Gegenständen aus den verschiedensten Ländern Asiens

Das berühmte römische Bad, dass der Stadt den Namen verlieh ist mitten im Herzen von Bath.

bis hin zum American Museum in Britain, in dem es hauptsächlich um amerikanische Volkskunst geht: Es wird einem garantiert nicht langweilig.

Der Name ist Programm

Doch auch das schicke neue Bad ist nicht nur bei Regenwetter sehr zu empfehlen. Über den Dächern von Bath mit Blick auf den Turm der Abbey genießt man hier das warme Thermalwasser. Wer sich etwas mehr gönnen möchte, kann eine der Anwendungen buchen und sich dabei so richtig entspannen. Man sollte sich im Internet einen Überblick verschaffen und möglichst früh buchen, denn an Wochenenden und Regentagen ist im Spa Bath stets viel los. Was man allerdings auf keinen Fall auslassen sollte, ist eine Besichtigung der alten römischen Bäder, die nach einigem Renovierungsaufwand nun in vollem Glanz erstrahlen. Schon die Kelten haben nahe der heißen Quellen einen Tempel erbaut. Allerdings waren es erst die Römer, die 44 nach Christus den Badeort Aquae Sulis gründeten und somit den Grundstein für die heutige Stadt Bath legten. Die Bäder wurden dann – etwa so wie wir sie heute sehen – um das Jahr 75 nach Christus errichtet. Teile der Originalbäder, wie die vergoldete Bronzebüste der Minerva, kann man im Museum besichtigen, das an die Bäder angeschlossen ist.

Außerdem warten dort noch Altarsteine und zahlreiche Mosaike auf die Besucher. Doch der Höhepunkt ist eindeutig das 1,6 Meter tiefe und 12 mal 24 Meter große Becken mit Blick in den freien Himmel. Es ist stets mit 46,5 Grad heißem Wasser gefüllt, das aus der 3000 Meter tiefen Quelle stammt. Führungen in den römischen Bädern finden stündlich statt. Erwischt man keine, kann man sich mit einem der Audioguides ausrüsten, die teilweise witzige Kommentare nach Bill-Bryson-Art im Programm haben.

BEING JANE AUSTEN

Beim Jane Austen Festival wird die Welt des 21. Jahrhunderts auf den Kopf gestellt, denn dann kommen Fans der Autorin aus der ganzen Welt angereist und bringen ihre – oft eigens für diesen Anlass genähten – Kleidungsstücke mit, die wie aus der damaligen Zeit wirken. Dann wird ein paar Tage lang auf den schönen Straßen der Stadt promeniert und gegessen wie im 18. Jahrhundert (was leider nicht unbedingt empfehlenswert ist. Oft stimmt auch das Preis-Leistungs-Verhältnis nicht). Außerdem kann man vielen Vorträgen und Lesungen lauschen, bei denen es sich alles einzig und allein um ein Thema dreht: Jane Austen und deren Leben im 18. Jahrhundert. Wahre Fans sollten also am besten den September für den nächsten Urlaub im Western Country einplanen.

Jane Austen Festival.
Mehr unter www.janeausten.co.uk

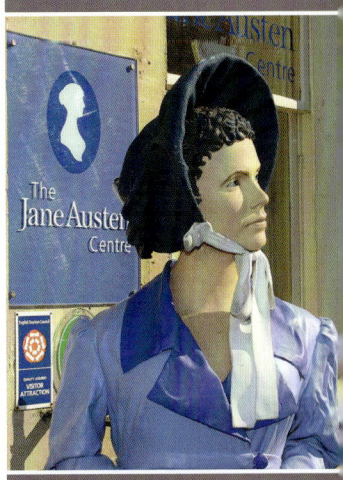

Die Bath Abbey sollte man unbedingt von Innen gesehen haben.

Architektonischer Fokus

Die elegante Stadt mit ihren goldgelben Fassaden, bezaubernden Parkanlagen, geschmackvollen Geschäften und wunderschönen Plätzen überzeugt als Gesamtkunstwerk. Allerdings kann man sich die einzelnen Elemente, die die ganze Stadt zu einem echten architektonischen Juwel machen, ruhig genauer ansehen. Zuallererst wäre da die Bath Abbey, die 1616 fertiggestellt wurde. Die Inspiration zur Kathedrale kam Oliver King im Traum. Sie wurde auf den Fundamenten einer sächsischen Kirche aufgebaut. Im Inneren der Kathedrale sind vor allem das geschmückte Fächergewölbe aus dem 19. Jahrhundert und die 400 Denkmäler und Grabtafeln sehenswert. Im 17. und 18. Jahrhundert gelangte Bath schließlich zu voller Blüte. Dies ist hauptsächlich den Architekten Ralph Allen, John Wood und dem Bonvivant Beau Nash zu verdanken, die Visionen hatten und diese auch umsetzten. So konnte auch Johanna Schopenhauer bei ihrem Besuch im Jahr 1803 sagen: »Von wunderbarer

Zu architektonischen und modischen Schätzen

A Bath Tourist Office – Die Touristeninformation ist ein guter Ausgangspunkt für die Tour und versorgt die Besucher mit vielen Infos und Broschüren. Abbey Churchyard, Tel. 0844/847 52 56, www.visitbath.co.uk

B Bath Abbey – Nach ein paar Schritten erreicht man auch schon die Bath Abbey. Sie ist die letzte im gotischen Stil erbaute Kirche in ganz England und entstand zwischen 1499 und 1616. An der Westfassade kann man Engel erkennen, die an einer steinernen Leiter emporklettern.Öffnungszeiten: Ostern bis Oktober Mo–Sa 9–18 Uhr, November bis Ostern Mo–Sa 9–16.30 Uhr, www.bathabbey

C Building of Bath Museum – Das Building of Bath Museum liegt im Norden. Hier kann man die architektonische Entwicklung der Stadt noch einmal genau studieren, bevor man den großartigen Gebäuden dann »live« gegenübertritt. Das Spektrum der ausgestellten Stücke reicht von Zeichnungen bis hin zu Tapetenmustern des 18. Jahrhunderts.The Vineyards, The Paragon, Tel. 01225/33 38 95, Öffnungszeiten: Mitte Februar bis November Di–So 10.30–17 Uhr, www.bath-preservation-trust.org

D Fashion Museum – Modefreunde aufgepasst! Im Fashion Museum kann man eine riesige Sammlung von Kleidern aus dem 18. Jahrhundert bewundern – und sich dabei wie in einer Verfilmung von Jane Austens Romanen fühlen. Assembly Rooms, Bennett Street, Öffnungszeiten: November bis Februar: 10.30–16 Uhr, März bis Oktober 10.30–17 Uhr, www.museum ofcostume.co.uk

E Circus – Der Circus, ein dreistöckiges Gebäudeensemble, ist eines der bedeutendsten Bauwerke der Stadt Bath. Das Ensemble wurde von John Wood dem Älteren geplant und von seinem Sohn vollendet. Besonders beachtenswert sind die

Säulen. Jedes Stockwerk weist einen anderen Stil auf: dorisch, ionisch und korinthisch.

F Royal Crescent – Etwas weiter westlich befindet sich der Royal Crescent, der von John Wood dem Jüngeren geplant wurde. Im Gebäude Nummer eins ist ein Museum über das Leben im 18. Jahrhundert untergebracht. Hier wohnten schon einige bekannte Persönlichkeiten. Tel. 01225/42 81 26, Mitte Februar bis Mitte Oktober Di–So 10.30–17 Uhr, Mitte Oktober bis Dezember 10.30–16 Uhr, www.bath-preservation-trust.org.uk

G Jane Austen Centre – Für alle Fans von Jane Austen ist dieses Museum eine grandiose Anlaufstelle, die zahlreiche Informationen über die berühmte Schriftstellerin bereithält. Jane Austen Centre, 40 Gay Street, Tel. 01225/44 30 00, April bis September 9.45–17.30 Uhr, www.jane austen.co.uk

H Römische Bäder – Die alten römischen Bäder sind maßgeblich an der Namensgebung der Stadt beteiligt und natürlich allein schon deswegen ein absolutes Must-See!

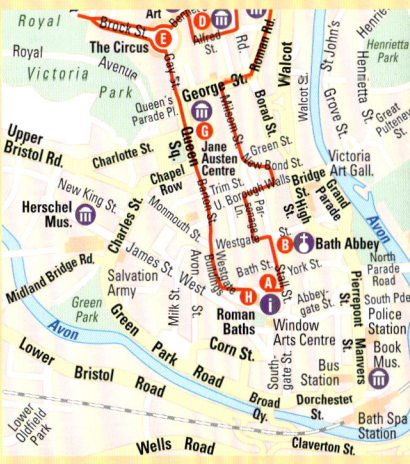

Oben: Bath ist eine wunderschön homogene Stadt.
Unten: Mit Parks durchzogen eignet sich Bath als ideale Wohnstadt- und das schon seit hunderten von Jahren.

einziger Schönheit ist der Anblick dieser Stadt.« Von den Römern inspiriert war John Wood der Ältere, als er kurz vor seinem Tod damit begann, eine kreisrunde Wohnsiedlung zu bauen. Die 33 Wohnhäuser haben eine aufsteigende Säulenordnung. Zuerst kommen die dorischen, dann die ionischen und ganz oben die korinthischen. Der Circus diente vielen ringförmigen Wohnkomplexen in England und auch in Deutschland als Vorbild. Eine weitere Augenweide ist der Royal Crescent, das Meisterstück von John Wood dem Jüngeren. Der Halbkreis besteht aus 30 Bürgerhäusern. Die Nummer eins diente als Wohnsitz des Herzogs von York und ist heute ein Museum. Heute gibt es in diesem Haus ein Museum (Mitte Februar bis Oktober 10.30–17 Uhr). Die halbmondförmige Reihenhaussiedlung war damals eine solche Sensation, dass sie alleine in Bath mehrmals kopiert wurde.

Infos und Adressen

INFORMATION

Buchungszentrum für Führungen durch die römischen Bäder. Abbey Churchyard, Tel. 01225/47 77 85, Öffnungszeiten: Juli und August 9–20 Uhr, übriges Jahr 9.30–17.30 Uhr. www.romanbaths.co.uk

Die Jugendszene in Bath kommt bei dem großen Kneipenangebot nicht zu kurz.

ESSEN UND TRINKEN

Moon and Sixpence. Hier hat man zwei Möglichkeiten: Entweder entscheidet man sich für das noble Restaurant, oder man wählt die lässige Brasserie im Obergeschoss. Beide Varianten sind sehr reizvoll und bieten moderne, internationale Küche, allerdings in unterschiedlichen Preiskategorien. 27 Milsom Place, Tel. 01225/32 00 88, www.moonandsixpence.co.uk

Café Retro. Gutes, günstiges Frühstück und ein tolles Mittagsmenü, das sich sowohl an mexikanischer als auch an französischer Küche orientiert, machen das Café Retro zu einem der beliebtesten in Bath. Die Atmosphäre ist sehr entspannt und lädt zum Verweilen nach dem Essen bei einer guten Tasse Kaffee oder Tee ein. 18 York Street, Tel. 01225/33 03 47. www.caferetro.co.uk

The Raven. Ein ganz kleines Pub mit einer riesigen Auswahl an Ales. Diese ist so groß, dass The Raven sogar von der Campaign for Real Ale hochoffiziell empfohlen wird. Das Ambiente ist in typischem Pub-Stil gehalten. Queen Street, Tel. 01225/42 50 45. www.theravenofbath.co.uk

SEHENSWÜRDIGKEITEN

American Museum in Britain. Claverton Manor, Tel. 01225 46 05 03. www.americanmuseum.org

Holburne-Museum. Great Pulteney Street, Tel. 01225 46 66 69.

Museum of East Asian Art. 12 Bennet Street, Tel. 01225/46 46 40. www.meaa.org.uk

Spa Bath. Hot Bath Street, Tel. 01225/33 12 34, Öffnungszeiten: 10–20 Uhr. www.thermaebathspa.com

ÜBERNACHTEN

Halcyon. Aus einem etwas unschönen Häuserblock hat man ein modernes Hotel gezaubert: Mit Designerarmaturen und schönen, in Weiß gehaltenen Zimmern mit ein paar gekonnte gesetzten Farbtupfern hier und da. Ein Doppelzimmer ist ab 99 Pfund zu bekommen. 2–3 South Parade, Tel. 01225/44 41 00, www.thehalcyon.com

Three Abbey Green. Die Lage dieses Hotels ist einfach unschlagbar: Es ist nur einen Steinwurf vom Stadtzentrum mit Abbey und Römischem Bad entfernt. Für diese Nähe sind 85 Pfund pro Zimmer relativ günstig, vor allem, da die Zimmer recht neu sind und das Frühstück sehr gut ist. 3 Abbey Green, Tel. 01225/42 85 58, www.threeabbeygreen.com

Der Prior Park in Bath ist wunderbar romantisch.

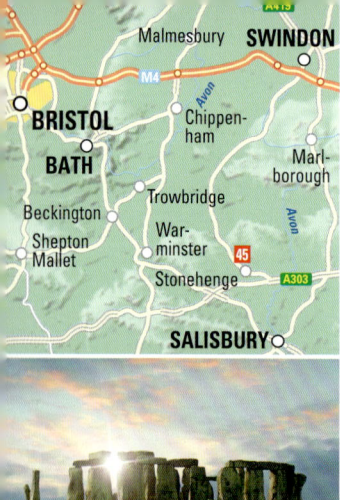

45 Stonehenge
Der berühmteste Steinkreis

Jeder kennt ihn, manche lieben ihn, manche bleiben auch völlig unbeeindruckt. Fest steht, dass – wenn man schon einmal in der Gegend ist – sich der kleine Umweg nach Stonehenge auf jeden Fall lohnt. Immerhin ist er Englands berühmteste Kultstätte der Vorzeit und zieht als solche über eine Million Besucher im Jahr an.

Errichtung des Steinkreises

Stonehenge entstand in drei Phasen, die sich vermutlich insgesamt auf fast 2000 Jahre verteilen. Zuerst, um etwa 3100 v. Chr, war nur die Anlage vorhanden, die auch der heutige Ringwall noch beschreibt. Diese bestand aus einem Graben und hatte den Haupteingang im Nordosten. Die insgesamt 56 Löcher im Inneren des Erdwalls heißen

Mitte: Stonehenge ist vor allem bei Sonnenaufgang und –untergang beeindruckend.
Unten: Eine der meistbesuchtesten Sehenswürdigkeiten in ganz England.

MAL EHRLICH

HAT MORGENSTUND WIRKLICH GOLD IM MUND?

Der Besuch von Stonehenge ist eine heikle Sache. Zwar wird empfohlen, die Sehenswürdigkeit schon frühmorgens aufzusuchen. Allerdings wird dieser Rat schon von so vielen Besuchern befolgt, dass bereits um 8 Uhr früh, eine Stunde vor der Öffnung des Parkplatzes, einige Autos ankommen. Wenn Stonehenge dann öffnet, strömen die Besucher schon so zahlreich hinein, dass man ab 9 Uhr kein Foto mehr machen kann, auf dem nicht zwangsläufig auch andere Touristen sind. Außerdem muss man sich bewusst machen, dass Stonehenge zwar eine große Attraktion ist, dies aber nicht unbedingt bedeutet, dass es ein Visitor Centre oder sonst irgendwelche Annehmlichkeiten gibt.

Stonehenge

Aubrey Holes (nach ihrem Entdecker John Aubrey). Später kam noch eine Holzkonstruktion hinzu. In der nächsten Bauphase um 2550 v. Chr. wurden die bläulichen Monolithe hinzugefügt, die bis zu vier Tonnen schwer sind. Um 2300 bis 1500 v. Chr. wurden 30 Sarsensteine aufgestellt, die bis heute das Bild von Stonehenge prägen. Am weitesten mussten die Blausteine bewegt werden, die ursprünglich aus den 385 Kilometer entfernten Preseli Hills in Wales stammen. Es wird vermutet, dass die Steine auf Rollschlitten zum nächsten Fluss befördert wurden und dann weiter auf Flößen über die Flüsse Avon, Frome und Wyle in Richtung Wiltshire. Man schätzt, dass etwa 500 Männer nötig waren, um die Steine mithilfe von Seilen aus Rinderhaar oder geflochtenen Lederriemen auf den bis zu 35 Kilometer langen Landstrecken zu ziehen. Die Oberfläche der Steine wurde mit Steinhämmern bearbeitet und geglättet.

Die Stätte wurde vermutlich als Ort für Zeremonien eingerichtet und generell mit dem Totenkult oder der Sonnenverehrung in Verbindung gebracht. So sieht man zum Beispiel, wenn man während der Sommersonnenwende am Altarstein im Zentrum steht, dass sich die Sonne direkt über dem Heel Stone senkt. Bei der Wintersonnenwende geschieht das Gleiche, nur in anderer Richtung.

Andere Höhepunkte

Stonehenge ist Teil einer riesigen Anlage von Erdwällen und Gräben, die über die ganze Region verteilt sind. Zwei Kilometer östlich liegt zum Beispiel Woodhenge, das früher wahrscheinlich ein überdachter Rundbau war, der sich um einen kreisförmigen Hof krümmte. Bei der Stadt Marlborough liegen die Ortschaften Avebury und Silbury Hill, die schöne Säulenarkaden und auch Antiquitätengeschäfte haben.

Infos und Adressen

DORSET

46 Lyme Regis
Fantastischer Fossilienreichtum

Lyme Regis ist aus Büchern, Filmen und durch die Funde diverser Dinosaurierfossilien bekannt. Die Stadt mit der Mole aus dem Mittelalter ist auf jeden Fall einen Besuch wert, egal, ob man ein Bewunderer Jane Austens, Meryl Streeps oder großer Dinosaurier ist. Lyme Regis bietet neben seinen pastellfarbenen Häusern und dem typischen Flair eines Dorset-Fischerdorfs noch einiges mehr als andere Orte der Umgebung.

Nette Cottages, weite Sandstrände und bedrohliche Klippen – so klingt die Beschreibung fast jeden Dorfs in Dorset. Doch Lyme Regis ist anders. Die 3500-Seelen-Gemeinde hat seit dem Jahr 1811 eine Fülle von Fossilienfunden aufzuweisen. In jenem Jahr entdeckte ein zwölfjähriges Mädchen namens Mary Anning nach einem Erdrutsch an den Klippen das Skelett eines elf Meter hohen Ichthyosaurus. Das Skelett ist inzwischen im Naturhistorischen Museum in London zu bestaunen. Die junge Mary war von diesem Ereignis derart gefesselt, dass sie sich fortan auf die Suche nach Dinosaurierknochen konzentrierte.

Großartiger Fund

Und sie wurde fündig: Im Jahr 1824 entdeckte sie einen vollständigen Plesiosaurier, und ein paar Jahre darauf den ersten britischen Flugsaurier. Ihre Geschichte wird im Lyme Regis Museum erzählt. Bis heute hat sich ihr Ruf als Paläontologin erhalten. Sie ebnete den Weg für die heutige wissenschaftliche Paläontologie. Weitere Informationen über Dinosaurier und etliche Fundstücke kann man im Dinosaurland Fossil Museum sehen: Vor allem

Vorangehende Doppelseite: In Bournemouth können die Strände im Sommer schon einmal überfüllt sein.
Mitte: Der Bootshafen in Lyme Regis ist die Heimat zahlreicher Segel- und Fischerboote.
Unten: Lyme Regis ist ein belebtes kleines Städtchen.

für Kinder interessant sind die Miniaturen bekannter Urzeitlebewesen wie Thrissops-Arten, Belemniten oder Plesiosaurier. Highlights sind der 73 Kilogramm schwere, versteinerte Dinosaurierkot oder die zu Stein gewordenen Eier eines Tyrannosaurus.

Abseits der Dinos

Doch Lyme Regis hat noch mehr zu bieten: Da wäre einerseits der berühmte Cobb, auf dem Meryl Streep in der Verfilmung von John Fowles' Roman *Die Geliebte des französischen Leutnants* stand und sehnsüchtig aufs Meer blickte. Ein paar schon sehr ausgetretene Stufen führen auf die uralte, geschwungene Brandungsmauer, die erstmals im Jahr 1294 erwähnt wurde. Da das unerbittliche Meer auf der einen Seite stets gegen die Mauer arbeitet, waren im Laufe der Jahrhunderte einige Renovierungen notwendig. Die grundlegendste erfolgte im Jahr 1817. Warum Fowles seinen Roman in Lyme Regis spielen ließ? Er war zehn Jahre lang Direktor im Lyme Regis Museum. Außerdem ließ er auch eine Reihe von Wanderwegen anlegen, die im Dorf ihren Ausgangspunkt haben. Einen Führer für diese Wanderungen erhält man in der Touristeninformation, wenn man nach Fowles' Lyme Regis Three Town Walks fragt.

Umgebung von Lyme Regis

Was Freizeitaktivitäten anbelangt, ist Lyme Regis gut aufgestellt, allen voran sind Wassersportarten wie Schwimmen, Surfen, Segeln oder auch Wasserskifahren sehr beliebt. Weiters werden aber auch Bootsausflüge oder Tauchgänge angeboten. Wer das Wasser nicht so liebt, kann sich beim Bowlen oder im Cricket versuchen. Die Region ist von der fremdartigen Landschaft der »Undercliffs« geprägt. Das Gebiet ist etwa 300 Hektar groß und steht unter Naturschutz. Diese eigenartige Region

AUTORENTIPP!

KLOPFEN FÜR ANFÄNGER
In Lyme Regis liegt Fossilien-Fieber in der Luft, was durch die Erosion noch gefördert wird. In unregelmäßigen Abständen brechen Teile der Klippen ab. So wird neuer Stein freigelegt, der durchaus Fossilien enthalten kann. Nicht anders hat Mary Anning 1811 ihr erstes Saurierskelett gefunden. In Lyme – wie der Ort salopp genannt wird – stöbern alle, vom professionellen Paläontologen bis hin zum Freizeitsammler, denn mit etwas Glück lassen sich Versteinerungen aus dem Jura, der Trias- und Kreidezeit finden.

Oben: Das Marine Theatre in Lyme Regis.
Mitte: In Lyme Regis bekommt man im Sommer köstliches Eis.
Unten: Am Strand von Lyme Regis ist selbst im Oktober noch viel los.

wurde durch Erdrutsche geformt. Der bekannteste ereignete sich 1839, als ein acht Millionen Tonnen schwerer Klippenabschnitt in sich zusammen-stürzte. Heute ist dieser Teil wieder üppig von Vegetation überwuchert: Man wandert zwischen Baumwurzeln, Brombeeren und anderen typischen Pflanzen Südwestenglands. Eine empfehlenswerte, aber etwas anstrengende, etwa 13 Kilometer lange Wanderung führt von Lyme Regis nach Axmouth. Wer weniger Zeit hat, kann den Undercliffs auch nur einen kurzen Besuch in der Gegend der weißen Pinhay Cliffs abstatten. Das Gebiet beginnt etwa 1,5 Kilometer westlich von Lyme Regis. Bester Ausgangspunkt für eine Wanderung ist der Park-platz von Holmbush. Ein interessantes Gebäude ist die Forde Abbey. Die Zisterzienserabtei wurde im 17. Jahrhundert in ein Herrenhaus umgebaut. Das Gebäude befindet sich 16 Kilometer nördlich von Lyme Regis und stammt ursprünglich aus dem 12. Jahrhundert. Schön sind die Stuckarbeiten, Decken und edlen Tapisserien im Inneren und die wirklich großartigen Gärten.

MAL EHRLICH

GEFÄHRLICHE SUCHE

Sicherlich sollte man sich in Lyme Regis auch unter die Fossiliensucher mischen. Allerdings muss man dabei einiges beachten. Unvorbereitet und unvor-sichtig kann die Fossiliensuche sogar lebensgefähr-lich sein. Die Klippen rund um Lyme Regis sind von der Erosion sehr stark betroffen und einige können jederzeit zusammenbrechen. Deswegen sollte man stets die ausgeschilderten Schutzwege beachten und sich generell nur bei Ebbe am Strand aufhalten. Bei Flut kann man leicht vom Festland abgeschnit-ten werden. Auf keinen Fall darf man etwas aus den Klippen herausziehen, denn das kann Erdrutsche zur Folge haben.

Infos und Adressen

INFORMATION

Lyme Regis. Church Street, Tel. 01297/44 21 38, www.westdorset.com

ESSEN UND TRINKEN

Wild Garlic. Der Koch Mat Follas begeisterte 2009 die Jury des britischen Kochwettbewerbs »Master Chef« und kocht heute in seinem sympathischen, olivgrün-beigefarbenen Restaurant groß auf. Ein Tipp für Feinschmecker und Genießer der fantasievollen Küche. 4 The Square, Beaminster, Tel. 01308/86 14 46, www.thewildgarlic.co.uk

Hotel Alexandra. Wunderschönes Hotel und ausgezeichnetes Restaurant in einem. Steigt man hier ab, hat man gleich zwei Fliegen mit einer Klappe geschlagen. Besonders empfehlenswert ist der Afternoon-Tea, der englischer nicht sein könnte. Lyme Regis, Tel. 01297/44 20 10, www.hotel alexandra.co.uk

Hix Oyster & Fish House. Am besten kommt man mit einem leeren Magen und einem vollen Portemonnaie hierher, denn hier wird reichlich qualitativ hochwertiges, kreativ zubereitetes Essen aufgetischt. Cobb Road, Tel. 01297/44 69 10, www.hixoyctorandfishhouse.co.uk

SEHENSWÜRDIGKEITEN

Dinosaurland Fossil Museum. Combe Street, Tel. 01297/44 35 41, Mitte Februar bis November 10–17 Uhr. www.dinosaurland.co.uk

Eisdielen sind in Lyme Regis keine Seltenheit.

Von den Cafés aus überblickt man beinahe den ganzen Strand.

Forde Abbey. Tel. 01460/22 12 90, Öffnungszeiten: April bis Oktober Di–Fr und So 12–16 Uhr, www.fordeabbey.co.uk

Lyme Regis Museum. Bridge Street, Tel. 01297/ 44 33 70, Öffnungszeiten: April bis Oktober Mo–Sa 10–17 Uhr, So 11–17 Uhr, November bis März Mi–So 11–16 Uhr, www.lymeregismuseum.co.uk

ÜBERNACHTEN

Clappentail House. Überraschend schönes und gepflegtes Bed & Breakfast mit empfehlenswertem Frühstück und tollem Service. Wer aber keine Hunde mag, ist hier vielleicht falsch, denn die Besitzer haben selbst einen. Uplyme Road, Lyme Regis, Tel. 01297/44 57 39, www.clappen tailhouse.com

St. Cuthbert's of Lyme. Solides Bed and Breakfast mit großen Räumen und einem ausgezeichneten Frühstück. Die Gastgeber Sue und Miles helfen gerne weiter, wenn man Auskunft über die Region braucht. Charmouth Road, Lyme Regis, Tel. 02197/44 59 01, www.stcuthbertsoflyme.co.uk

Cleveland Bed and Breakfast. Sauberes, freundliches und angenehmes Bed and Breakfast. Pound Street, Lyme Regis, Tel. 01297/44 20 12.

47 Weymouth
Der georgianische Lieblingsort

Weymouth verdankt es König Georg III., dass es heute einer der beliebtesten Badeorte Englands ist. Der Monarch ist heute noch allgegenwärtig in der Stadt. Weymouth ist wegen seines feinen gold-gelben Sandes und der nahe gelegenen, beeindruckenden Jurassic Coast eine Reise wert.

Mit seinen 61 000 Einwohnern ist Weymouth der drittgrößte Ort der Grafschaft Dorset. Wie so viele andere Städte in Südwestengland wurde Weymouth rund um eine Flussmündung, nämlich der des Wey, errichtet. Populär wurde Weymouth, weil König Georg III. (1760–1820) sich hier in die Fluten stürzte, um sein Nervenleiden zu lindern. Er mietete sich im Gloucester Hotel an der Promenade ein. Noch heute sieht man sein Bildnis in den Kreide-hügel gemeißelt bzw. eine bunt bemalte Statue des ehemaligen Königs mitten im Zentrum. Auch die Vielzahl an georgianischen Häusern an der Strand-promenade erinnert an die Blütezeit des Ortes.

Alter Hafen

Um den alten Hafen versammeln sich lebhaft bunt restaurierte Speicher voller Geschäfte, Restaurants und Cafés. Die Stadt liegt direkt an einer drei Kilo-meter langen Bucht, die an warmen Sommertagen von badewütigen Briten förmlich belagert wird. Der Sand ist hier besonders fein, sodass man vor allem im südlichen Abschnitt der Bucht Sandskulp-turen bauen kann. Dieses Hobby wurde hier auf die Spitze getrieben. Es gibt sogar eine Tafel mit Anleitungen, wie man den Sand am besten zum Bauen vorbereitet: Zuerst wird er mit Wasser ge-mischt und dann per Hand zusammengedrückt

Mitte: Die Seefahrt spielt in Englands Südwesten eine große Rolle.
Unten: Eine uralte Umkleidekabine am Strand.

und geformt. Diese Zone ist aber auch interessant für alle, die sich nicht aktiv beteiligen möchten. Oft gibt es Drachen, Fantasieburgen oder Autos in Originalgröße zu bestaunen, natürlich alles aus Sand.

Der Hafen

Authentisch und lebendig ist die Stimmung im alten Hafen von Weymouth. Hier wimmelt und riecht es so, wie es sich für einen richtigen Hafen gehört. Das Herzstück ist der Custom House Quay, wo regelmäßig Fischerboote ihren Fang entladen und wo man auch auf einen Tauchausflug gehen kann. Um das Hafenbecken reihen sich schöne Gebäude aus dem 18. und 19. Jahrhundert. Eines der schönsten ist das Custom House, das mit seinen weißen Erkerfenstern und dem schönen Wappen sofort hervorsticht. Ein anderes ist die ehemalige Devenish Brewery, in der sich heute kleine Läden und Cafés eingerichtet haben. Ein besonderer Tipp ist der Weymouth Fish Market, wo es richtig rund gehen kann. Hier sollte man unbedingt frischen Fisch oder Krustentiere einkaufen, vorausgesetzt, man hat die Möglichkeit, selbst zu kochen.

Bummel durch die Stadt

Sehenswert ist auch die Town Bridge, die ebenso wie die Tower Bridge in London eine Hebebrücke ist und alle zwei Stunden inklusive Straße, Gehsteig und Geländer geöffnet wird, um die Segelboote durchzulassen. Für einen weiteren Stadtbummel bietet sich noch die Trinity Road an, die ganz in Pastellfarben gehalten ist. Hier wird man nicht müde, die vielen Geschäfte, Restaurants, Cafés und wunderschönen Häuser anzusehen. Allen voran ist das Tudor House das interessanteste. Eine hervorragende Möglichkeit, die Stadt und ihre Geschichte kennenzulernen, ist der »Timewalk«

AUTORENTIPP!

DER RIESE UND SEIN GEMÄCHT

Etwas im Norden von Weymouth befindet sich der berühmte, an Konturen im Gras erkennbare Cerne Abbas Giant, dessen Entstehung und Herkunft bis heute noch nicht geklärt ist. Zum ersten Mal erwähnt wurde er im Jahr 1694. Dann geriet er in absichtliche Vergessenheit, da er (und vor allem sein »bestes Stück« im erregten Zustand) den prüden Viktorianern extrem peinlich waren. Heute grasen rund um den 60 Meter langen und 51 Meter breiten Riesen Schafe, denn Kühe würden seine Konturen wahrscheinlich zertrampeln.

am Hope Square. Dort sind 600 Jahre Stadtgeschichte zu sehen, zu hören und zu riechen. Erns-
ter geht es da schon im Weymouth Museum zu,
in dem hauptsächlich auf das Pestjahr 1348, aber
auch auf die Badegepflogenheiten zu georgianischen Zeiten eingegangen wird.

Die Isle of Portland

Hier hat der Stein eine so besondere Farbe, dass er
zum Beispiel für den Bau der St. Paul's Cathedral
in London und für das UNO-Gebäude in New York
verwendet wurde. Neben dem Steinbruch Tout
Quarry, der einen Einblick in die Verarbeitung und
den Abbau des Steines bietet, kann man auf der
Portland-Halbinsel auch noch das Portland Museum
und einen 35 Meter hohen Leuchtturm an der
Südspitze Portland Bill besichtigen. Die Insel ist
durch eine schmale, natürliche Landbrücke mit
dem Festland verbunden und daher eigentlich nur
eine Halbinsel. Als Teil der Jurassic Coast ist die
Isle of Portland gemeinsam mit diesem gesamten
Abschnitt der Südküste als Weltnaturerbe ausgewiesen. Auf der Insel befinden sich mehrere Orte,
die größten davon sind Fortuneswell und Easton.

Oben: Durdle Door sollte man bei
Sonnenuntergang besuchen.
Unten: Die Jubilee Clock findet
man in der Mitte der Strand-
promenade von Weymouth.

Infos und Adressen

INFORMATION

Weymouth Tourist Office. The Esplanade,
Tel. 01305/78 57 47. www.visitweymouth.co.uk

AKTIVITÄTEN

Underwater Explorers. Spezialist für Tauchaus-
flüge. Castletown, Portland, Tel. 01305/82 45 55.
www.underwaterexplorers.co.uk

ESSEN UND TRINKEN

Crab House Café. Hier sind die Austern ein Hoch-
genuss, da das Restaurant über eine eigene Zucht
verfügt. Zusätzlich passt sich die Speisekarte
quasi den Gezeiten an, denn sie wechselt zweimal
täglich, je nachdem, was die Fischer gerade frisch
gefangen haben. Ferrymans Way, Portland Road,
Tel. 01305/78 88 67. www.crabhousecafe.co.uk

King Edward's. Über die Theke des Ladens im
viktorianischen Stil geht hauptsächlich ein Klassiker: Fish & Chips. Allerdings gibt es bei näherer
Betrachtung auch Schmankerl wie Krebsfrikadellen
mit asiatischem Touch. 100 The Esplanade,
Tel. 01305/78 69 24.

Perry's. Am besten nimmt man hier ein Menü,
so kann man sich durch alle Raffinessen der
Küche durchkosten. Der beste Tisch ist eindeutig
der im ersten Stock mit Blick über den Hafen.
So hat man Weymouth stets im Blick. 4 Trinity
Road, Tel. 01305/78 57 99, www.perrys
restaurant.co.uk

SEHENSWÜRDIGKEITEN

Portland Museum. Öffnungszeiten unter Tel.
01305/82 18 04, www.portlandmuseum.co.uk

Tudor House. Trinity Street, Öffnungszeiten:
Mai bis Oktober Di–Fr 13–15.45 Uhr,
Tel. 01305/81 23 41.

Weymouth Fish Market. Custom House Quay,
Immer ein Erlebnis, vor allem für Hobbyfotografen!
Öffnungszeiten: Mo–Sa 9–16.30 Uhr,
Tel. 01305/76 12 77.

Der Strand von Weymouth zieht Badenixen aus
dem ganzen Land an.

Weymouth Museum. Öffnungszeiten: 10 bis
16.30 Uhr, Tel. 01305/77 76 22. www.weymouth
museum.org.uk

ÜBERNACHTEN

Chatsworth. Hier haust man direkt am Hafen in
lässigem Ambiente. Von der Terrasse des B&B
kann man auf den Jachthafen blicken. Die Fische
in der Brasserie fängt der Bruder des Gastgebers.
14 The Esplanade, Weymouth, Tel. 013/78 50 12.
www.thechatsworth.co.uk

Oaklands. Ausgesprochen nettes Gästehaus in einem Gebäude aus der edwardianischen Zeit. Von
hier aus sind es nur fünf Minuten Fußweg bis zum
Strand. 1 Glendinning Avenue, Weymouth,
Tel. 01305/76 70 81, www.oaklands-
guesthouse.co.uk

48 Dorchester
Die Thomas-Hardy-Stadt

Als Casterbridge ging Dorchester in die Literaturgeschichte ein – vieles von seiner Berühmtheit ist auf die Werke des bekanntesten Sohnes der Stadt zurückzuführen: Der Schriftsteller Thomas Hardy ließ seine Geschichten in den idyllischen Hügeln rund um Dorchester spielen und begeisterte damit ein riesiges Publikum. Doch neben der literarischen Vergangenheit hat die Stadt Dorchester auch Wurzeln, die bis zu den Römern zurückreichen.

Die Stadt Dorchester liegt inmitten einer Bilderbuchlandschaft: Grüne Hügel und kleine Wälder wechseln sich vor den Toren der Stadt ab, insgesamt eine sehr wohnliche Gegend. Das haben wohl auch schon die Römer so empfunden, die hier Durnovaria errichteten, die einzige römische Siedlung Cornwalls. So kann man in der Northenhay Street ein römisches Stadthaus mit 18 Räumen und einem gut erhaltenen Fußboden aus dem 4. Jahrhundert besichtigen. Teilweise sieht man sogar noch Stücke des Hypokaustums (Fußbodenheizung) bzw. gut erhaltene Mosaike im Arbeitszimmer oder in der Eingangshalle. Doch nicht nur die Römer prägten das Bild der Stadt, sondern auch Prince Charles, dem weite Teile der Ländereien um Dorchester gehören. Er ließ einen Architekten eine Stadt auf dem Reißbrett entwerfen, die Raum für 5000 Einwohner bietet und trotz Erbauung im 20. Jahrhundert aussieht, als wäre sie schon drei oder vier Jahrhunderte alt. Sie sollte dem Zweck dienen, eine neue Dorfgesellschaft mit funktionierender Infrastruktur zu schaffen. Prince Charles ist großer Kritiker der modernen Architektur und wird mit dieser Siedlung namens »Poundbury« oft verspottet. Kritiker nennen sie auch »Charlieville«.

Die Umgebung von Dorset erinnert an Romane aus dem 19. Jahrhundert.

Thomas Hardys Casterbridge

Thomas Hardy wurde unweit von Dorchester geboren und ließ die Stadt und ihre Umgebung in beinahe allen seinen Werken vorkommen. Die berühmtesten Romane sind *Tess von den D'Urbervilles* oder *Im Dunkeln*. Eigentlich erlernte er den Beruf des Architekten, allerdings flossen ihm die Romane mit Leichtigkeit aus der Feder. Er war zweimal verheiratet und starb im Alter von 87 Jahren. Seine Asche ruht in der Poet's Corner der Westminster Abbey in London, das Herz kann allerdings in Stinsford, im Nordosten von Dorchester, »besucht« werden. Er schrieb vor allem über die Region von Dorset, änderte allerdings die Namen der Orte ab. So nannte er Higher Brockhampton lieber Upper Mellstock oder taufte den Cerne Abbas in Abbot's Cernel um. Rund um Dorchester können sich Hardy-Fans auf eine literarische Schnitzeljagd begeben.

Besichtigungen

Bei der Thomas Hardy Society kann man sich einen kleinen Reiseführer für diese Orte holen. Das Interessanteste für Fans des Schriftstellers ist sicherlich das Dorset Country Museum, in dem man neben dem Skelett eines Ichthyosauriers und einiger Dinosaurierrelikte die wohl umfangreichste Hardy-Sammlung findet. Man erhält einen fundierten Einblick in sein kreatives Schaffen, sieht originale

Oben: Der keltische Festungshügel in Dorset wird Maiden Castle genannt.
Unten: Heute bewohnen ihn Schafe.

Oben: Hier lebte Thomas Hardy.
Unten: Das bekannte Militär-
museum in Dorchester.

Manuskripte mit seiner charakteristischen, engen Handschrift samt Streichungen und Ergänzungen, persönliche Briefe, einen Entwurf seiner Drama-fassung für *Im Dunkeln* und die Rekonstruktion seines Arbeitszimmers samt Federhalter, Tintenfass und Löschblatt. Auch sein Geburtshaus in Higher Brockhampton kann man besichtigen. Es liegt etwa fünf Kilometer nordöstlich von Dorchester. Abge-sehen von Hardy ist in der Stadt die Pfarrkirche St. Peter von Interesse, neben der die 1850 errich-tete Corn Exchange (Getreidebörse) mit ihrem mar-kanten Eckturm steht. Sie fand bereits als Gefäng-nis, Markthalle und als Rathaus Verwendung. Sehenswert ist auch die Eldridge-Pope-Brauerei in der Weymouth Avenue, wo bereits seit dem 18. Jahrhundert Ale gebraut wird. Etwas weiter im Süden stößt man auf die neolithische Steinkreis-anlage Maumbury Rings, die von den Römern als Amphitheater genutzt wurde.

Infos und Adressen

INFORMATION

Dorchester Tourist Office. Antelope Walk, Dorchester, Tel. 01305/26 79 92, www.westdorset.com

Thomas Hardy Society. High West Street, Tel. 01305/25 15 01, www.hardysociety.org

ESSEN UND TRINKEN

Billy the Fish. Der ehemalige Fischer Billy bereitet in seiner Küche liebevoll nur frischesten Fisch zu. Das Lokal ist günstig und bietet trotzdem qualitativ hochwertige Speisen. Dekoriert ist es mit Bojen und anderem »Seemannsgarn«. So genießt man im »Billy the Fish« wahrhaft maritime Atmosphäre. Trinity Street, Dorchester, Tel. 01305/75 74 28.

Green. Hier kommen wirklich köstliche, anspruchsvolle Speisen auf den Tisch. Bei Pilz-Risotto mit gebratenem Butternusskürbis, Jakobsmuschel-Risotto oder Perlhuhn mit Äpfeln und Johannisbeeren läuft einem das Wasser im Mund zusammen. 3 The Green, Sherborne, Tel. 01935/81 38 21, www.greenrestaurant.co.uk

Sienna. Erstklassiges Restaurant, das mit einem Michelin Stern dekoriert wurde. Das beste Restaurant in Dorset und eines der hervorragendsten des ganzen Südwestens. Ein Muss für alle Gourmets und Feinschmecker. 36 High West Street, Dorchester, Tel. 01305/25 00 22, www.siennarestaurant.co.uk

Das Green wirkt schon von außen sehr einladend.

Dorsets Flagge ist in den Farben Gelb-Weiß-Rot gehalten.

SEHENSWÜRDIGKEITEN

Dorset Country Museum. High West Street, Öffnungszeiten: Juli bis September 10–17 Uhr, Oktober bis Juni Mo–Sa 10–17 Uhr. Tel. 01305/26 27 35, www.dorsetcountymuseum.org

Geburtshaus von Thomas Hardy. Öffnungszeiten: April bis Oktober So–Do 11–17 Uhr, Tel. 01297/48 94 81.

Stadthaus Northenhay Street. High Street West, Tel. 01305/26 27 35, www.romantownhouse.org

ÜBERNACHTEN

The Casterbridge Hotel. Dieses Hotel liegt im Zentrum von Dorchester und eignet sich damit auch perfekt für ausgedehnte Spaziergänge und Erkundungstouren durch die Stadt. Die Zimmer sind komfortabel, und zum Frühstück kommt ausschließlich Selbstgemachtes auf den Tisch. 49 High East Street, Dorchester. Tel. 01305/26 40 43, www.casterbridgehotel.co.uk

Yalbury Cottage. Das Haus ist bereits 300 Jahre alt und mit seinem reetgedeckten Dach ein wahrer Augenschmaus. Es steht eingebettet in grüne Felder und Wiesen, etwa drei Kilometer von Dorchester entfernt. Die Zimmer sind überraschend modern, das Essen unbestritten gut. Lower Brockhampton, Dorchester, Tel. 01305/26 40 43. www.yalbury cottage.com

49 Corfe Castle
Die schönste Ruine

Über dem kleinen Dorf Corfe Castle erhebt sich eine gewaltige Burgruine. Ihr dramatisches Aussehen und die felsige Landschaft, in der sie steht, lassen einen sogleich an eine Filmkulisse denken, in die man zufällig gestolpert ist. Die Ruine und das Dorf sind äußerst pittoresk, was Corfe Castle zu einem beliebten Ausflugsziel macht.

Ein malerisches Dorf mit ein paar Pubs, Geschäften und vielen uralten Häusern wird von einer einst gewaltigen und immer noch beeindruckenden Burg gekrönt. Nur dass heute lediglich die Überreste davon in den Himmel ragen. Sowohl die Fragmente der Burg als auch das gleichnamige Dorf zu ihren Füßen sind sehr fotogen und geben gemeinsam eine faszinierende Kulisse ab. Der Ort hat eine bedeutende historische Tradition: Im Jahr 987 wurde Eduard der Märtyrer auf Veranlassung seiner Stiefmutter Elfrida in der damaligen Zitadelle von Corfe ermordet. Anschließend bestieg ihr Sohn Aethedred den Thron. Die Burg Corfe Castle wurde 1068 von Wilhelm dem Eroberer anstelle der früheren Zitadelle errichtet. Die nachfolgenden Könige Heinrich III. und Edward I. erweiterten die Anlage. Beim Ausbruch des englischen Bürgerkriegs im Jahr 1642 lebte hier Sir John Bankes, der seines Zeichens Vertrauter von Charles I. war. Aus diesem Grund belagerte Cromwells Armee die Burg ganze sechs Wochen lang. Verteidigt wurde sie in dieser Zeit unter der Führung von Lady Bankes. Dass die Burg schließlich fiel, ist einem Verräter geschuldet. Wirklich zerstört wurde die Anlage aber erst 1646 von den Parlamentariern, die alles mit Schießpulver in die Luft sprengten. Noch heute sieht man das Ergebnis dieser gewaltsamen Zerstörung: Die Türme und hohen Mauern

Mitte: Heute kann man die ehemalige Größe von Corfe Castle nur mehr erahnen.
Unten: Corfe Castle ist in malerische Landschaft gebettet.

neigen sich in bedenklichem Winkel, und die Reste des Torhauses liegen noch immer in der Gegend zerstreut, ganz so, als wäre diese Tat erst gestern geschehen.

Ein Besuch in Corfe Castle

Als Besucher kann man auf dem gesamten Gelände frei herumspazieren, die übrig gebliebenen Teile der Festungsmauer inspizieren, durch die Schieß-scharten schauen und die »Mordlöcher« entde-cken. Außerdem gibt es ein Besucherzentrum, das sich dem Thema »Mittelalterliche Medizin« widmet. Einen schönen Blick auf die Burg (auch zum Foto-grafieren) hat man genau dort, wo sich die zwei Wanderwege kreuzen, die vom Corfe-Castle-Rund-weg abzweigen.

Die Umgebung

Etwas westlich von Corfe Castle beginnt die von einer hohen Klippenformation umschlossene, kreis-förmige Bucht Lulworth Cove. Die Klippen sind schneeweiß und wurden hier durch Erosion zu Buchten, Höhlen und anderen Figuren geformt. Mittlerweile haben sie die bizarrsten Formen ange-nommen. Für alle, die mehr wissen wollen, bietet das Lulworth Cove Heritage Centre spannende Erklärungen über den Erosionsprozess, der sich hier über die Jahrtausende zugetragen hat. Hinter dem Museum liegt die Bucht Stair Hole, die vor allem bei stürmischem Wetter beeindruckt. Dann don-nern die Wellen gegen die Klippen und versprühen ihre Gischt in der ganzen Bucht. Der Lulworth Crumple ist eine S-förmige, gefurchte Felsforma-tion im Stair Hole. Kommt man zum Meer, glitzern Fischerboote im Wasser. Abseits der Sommermonate ist dieser Ort wirklich das Glück auf Erden, wäh-rend der Ferienzeit kann es sich aber schnell zum überlaufenen Touristenmekka entwickeln.

Infos und Adressen

INFORMATION
Lulworth Cove Heritage Centre. Lulworth Cove, Tel. 01929/40 05 87. www.luworth com

ESSEN UND TRINKEN
The Castle Inn. Gutes, schön in Szene gesetztes Essen, das von freundlichem Personal gebracht wird. 63 East Street, Corfe Castle, Tel. 01929/48 02 08. www.castleinn corfe.com

The Scott Arms. Ein typisches Pub mit hervorragendem Essen. West Street, Kingston, Corfe Castle, Tel. 01929/48 02 70. www.thescott arms.com

SEHENSWÜRDIGKEITEN
Corfe Castle. Öffnungszeiten: April bis September 10–18 Uhr, März und Oktober 10–17 Uhr, November bis Februar 10–16 Uhr, Tel. 01929/ 48 12 94.

Lulworth Cove Heritage Centre. Öffnungszeiten: April bis Oktober 10–17 Uhr, November bis März bis 16 Uhr, Tel. 01929/40 05 87.

ÜBERNACHTEN
Ammonite Bed and Breakfast. Typisches Bed & Breakfast mit or-dentlichem Frühstück. 88 West Street, Corfe Castle, Tel. 01929/48 01 88, www.westaway -corfecastle.co.uk

Castle View. Ein großer Vorzug dieses Bed and Breakfasts sind die großzügigen Zimmer, die wirklich viel Platz bieten. Hausgemachte Butter-kekse runden das gute Angebot noch zusätzlich ab. Valley Road, Corfe Castle. Tel. 0788/962 87 72, www.castleviewhamanscross.co.uk

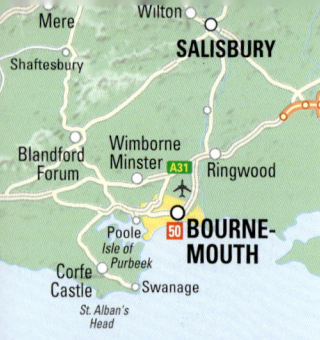

50 Bournemouth
Der Inbegriff des englischen Seebads

Für viele ist Bournemouth gleichbedeutend mit England, denn sie haben ihre ersten Erfahrungen mit der Britischen Insel auf einer Sprachreise gemacht – und zwar genau hier, im Kerngebiet der Sprachreisen. Doch neben den vielen Jugendlichen, die alljährlich in den Sommermonaten die Stadt überschwemmen, gibt es in Bournemouth – und vor allem auch in der benachbarten Stadt Poole – einiges zu sehen. Angefangen von einem kilometerlangen Strand bis hin zu den uralten Hafenanlagen Pooles.

Das gesamte Einzugsgebiet von Bournemouth und Poole, die einst getrennt voneinander agierten, heute aber längst zusammengewachsen sind, beherbergt 310 000 Einwohner. Das verspricht ein repräsentatives Programm an Kultur und eine gewisse Dichte an großen Firmen, die sich hier niedergelassen haben. Während Bournemouth sich

Mitte: In Bournemouth wird die Badekultur nach wie vor gepflegt.
Unten: Die Strandhütten von Bournemouth sind legendär – als Besucher kann man sie sogar mieten.
Rechte Seite: Das Bournemouth Pier ist bei Touristen sehr beliebt.

MAL EHRLICH

AN WOCHENENDEN FAST ZU VIEL

Ist es die Nähe zu London oder die großzügige Auswahl an Lokalen in Bournemouth? Aus irgendeinem Grund zieht es besonders viele junge Menschen, die ihren Junggesellenabschied feiern, gerade nach Bournemouth. So kommt man sich an einem Frühlings- oder Sommerwochenende oft so vor, als würde man direkt in einem Faschingsumzug voller Engel, Teufel, als Frauen verkleideter, zukünftiger Bräutigame und dergleichen stecken. Wer dies nicht möchte, sollte die Straßen von Bournemouth an einem Freitag oder Samstag meiden.

rühmt, ein jugendlicher Ort mit einem regen Nachtleben und einer kosmopolitischen Ausstrahlung zu sein, hält Poole den Rekord des größten Naturhafens Europas und blickt auf eine lange Tradition als Hafenstadt zurück.

Bournemouth ist 200 Jahre alt

Man glaubt es kaum, aber Bournemouth ist erst 200 Jahre alt. Begonnen hat alles mit einem Mann namens Lewis Tregonwell, der hier sein Sommerhaus erbaute und so den Boom der Meereshungrigen lostrat. Es begann im Jahr 1810. Zuerst wuchs der Ort langsam, aber mit dem Anschluss an das Schienennetz immer schneller, bis sich Bournemouth heute »meistbesuchter Badeort Englands« nennen kann. Den schönsten Blick auf die Stadt erhascht man vom Heißluftballon aus. Bournemoth zeichnet sich dadurch aus, dass es einerseits eine lebendige Stadt mit Firmen aus dem Finanzsektor, wichtigen Messen, einer kosmopolitischen Gastronomie und einer guten Auswahl an Cocktailbars und Cafés ist, andererseits wiederum seinen Charme als viktorianisches Seebad behalten hat.

Vorzüge des Strandbades

Man findet hier sowohl den historischen Bournemouth Pier als auch Blumengärten, in denen tropische Pflanzen aus allen ehemaligen Kolonien gedeihen (Alum Chine Gardens: Mountbatten Road, Pleasure Gardens: Zentrum). Charakteristisch sind auch die Strandkabinen, die überall an der Promenade von Bournemouth stehen. Neben den traditionellen Kabinen gibt es auch solche für »coole« Urlauber, die den besonderen Reiz suchen. Hier werden dann auch Wandbilder, Möbel, funktionstüchtige Mikrowellen und Sandwichtoaster geboten. Diese Kabinen, die sich übrigens oberhalb des Boscombe Piers befinden, kosten allerdings auch statt 17 Pfund 85 Pfund pro Tag. Das alles spielt sich an einem zehn Kilometer langen Sandstrand und in so mildem Klima ab, dass hier mehr Palmen als andere Bäume zu wachsen scheinen.

Autorenaufmarsch

Dieses milde Klima war es auch, das viele berühmte Persönlichkeiten wie den *Schatzinsel*-Autor Robert Lewis Stevenson oder den *Herr der Ringe*-Vater J. R. R. Tolkien hierher zog. Während Ersterer hier seine zwei bekanntesten Romane schrieb, erlag Letzterer hier seinem Lungenleiden. In der St. Peter's Church ist übrigens das Schriftstellerehepaar Mary Wollstonecraft und Percy Shelley begraben. Da in der Hochsaison sowohl viele englische Familien als auch Sprachschüler aus aller Herren Länder nach Bournemouth kommen, kann es manchmal schon ziemlich überfüllt sein. Allerdings ist die Stadt auf diese Art von touristischer Überschwemmung ausgerichtet und kann alle Gäste mit Strand, Spielhalle, Nachtclub oder Bar versorgen, je nachdem, auf was sie gerade aus sind.

Oben: Hinter dem Royal Bath Hotel befindet sich einer der Strände von Bournemouth.
Mitte: Das bekannteste Hotel der Stadt ist das »Royal Bath«.
Unten: Rutschburg am Strand von Bournemouth.

Rund um den berühmten Pier

A Bournemouth Tourist Office – Die Touristeninformation befindet sich im Zentrum von Bournemouth; hier beginnt unser Rundgang. Westover Road, Tel. 0845/051 17 00, www.bournemouth.co.uk

B Pavilion Theatre – Von dort aus geht man die Westover Road entlang in Richtung Meer. Dort sieht man zur Rechten bald das Pavilion Theatre. Das Gebäude stammt aus den 1920er-Jahren und bietet Platz für Oper, Ballett oder Komödien. Westover Road, Tel. 01202/45 64 00, aktuelle Veranstaltungen finden Sie unter: www.bic.co.uk

C Bournemouth International Centre – Im Bournemouth International Centre, kurz BIC genannt, finden Konferenzen, Ausstellungen und unterhaltsame Veranstaltungen statt. Stets aktuelle Informationen über laufende Veranstaltungen gibt es unter www.bic.co.uk.

D Oceanarium – Hier kann man sich die Unterwasserwelt der ganzen Erde ansehen, von Key West bis zum Amazonas, von Afrika bis zum Mittelmeer. Pier Approach, Öffnungszeiten: 10–17 Uhr, Tel. 01202/31 19 33, www.oceanarium.co.uk

E Bournemouth Pier – Der Bournemouth Pier am breiten Strand von Bournemouth bietet neben einem tollen Ausblick und einem Theater mit einer großen Auswahl an verschiedenen Stücken für Jung und Alt noch zahlreiche weitere Attraktionen. Das Key West Restaurant sorgt für das leibliche Wohl, und seit Kurzem haben die Jugendlichen aus Bournemouth die Möglichkeit, es den Darstellern der US-Serie *Glee* gleichzutun und auf dem

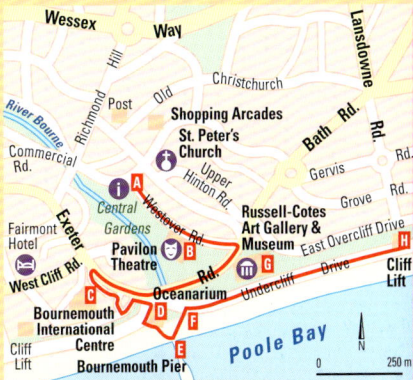

Pier zu tanzen. Kinder und Jugendliche sehen der »High School Mania« gerne zu.

F Strandkabinen – Hier kommen sie also her, die berühmten Strandkabinen mit ihren bunten Türen! Im Jahr 1908 war Bournemouth der erste Ort, der seinen Badegästen etwas so Praktisches anbot. Heute kann man sie mieten, für 17 Pfund pro Tag.

G Russel-Cotes Art Gallery – Hier ist ein Mix von Souvenirs aus aller Welt und Gemälden von Edwin Landseer, William Powell Frith und Dante Gabriel Rossetti zu sehen. Russel Cotes Road, Tel. 01202/45 18 58, www.russell-cotes.bournemouth.gov.uk

H East Cliff Lift Railway – Der East Cliff Railway bringt einen in nur wenigen Minuten die Hänge zum beeindruckenden East Cliff hinauf. Von dort aus genießt man einen schönen Ausblick und kann spazieren gehen.

Der Strand von Bournemouth lädt dazu ein, sich beim Sandburgenbauen selbst zu übertreffen.

Das Ozeanarium von Bournemouth ist vor allem an regnerischen Tagen empfehlenswert.

Sehenswertes in Bournemouth

Neben dem Oceanarium mit seinem riesigen Unterwassertunnel voller Haie, Muränen und Riesenschildkröten gibt es noch die Russel-Cotes Art Gallery, die in einer viktorianischen Villa von 1884 untergebracht ist. Sie zeigt die Sammlung des ehemaligen Hoteliers, der Skulpturen und Gemälde aus dem 19. Jahrhundert sowie japanische Kunst zusammengetragen hat.

Ein Spaziergang durch Poole

Das Duo an der Küste Dorsets wird erst durch Poole komplett. Das Herzstück ist ganz klar der Hafen, der schon seit dem 12. Jahrhundert existiert. Da Poole den größten Naturhafen Europas hat, war die Entwicklung der Stadt praktisch vorbestimmt. Der Poole Quay ist das Herz des Hafens. Um ihn herum reihen sich alte Kneipen und Speicher. Im Waterfront Museum kann man die Geschichte des ehemaligen Seeräubernests nachvollziehen und erfahren, wie es sich in den letzten Jahrhunderten Schritt für Schritt zu einem modernen Hafen gemausert hat. Poole ist bei Wassersportlern besonders populär. In der geschützten Bucht kann man vom Kajak fahren bis hin zum Kite- oder Windsurfen fast alle Sportarten ausüben. Informationen, Geräte oder auch Kurse werden angeboten, zum Beispiel bei Harbour Watersports oder FC Watersports.

Umgebung

Die Halbinsel Purbeck ist bekannt wegen ihres als »Marmor« bezeichneten dunklen Muschelkalks, mit dem schon die Römer regen Handel betrieben. Außerdem kann man sich auch noch Swanage ansehen, das größte Seebad der Halbinsel, von dem aus (bis die Eisenbahn gebaut wurde) der »marmor« verschifft wurde.

Infos und Adressen

INFORMATION

Bournemouth Tourist Office. Westover Road, Tel. 0845/051 17 00, www.bournemouth.co.uk

Poole Tourist Office. Poole Quay, Tel. 01202/25 32 53, www.pooletourism.com

Strandkabinen am Boscombe Pier. Tel. 01845/055 09 68.

AKTIVITÄTEN

FC Watersports. Banks Road, Tel. 01202/70 82 83. www.thewatersportsacademy.com

Harbour Watersports. 284 Sandbanks Road, Lilliput, Tel. 01202/70 05 03. www.pooleharbour.co.uk

The Bournemouth Balloon. The Lower Gardens, Tel. 01202/31 45 39. www.bournemouth balloon.com

ESSEN UND TRINKEN

West Beach. Gute Qualität und fantasievolle Zubereitung der Speisen haben das »West Beach« längst in die Herzen der Bevölkerung von Bournemouth gebracht. Hier muss man auf jeden Fall Fisch oder Meeresfrüchte essen. Besonders lecker sind der Hummer und die Venusmuscheln. Pier Approach, Tel. 01202/58 77 85, www.west-beach.co.uk

Guildhall Tavern. Zwei Franzosen betreiben diese Oase des guten Essens mitten in Poole. Selbstverständlich kommen französische Klassiker auf den

In Spielhallen am Strand von Bournemouth amüsierten sich schon Generationen von Sommerurlaubern.

Eine der kreativen Spezialitäten in der Guildhall Tavern: der Seebarsch.

Tisch, aber auch neue Interpretationen wie auf Holzkohle gegrillter Seebarsch mit flambiertem Pernod. 15 Market Street, Tel. 01202/67 17 17, Poole, www.guildhalltavern.co.uk

SEHENSWÜRDIGKEITEN

Waterfront Museum. 4 High Street, Tel. 01202/26 26 00. April bis Oktober Di–Sa 10–16 Uhr, So 12–16 Uhr.

ÜBERNACHTEN

Amarillo. Dieses günstige Bed and Breakfast beweist Stil und guten Geschmack. Das einzige Manko: Einige Zimmer teilen sich ein Bad. (Es gibt aber auch ensuite, einfach beim Buchen aufpassen!) 52 Frances Road, Bournemouth, Tel. 01202/55 38 84, www.amarillohotel.co.uk

Cartrefle Guest House. Seine zentrale Lage ist eindeutig der größte Vorzug des Cartrefle Guest House. Die Zimmer und das Frühstück sind aber auch in Ordnung, und wer möchte, kann hier sogar zu Abend essen. 45 St. Micheals Road, West Cliff, Bournemouth, Tel. 01202/29 78 56. www.cartrefleguesthouse.co.uk

Milsoms Hotel. Schöne, stilvolle Zimmer, moderne Bäder und ein glamouröses Äußeres: Das Milsoms Hotel erfreut seine Gäste. Zum Frühstück gibt's auf Wunsch sogar Fisch. 47 Haven Road, Poole, Tel. 01202/60 90 00. www.milsomshotel.co.uk

REISEINFOS

Vorangehende Doppelseite: Das »Crumble and Mill« in Polperro.
Oben: Auf Exmoors engen Straßen muss man sehr vorsichtig fahren.
Mitte: Plymouth kann man per Doppeldecker erkunden.
Unten: Die karge Landschaft des Dartmoor ist beliebt bei Bikern.

Cornwall von A–Z

Anreise mit dem Auto

Die meisten Besucher Südwestenglands kommen mit dem Auto. Allerdings kann das zu Hauptreisezeiten (Juli, August) beziehungsweise an Feiertagen oder in den Ferien zu größerem Verkehrsaufkommen und sogar zu Staus führen. Von London nimmt man die Ringautobahn M25 und biegt auf die M4 ab, bei Bristol zweigt diese dann in die M5 ab, und von dort geht es in Richtung Süden nach Exeter mit Abfahrten nach Bath, Somerset oder Exmoor. Die M6 kommt von den Midlands sowie aus dem Norden und führt bei Birmingham auf die M5. Dorset erreicht man über die M3 in Richtung Southampton. Eine gute Alternative ist die A303, die über die M3 über Stonehenge und Somerset führt.

Von London dauert die Fahrt nach Exeter ganze 3½ Stunden, von Birmingham nach Newquay sind es fünf. Allerdings kann man in den Sommermonaten oft noch 2 zusätzliche Stunden wegen schleppenden Verkehrs dazurechnen.

Anreise mit dem Zug

Die größeren Städte im Süden sind eigentlich gut mit London und dem Norden verbunden. Stündlich verlässt ein Zug der National Rail den Bahnhof London Paddington (Tel. 08457/484950, www.nationalrail.co.uk). Der Zug geht über Bath, Exeter bis nach Plymouth, Truro und stoppt schlussendlich in Penzance. Nebenstrecken führen auch vom Flughafen Gatwick weg oder bis nach Falmouth, Newquay, St. Ives oder Torquay. Mit dem Norden ist der Südwesten über den Cross Country (Tel. 08447/369123) verbunden: Die Züge fahren von Aberdeen, Birmingham, Edinburgh oder Glasgow ab.

Anreise mit dem Flugzeug

Die Flughäfen im Süden sind Newquay, Bristol, Exeter, Bournemouth und Southampton. Wenn die Flüge dorthin zu teuer sind, kann man auch nach London fliegen und dann mit Zug oder Auto weiter in den Süden fahren. Die Lufthansa (www.luft hansa.de) fliegt einmal wöchentlich von Düsseldorf nach Newquay, die Air Southwest (www.air southwest.com) fliegt von Gatwick nach Newquay. Von Berlin, Innsbruck oder Salzburg kommt man mit easyJet nach Bristol (www.bristolairport.co.uk). Der Exeter International Airport ist einer der Standorte von Flybe und hat somit ein großes Streckennetz (www.exeter-airport.co.uk). Nach Bournemouth gehen Flieger von Genf oder Innsbruck.

Anreise mit der Fähre

Man kann von verschiedenen Orten in Frankreich zu den unterschiedlichsten Destinationen in Südengland fahren, hier die wichtigsten Routen:

Calais-Dover. www.poferries.de, www.seafrance.com
Dunkerque-Dover. www.norfolkline.com
Le Havre-Portsmouth. www.ldlines.de
Dieppe-Newhaven. www.ldlines.de
Caen-Portsmouth. www.britannyferries.de
Cherbourg-Poole. www.britannyferries.de
Roscoff-Plymouth. www.britannyferries.de

Ausrüstung und Kleidung

Ein guter Rucksack, Wanderschuhe mit guter Sohle und Regenschutz sollten immer dabei sein. In Cornwall muss man viel zu Fuß gehen, wenn man etwas sehen will: Allein bei der Besichtigung eines kleinen Fischerortes wie Polperro ist der Parkplatz so weit außerhalb und die Ortseinfahrt quasi unmöglich, sodass man gut einige Kilometer laufen muss. Man sollte also stets bequeme Schuhe dabeihaben. Das Profil ist zwar bei Stadt- und

Oben: Der Leuchtturm Smeaton's Tower auf The Hoe kann besichtigt werden.
Unten: Per Boot entdeckt man den Fowey River am schönsten.

Dorfbesichtigungen weniger wichtig, dafür braucht man es dringend, wenn man Teile des »South West Coast Path« abwandert oder sich generell in der Nähe von Klippen befindet. Da es oft mehrmals am Tag regnet, bieten sich leichte Regenjacken auf jeden Fall an. Teilweise (im Moor) sind auch Gummistiefel von Vorteil. Wenn man sich für einen Badetag entscheidet, sollte man die Sonnencreme keinesfalls zu Hause lassen. Es ist zwar bei Weitem nicht so heiß wie am Mittelmeer, allerdings ist die Sonneneinstrahlung nicht wirklich geringer.

Cornwall im Internet

Für die meisten Hotels oder B&Bs ist es inzwischen völlig normal, ihren Gästen gratis Internetzugang in Form von W-Lan zu gewähren. Allerdings muss man sich meist bei den Gastgebern oder an der Rezeption informieren, damit man auch die Zugangsdaten bekommt.

Nützliche Adressen, die bei einer Planung des Cornwall-Urlaubes helfen können, sind:

www.visitbritain.com: Die offizielle Homepage des englischen Tourismusverbandes. Hier findet man alle Informationen, die man für einen Englandurlaub brauchen könnte und kann dabei die Sprache frei wählen. Um schnell zu einer gewünschten Seite zu gelangen, nutzt man am besten die Suchfunktion rechts oben.

www.visitcornwall.com: Alle Cornwall-bezogenen Informationen mit vielen Restaurants und Ausgehtipps.

www.pastiesandcream.com: Ein netter Blog von Ismay Atkins, einer Autorin aus Penzance.

www.urlaubcornwall.de: Deutsche Info-Seite über einen Urlaub in Cornwall.

Oben: Besucher des Theaterstücks »Piraten der Karibischen See«.
Mitte: Die Bedruthan Steps sind zwar sehr beeindruckend, aber vor allem bei Flut äußerst gefährlich.
Unten: Torquay ist auf Touristen gut vorbereitet – seit mehr als hundert Jahren.

www.stivescornwallblog.co.uk/: Infos in Blogform, die sich hauptsächlich auf St. Ives konzentrieren.

www.nationaltrust.org.uk: Gut aufbereitete Informationen über alle Ländereien, die vom National Trust gepflegt werden.

www.visitsouthwest.co.uk: Aktuelle und gut ausgewählte und aufbereitete Informationsbasis für Ausflüge in den Südwesten Englands.

Einkaufen, Shopping

Einkaufen im Südwesten Englands ist generell teurer als im deutschen Sprachraum, allerdings liegt das Pfund derzeit gegenüber dem Euro günstig, was es nicht utopisch teuer macht. Alle größeren Städte wie Bournemouth, Exeter, Torquay, Bristol, Bath, Plymouth, Truro oder auch Penzance verfügen über Ableger der gängigsten Ketten bzw. Supermärkte. Was in Cornwall zum Trend wurde, sind kleine individuelle Läden, von denen man zum Beispiel am Truro Lemon Tree Market einige findet. Ansonsten empfiehlt es sich, einfach die Augen offen zu halten, wenn man durch die kleinen Dörfer und Städte schlendert, denn die Kornen lassen sich ganz schön was einfallen. Eine bekanntere Kette aus Cornwall ist Seasalt. In diesen Läden gibt es modern-maritime Kleidung zu kaufen, die Materialien sind zu 88 Prozent aus Biobaumwolle, und fast alle Zulieferer kommen aus der Region. Mittlerweile gibt es elf Shops in ganz Cornwall: www.seasaltcornwall.co.uk.

Elektrizität

Die Stecker in England haben 230 Volt Wechselstrom, allerdings haben die Engländer ein anderes System: Ihre Stecker sind dreipolig und flach. Das bedeutet, dass man sich am besten schon vor der

Oben: Auf manche Strände darf man sogar Hunde mitbringen- zum Beispiel auf den in Weymouth.
Unten: Die berühmte Uhr zeigt den Bewohnern von Lyme Regis seit vielen Jahren die Zeit an.

Reise (in Fachgeschäften oder am Flughafen) einen Adapter kaufen sollte. Ansonsten gibt es in großen Supermärkten oder Elektronikgeschäften in England Abhilfe. Wenn die Nachttischlampe scheinbar nicht funktioniert oder das Handy nicht lädt, kann das daran liegen, dass der Stecker nicht aktiviert ist, dann bitte einfach den Schalter an der Steckdose umlegen.

Feiertage

Neujahr
1. Januar

Ostern (Karfreitag bis Ostermontag)
März oder April

Maifeiertag
erster Montag im Mai

Frühjahrs-Bank-Holiday
letzter Montag im Mai

Sommer-Bank-Holiday
letzter Montag im August

Weihnachten
25. Und 26. Dezember

Festtagskalender

Der Südwesten von England ist stark touristisch geprägt und dementsprechend merkt man hier immer genau, wann im Rest des Landes Ferien sind: Zu Ostern, in den Sommermonaten und während der Bank Holidays kann es überall sehr voll werden. Doch auch zu Weihnachten oder rund um Neujahr sind die Städte und Dörfer oft überbevölkert.

Allerdings haben die West-Countys auch einige eigene Feste, von denen jedes einzelne auf seine Art interessant und einen Besuch wert ist.

Oben: Das Glastonbury Festival ist das größte in Großbritannien.
Unten: Am The Hoe trifft man auf verkleidete »Elisabethaner«.

März

St. Piran's Day. In Cornwall finden am 5. März stets Prozessionen und andere Veranstaltungen zum Ehrentag seines Schutzheiligen statt. Ein wahrhafter Höhepunkt, den man nicht so schnell vergisst, ist die große Prozession am Strand von Perranporth.

Mai

'Obby 'Oss. In Padstow geht es am 1. Mai rund, denn dann wird der Winter vertrieben und der Sommer begrüßt, was hier mit einem alten Furchtbarkeitsritus gefeiert wird.

Flora Day. Auch die Menschen in Helston feiern die Ankunft des Frühlings in ihren Straßen, allerdings machen sie es auf ihre ganz eigene Weise: Sie tanzen! Der Höhepunkt ist der Furry Dance am Mittag des 1. Mai.

Bath Music Festival. Ende Mai bis Anfang Juni steht Bath ganz im Zeichen der Musik. Von Opern bis zur Weltmusik, teilweise gratis und meistens draußen, ist es ein wahrer Ohrenschmaus.

Juni

Glastonbury Festival. Das größte Festival Europas zieht alle zwei Jahre Tausende von Musikfans in den Südwesten Englands. Nicht ohne Grund, denn die auftretenden Bands lesen sich wie das »Who's who« der Musikgeschichte. Es findet Ende Juni statt. www.glastonburyfestivals.co.uk

Juli

Eden Sessions. Konzerte, Theaterstücke und andere Aufführungen finden an den Wochenenden im Juli und August gleich bei den größten Gewächshäusern der Welt statt. Und zwar in einem riesigen Zelt, das extra für diesen Anlass errichtet wird. www.edensessions.com

St. Germans. Das Festival dreht sich um Literatur, Kunst, Tanz, Lyrik und Musik. Es findet auf einem kornischen Landgut statt. www.porteliotlitfest.com

Oben: Astronomische Uhr an der Kathedrale von Wells.
Unten: Die größten Gewächshäuser der Welt heißen »Eden Project« und befinden sich unweit von St. Austell.

Oben: Lyme Regis Strände laden zum baden ein.
Mitte: Unweit des Chinkwell Tor trifft man auf wilde Ponies.
Unten: Der Tolcarne Beach Surf Verleihshop lässt schon erahnen, was für einen Stellenwert dieser Sport für Newquay hat.

REISEINFOS

August

Rip Curl Boardmasters. In Newquay findet das größte Surf- und Skatefestival Europas statt, bei dem auch immer einige bekannte Bands auftreten. www.ripcurlboardmasters.com
Bristol Harbour Festival. Schiffe, Musik und Tanz gibt's jährlich beim Bristol Harbour Festival, das im Hafen von Bristol veranstaltet wird. www.bristol harbourfestival.co.uk

Oktober

Falmouth Oyster Festival. Austernliebhaber sollten einen Abstecher nach Falmouth machen. Dort kann man im Hafen nicht nur die köstlichen Meeresfrüchte genießen, sondern wird auch noch mit zahlreichen Konzerten, Bootsrennen und Kochshows unterhalten. www.falmouthoyster festival.co.uk

Dezember

Christmas Lights. In dem kleinen Fischerdorf Mousehole kommt zur Weihnachtszeit beschauliche Stimmung auf. Das ganze Dorf ist auf fantastische Weise beleuchtet und erstrahlt in wunderschönem Glanz.

Fremdenverkehrsämter

Leider haben die britischen Fremdenverkehrsämter (Visit Britain) damit aufgehört, im europäischen Ausland persönlich für die zukünftigen Besucher ihres Landes da zu sein.

Sie beschränkten sich lediglich auf das Internet, wo man unter den aufgelisteten Adressen Informationen einholen kann. Dort kann man Broschüren herunterladen und sich Details für die Reise holen.

www.visitbritain.de
www.visitbritain.at
www.visitbritain.ch/de

In London und in Südwestengland selbst gibt es allerdings noch Fremdenverkehrsämter beziehungsweise Tourismusbüros:

West Country

South West Tourism. Woodwater Park, Exeter, www.visitsouthwest.co.uk, www.swtourism.co.uk

North Devon Marketing

Rolle Quay House, Barnstaple, Tel. 08 45/2 41 20 43. www.northdevon.co.uk
Cornwall Tourist Board, Pydar House, Truro, Tel. 0 18 72/32 29 08. www.visitcornwall.com

Gesundheit

Notfallbehandlungen in der Ambulanzabteilung sind für Besucher aller EU-Länder kostenlos, auch bei Ärzten, die dem NHS (National Health Service) angehören, ist dies der Fall. Ansonsten muss man zu sogenannten Health Centres gehen, von denen in jedem Stadtteil eines ist. Bei Folgebehandlungen muss man oft im Voraus zahlen, bekommt das Geld dann aber zu Hause von der Versicherung zurück, wenn man die Rechnung vorweist. Rücktransport wird von keiner Krankenversicherung gedeckt, aus diesem Grund ist eine Auslandsversicherung ratsam. Oft deckt diese auch die Kreditkarte. Hierüber sollte man sich vor dem Reiseantritt informieren.

Klima und Reisezeit

Das Wetter in England ist besser als sein Ruf. Trotzdem sollte man stets auf den nächsten Regenguss vorbereitet sein. Die Bewohner Cornwalls sehen den häufig auftretenden Regen aber keineswegs negativ, sondern bezeichnen ihn sogar als »liquid sunshine«. Ein kornisches Sprichwort besagt: »Täglich ein Schauer und sonntags zwei«. Den

Oben: Vom Dorfplatz in Wells sieht man die beeindruckende Kathedrale.
Mitte: Das Glastonbury Festival kann durchaus auch verregnet sein.
Unten: Der Park vor dem Council House in Bristol ist mit Blumen verziert.

Oben: Auf den Isles of Scilly scheint die Zeit stehengeblieben zu sein.
Mitte: Um Lanhydrock zu besichtigen, kann man schon mal mit einigen Minuten Wartezeit rechnen.
Unten: Beeindruckende Landschaft auf der Penwith Halbinsel.

nächsten Guss nehmen die Kornen daher auch entsprechend gelassen und setzen sich einfach ins nächste Pub. Da Südwestcornwall direkt am Golfstrom liegt, herrscht hier ein sehr moderates Klima, in dem sich sogar exotische Pflanzen wohlfühlen. Die Temperatur fällt nur selten unter den Gefrierpunkt, allerdings werden auch plus 30 ℃ nicht wirklich oft übertroffen. Der letzte Schnee fiel in Cornwall übrigens im Winter 1978/79. Der sonnenverwöhnteste Fleck in Cornwall sind die Isles of Scilly, die am wenigsten Niederschlag verzeichnen.

Man könnte annehmen, das Wetter im Juli und August sei am stabilsten. Glaubt man allerdings Einheimischen, kann das Wetter im April und Mai sowie September und Oktober sogar weitaus freundlicher sein als in den ohnehin ausgebuchten Sommermonaten.

Die Vor- und Nachsaison ist daher durchaus als angenehme Reisezeit zu empfehlen, zumal bereits ab März die Vegetation aufblüht und es bis weit in den November hinein grün bleibt. Im Winter erlebt man typisches englisches Wetter samt Nebel und peitschenden Wellen. Wer diese raue Stimmung mag, sollte also die Wintermonate wählen. Eines ist jedenfalls sicher: So kalt wie bei uns wird es in Cornwall dank des Golfstroms jedoch keinesfalls.

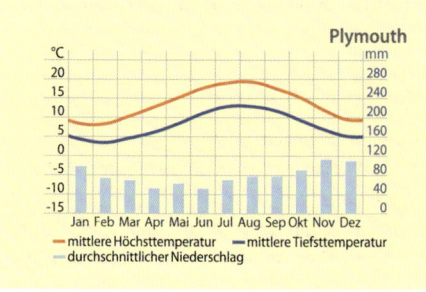

Klimadiagramm für Plymouth

Maße und Gewicht

Theoretisch wird zwar wie bei uns im metrischen beziehungsweise Dezimalsystem gemessen, allerdings begegnet man im Alltag öfter dem alten »Imperial Standard«, der für uns Mitteleuropäer durchaus verwirrend sein kann.

Gewicht: 1 Stone = 6,36 kg, 1 Pound (lb) = 453,59 g, 1 Ounce (oz) = 28,35 g
Hohlmaße: 1 Pint (pt) = 0,568 l, 1 Gallon (gall) = 4,545 l
Längenmaße: 1 Inch = 2,54 cm, 1 Foot (ft) = 30,48 cm, 1 Yard (yd) =91,44 cm, 1 Mile = 1,609 km

Rauchen

Seit 1. Juli 2007 gilt in englischen Pubs Rauchverbot. Zudem ist es in Behörden, Kinos, Theatern und öffentlichen Verkehrsmitteln verboten. Wenn man aber genau hinsieht, begegnen einem sogenannte »Raucherlounges«, in denen der Glimmstängel erwünscht ist. Allerdings hat das Rauchverbot in den Pubs auch was Gutes: Beim gemeinsamen Rauchen vor der Kneipe kommt man schnell einmal mit Einheimischen ins Gespräch. Wenn man dagegen verstößt, bekommt man eine Geldstrafe, die mindestens 50 Pfund ausmacht. Also lieber nicht riskieren!

Uhrzeit

Im Gegensatz zu Mitteleuropa ist England nach der GMT (Greenwich Mean Time) orientiert, die eine Stunde hinter der MEZ (Mitteleuropäische Zeit) ist. Ist es also in Deutschland, Österreich und der Schweiz 8 Uhr früh, schlägt es in England erst 7 Uhr. Zusätzlich ist es üblich, die Zeit immer mit »a.m.« (0–12 Uhr) und »p.m.« (12–24 Uhr) anzugeben.

Oben: In Newquay kann man sich mit allem rund ums Surfen eindecken.
Unten: Bodmin war eines der Zentren der Minenindustrie.

Kleiner Sprachführer

ALLGEMEIN

Hallo. Hello.

Auf Wiedersehen.
Bye bye./Good bye.

Guten Morgen.
Good Morning.

Guten Abend.
Good evening.

Gute Nacht Good night.

ja yes

nein no

bitte please

danke thank you

Gern geschehen.
You're welcome.

Entschuldigen Sie
Excuse me

Wie heißen Sie?
What's your name?

Ich heiße My name is

Ich komme aus ...
I'm from ...

Wie geht es Ihnen?
How are you?

Danke, sehr gut.
Thanks, very good.

Sehr erfreut, Sie kennen-zulernen.
Nice to meet you.

Das ist okay. It's ok.

Bitte sprechen Sie etwas langsamer. Please talk a bit more slowly.

Wie bitte? Pardon?

Verzeihung. I'm sorry.

Wie viel Uhr ist es?
What's the time?

Es ist ... Uhr.
It's ... o'clock.

Montag Monday

Dienstag Tuesday

Mittwoch Wednesday

Donnerstag Thursday

Freitag Friday

Samstag Saturday

Sonntag Sunday

Sprechen Sie Deutsch?
Do you speak German?

Tut mir leid, mein Englisch ist nicht so gut.
Sorry, my English is not very good.

Wo kommen Sie her?
Where do you come from?

Ich bin aus Deutschland/Österreich/der Schweiz. I'm from Germany/Austria/ Switzerland.

Mir gefällt es hier richtig gut.
I really like it here.

UNTERWEGS

Hilfe! Help!

Ich habe mich verlaufen.
I'm lost.

Können Sie mir bitte helfen? Can you help me, please?

Können Sie mir bitte den Weg zeigen?
Could you please show me the way?

rechts on the right

links on the left

geradeaus
straight ahead

Wo kann ich telefonieren? Where can I make a phone call?

Wie komme ich zum Bahnhof/ zum Stadtzentrum/ zum nächsten Supermarkt? How do I get to the train station/town centre/ next supermarket?

ÜBERNACHTEN

Ich suche ein Hotel.
I'm looking for a hotel.

Ich habe ein Zimmer reserviert.
I've booked a room.

Haben Sie noch ein Zimmer frei? Do you have a room available?

Kann ich das Zimmer sehen?
Can I see the room?

Haben Sie ein anderes Zimmer? Do you have another room?

Ist das Frühstück im Preis inbegriffen?
Is breakfast included?

Gepäck luggage

KULINARISCHES

Fleisch

Bouillon broth

Entenbraten roast duck

Geflügel poultry

Hackfleisch
   minced meat
Kalb   veal
Lamm   lamb
Leber   liver
Lendensteak
   sirloin steak
Pute   turkey
Reh   venison
Rinderbraten   roast beef
Rindfleisch   beef
Schweinefleisch   pork

Fisch und Meeresfrüchte
Aal   eel
Austern   oysters
Dorade   seabream
Flusskrebs   crayfish
Forelle   trout
Garnelen   prawns
Heilbutt   halibut
Hummer   lobster
Jakobsmuscheln   scallops
Kabeljau   cod
Krebs   crab
Lachs   salmon
Makrele   mackerel
Miesmuscheln   mussels
Räucherhering   kipper
Riesengarnelen
   king prawns
Schellfisch   haddock
Scholle   plaice
Schwertfisch   swordfish
Seehecht   hake
Seeteufel   monkfish
Seezunge   sole
Steinbutt   turbot
Tintenfisch   squid

Wolfsbarsch   sea brass
Gemüse
Blumenkohl   cauliflower
Englischer Krautsalat
   coleslaw
Fenchel   fennel
Kichererbsen   chickpeas
Kürbis   pumpkin
Lauch   leek
Linsen   lentils
Paprika   pepper
Rosenkohl
   brussels sprouts
Rote Bete   beetroot
Rucola   rocket
Sellerie   celery
Spargel   asparagus
weiße Bohnen
   haricot beans
Weißkohl   cabbage

Regionale Spezialitäten
Apple Crumble   Apfel-
   streuselkuchen
British Shortbread   Ku-
   chen aus Mürbeteig
Beans on toast
   Bohnen auf Toast
Cottage Pie
   Mit Püree überbacke-
   nes Hackfleisch
Fish'n'Chips   Gebackener
   Fisch mit Pommes
French Toast   In Milch
   eingelegter, gebratener
   Toast, der meist mit
   Sirup serviert wird
Full English Breakfast
   Eier, Speck, Würstchen,

gebackene Bohnen,
gebackene Tomaten
und Toast
Gammon Steak
   Schinkenscheibe in
   der Pfanne gebraten
   und mit Ananasringen
   serviert
Irish Stew   Eine Art
   Lammgulasch
Shepherd's Pie   Hack-
   fleisch mit Kartoffel-
   püree überbacken
Steak and Kidney Pie
   Rindfleisch und Nieren-
   gulasch in Teighülle

EINKAUFEN
Ich würde gerne ...
kaufen.
   I would like to buy ....
Wie viel kostet es?
   How much is it?
Ich schaue mich nur um.
   I'm just looking
   around.
Können Sie mir bitte ...
zeigen? Could you
   please show me ... ?
Ich nehme es. I'll take it.
Wo finde ich einen Geld-
automaten?
   Where can I find a
   cash dispenser?
Kann ich mit Kreditkarte
bezahlen? Do you
   accept credit cards?
Das ist zu teuer.
   That's too expensive.

REGISTER

PERSONENREGISTER

IMPRESSUM

Unser komplettes Programm:

www.bruckmann.de

Produktmanagement: Annemarie Heinel, Joachim Hellmuth, Stephanie Iber
Redaktionelle und grafische Umsetzung: Roman Bold & Black, Köln
Umschlaggestaltung: Fuchs-Design, Sabine Fuchs, München
Repro: Repro Ludwig
Kartografie: Kartographie Huber, Heike Block, München
Herstellung: Bettina Schippel
Printed in Slovenia by Korotan, Ljubljana

Alle Angaben dieses Werkes wurden von den Autoren sorgfältig recherchiert und auf den aktuellen Stand gebracht sowie vom Verlag geprüft. Für die Richtigkeit der Angaben kann jedoch keine Haftung übernommen werden. Für Hinweise und Anregungen sind wir jederzeit dankbar. Bitte richten Sie diese an:
Bruckmann Verlag
Postfach 40 02 09
80702 München
E-Mail: lektorat@verlagshaus.de

Bildnachweis:

Alle Bilder stammen von Sammy Minkoff, außer: Archie Browns, Penzace: S. 106 l.; Dreamstime: S. 199 (Davidmartyn); Fotolia: S. 76 u. (alex), 190 u. (AndG), 262 u. (Clark, B.), 25 u. (Crosbie, D.), 26, 184 u. (Dual Aspect), 196 M. (Garnham, M.), 197, 209, 260 (Hughes, D.), 253 o. (Kemp, M.), 190 M. (Nekrassov, A.), 188 (Thompson, J.); istock: S. 10 M. (Bidgood, N.), 110/111 (Gollop, J.), 18 o. (Howling, S.), 154 (Martin, A.), 264 M. (McKie, C.), 17 o. (Rose, C.), 264 u. (Woodworth, J.); Green, Dorchester: S. 263 u.; Guildhall Tavern, Bournemouth: S. 271 o.; Picture Alliance, Frankfurt a.M.: S. 149 r. (Anka Angency/Strange, R./AAI), 261 o. (akg-images/Lessing, E.), 148 M. (chromorange), 187 (dpa/ Andrews, H.P.), 220 u. (Kersting, A.F.), 149 l. (World Pictures/Photoshot); Ingolf Pompe, Stuttgart: S. 11 o., 40, 42 o., 42 u.; Shutterstock: S. 261 u. (BPpix), 10 o. (Bratwustle), 36 (Breckwoldt, D.),

158 M., 158 u. (Burnside, R.), 170 M. (Chadwick, S.), 247 r. (Chai, E.), 216, 217, 218 M., 218 u., 262 o. (DavidYoung), 196 u., 198 (Elvidge, P.), 225 r. (Entertainment Press), 225 l. (Erwood, G.), 118 u. (fcarucci), 12 u. (Fischbach, F.), 146 (Fitzhugh, H.), 72 M. (Foster IDMA, P.), 214 M. (Fowler, M.), 174 u. (Gale, D.), 248 M. (Gann, M.), 108 u. (Gehre, A.), 220 M. (Grant, S.), 188 u. (Green, C.), 73 (Griffin, R.), 55 o. (Grudzinski, J.), 95 u. (Guard, J.), 200 M., 202 o. (Hawkins, J.Q.), 80., 89, 178 o., 210 M. (Hughes, D.), 180 M., 182 o., 182 u., 184 M., 188 o. (jennyt), 25 o. (jon le-bon), 147 (Jones, C.), 222 (Large, T.), 253 u. (Latham, S.), 168 l. (Longden, A.), 118 o., 119 r. (mambo6435), 266 u. (Matzen, S.), 18 u. (Minnis, P.), 169 r. (Morriss, L.), 10 u. (Mulcahy, B.), 23 M. (OneToRemember), 43 l. (Padmayogini), 258 o. (Pixel Memoirs), 239 l. (pjhpix), 117 (Read, Dr. M.), 70, 77, 78 u., 80 M., 82 o., 82 M., 84 M., 84 u., 105, 148 u. (Rees, A.), 4 o., 76 M., 78 M., 78 o., 80 o., 80 u., 81 (Roland, A.), 102 o., 114 o., 160, 181, 183 r. (Samot), 5 u., 16 o., 18 M. (sergioboccardo), 256 u., 263, 269 (Stares, B.), 67 (StockCube), 204, 246 o. (stocker1970), 180 u. (sue120502), 157 (t1ola), 239 r. (tlorna), 171 (Wise, K.), 14 o., 90, 108 o., 120 u., 174 o., 246 u. (Woolcock, I.), 168 r., 177 (Woolfenden, D.); Trebah Garden: S. 15, 97 o.; Katharina M. Zimmermann, Gleisdorf: S. 11 u., 34 u., 39 l., 39 r., 75, 92 M., 92 u., 99 l., 99 r., 126 u.

Umschlag
Vorderseite: Ganz oben: Rhododendren findet man in fast jedem kornischen Garten (Fotolia/ Kolodziej, K.), Mitte links: Im Bowling-Club in Torquay (LOOK, München/Pompe, I.), Mitte rechts: The Ship Inn in Porlock, Hauptbild: Am Land's End (Huber, Garmisch-Partenkirchen/Riccardo, S.)
Rückseite: links: Stonehenge (Shutterstock/Minnis, P.), rechts: Garten von Lanhydrock

Die Deutsche Nationalbibliothek verzeichnet diese Publikation in der Deutschen Nationalbibliografie; detaillierte bibliografische Daten sind im Internet über http://dnb.d-nb.de abrufbar.
© 2012 Bruckmann Verlag GmbH
ISBN 978-3-7654-5820-0